普通高等教育网络与新媒体专业系列教材
浙江省普通本科高校"十四五"重点立项建设教材

品牌传播

主　编　周朝霞
副主编　杜艳艳　陈　颖
参　编　焦　玥　陈瑜嘉　骆小欢　王晓梅

当今社会,各行各业都需要品牌专业人才。本书适应新时代对品牌传播相关课程教学需要,由浙江传媒学院、浙江工业大学、浙江财经大学、浙大城市学院多位优秀教师联袂编写。

全书共十章,分别为品牌与品牌传播学、品牌资产、品牌形象构建、品牌市场周期与品牌传播、品牌传播受众心理、品牌传播媒介、品牌传播策略、品牌国际化传播、品牌危机与品牌危机管理、品牌传播效果评估与品牌价值评估。

本书按照教学内容及新形态相关要求安排案例,力求以实践工作需要为导向,通过多种形式培养读者品牌传播素养和能力。本书为校企合作教材,北京智汇云管理顾问有限公司提供了近年来金旗奖获奖的精选案例,为读者介绍了行业最新的品牌经验和资讯。

本书既可以供高等本科院校的教师和学生使用,也可以作为品牌传播工作者以及社会各界品牌传播爱好者的参考用书。

图书在版编目(CIP)数据

品牌传播 / 周朝霞主编. — 北京:机械工业出版社,2024.8(2025.2重印)

普通高等教育网络与新媒体专业系列教材 浙江省普通本科高校"十四五"重点立项建设教材

ISBN 978-7-111-75949-2

Ⅰ.①品… Ⅱ.①周… Ⅲ.①品牌-传播-高等学校-教材 Ⅳ.①F273.2

中国国家版本馆CIP数据核字(2024)第111595号

机械工业出版社(北京市百万庄大街22号 邮政编码100037)
策划编辑:刘鑫佳 刘 畅　责任编辑:刘鑫佳 刘 畅 王 芳
责任校对:贾海霞 张亚楠　封面设计:王 旭
责任印制:张 博
北京建宏印刷有限公司印刷
2025年2月第1版第2次印刷
184mm×260mm・15.75印张・1插页・389千字
标准书号:ISBN 978-7-111-75949-2
定价:59.00元

电话服务　　　　　　　　　网络服务
客服电话:010-88361066　　机 工 官 网:www.cmpbook.com
　　　　　010-88379833　　机 工 官 博:weibo.com/cmp1952
　　　　　010-68326294　　金 书 网:www.golden-book.com
封底无防伪标均为盗版　　　机工教育服务网:www.cmpedu.com

前　言

品牌是推动一国经济增长和文化进步的重要力量，是衡量一国经济发展水平和可持续发展能力的重要指标。党的二十大报告指出："高质量发展是全面建设社会主义现代化国家的首要任务。""坚持把发展经济的着力点放在实体经济上，推进新型工业化，加快建设制造强国、质量强国、航天强国、交通强国、网络强国、数字中国。"一个国家拥有世界级品牌的数量是衡量该国竞争力的重要标志。我国现已成为世界第二大经济体、第一大出口国，但我国企业在世界级品牌创建上仍有很长的路要走。要把我国从制造强国发展成为品牌强国，我国企业要承担光荣而艰巨的任务。

品牌代表着统一的品质、恒久的企业形象、优质的服务、共同的消费心理基础和不断创新的技术，是企业对商品价值的一种承诺。品牌的高附加值是企业盈利的关键，品牌本身会给企业创造巨大的收益。品牌是企业核心竞争力的象征，是企业的灵魂，企业如果没有自己的品牌就很难在竞争激烈的市场上长久立足。一些大型跨国公司最大的特点是把品牌看作企业的生命线，突出强势品牌，不惜一切代价塑造和维护产品与企业的品牌形象。品牌是一种新的战略资源，它集合了技术、质量、服务、管理、诚信、文化等各种要素，是集约型经济的体现。品牌发展能持续产生大量生产、流通、传播、营销等规模效应，降低成本，提高生产效率。企业可以在全国、全球实施统一的品牌化经营，如在包装、宣传、营销以及其他方面实施统一经营活动，从而降低营销成本。我国企业的品牌大力发展和群体崛起必能带动我国企业的快速转型升级。

本书具有以下特点：①在理念上，按照教育部职业核心关键能力的要求，力求既体现理论性又体现职业性和技能性。②在内容上，按照品牌传播的过程来设计各章节，全书分为品牌与品牌传播学、品牌资产、品牌形象构建、品牌市场周期与品牌传播、品牌传播受众心理、品牌传播媒介、品牌传播策略、品牌国际化传播、品牌危机与品牌危机管理、品牌传播效果评估与品牌价值评估共十章。③在形式上，根据内容及职业技能的要求，通过案例等对理论内容进行深入介绍、多样化和技能化设计，力求以实践为导向，通过多种形式培养读者的品牌传播素养和操作能力。

④在资源建设上，充分利用各种数字媒体和资源。本书拥有丰富的配套资源，任课教师可以通过机工教育服务网（www.cmpedu.com）自行下载；书中还配有大量的数字资源，包括教学视频、最新案例、拓展练习等，读者可直接扫描书中二维码获取。

本书的编写分工：浙江工业大学杜艳艳副教授编写第一章和第八章，浙大城市学院经济师骆小欢编写第二章，浙江传媒学院周朝霞教授编写第三章和第九章，浙江财经大学陈颖副教授编写第四章和第十章，浙大城市学院王晓梅副教授编写第五章，浙江传媒学院焦玥博士编写第六章，浙江传媒学院陈瑜嘉博士编写第七章。全书由周朝霞教授设计和统稿。

本书为校企合作教材，北京智汇云管理顾问有限公司提供了近年来金旗奖的获奖精选案例，为本书注入行业最新品牌经验和资讯。感谢以下企业授权其金旗奖案例，感谢这些企业对教育事业的支持：北京智汇云管理顾问有限公司、宝马（中国）汽车贸易有限公司、华晨宝马汽车有限公司、农夫山泉股份有限公司、荣耀终端有限公司、礼蓝（上海）动物保健有限公司、光明乳业股份有限公司、联合利华、波司登羽绒服装有限公司、雅迪科技集团有限公司、葛兰素史克日用保健品（中国）有限公司、华侨城集团有限公司、长城汽车股份有限公司、励尚时代（北京）公关顾问有限公司、北京尚诚同力品牌管理股份有限公司、众成就（海南）融媒体科技有限公司、智者同行品牌管理顾问（北京）股份有限公司、北京曼观公共关系顾问有限公司、宣亚国际营销科技（北京）股份有限公司上海分公司、Genudite 淳博传播、广州海嘉明哲公关顾问有限公司、艾特内容整合营销公司、上海哲基数字科技有限公司、爱创天杰营销科技有限公司。感谢金旗奖组委会主席银小冬女士的大力支持。

由于编者水平有限，书中难免有不足之处，敬请读者批评指正。书中引用了很多学者的研究成果，我们在参考文献中一一列出，但难免有遗漏，对他们的无私奉献深表敬意和谢意。

周朝霞
2024 年 3 月

《品牌传播》
课程总入口

目 录

前言

第一章 品牌与品牌传播学 / 001

本章要点 / 001

导入案例 / 002

第一节 品牌含义与价值 / 002

第二节 品牌传播学的发展与研究 / 010

第三节 品牌传播学的基本范畴与研究方法 / 019

本章小结 / 025

复习思考题 / 026

本章测试 / 026

第二章 品牌资产 / 027

本章要点 / 027

导入案例 / 028

第一节 品牌资产与价值 / 028

第二节 品牌知名度 / 036

第三节 品牌联想 / 041

第四节 品牌忠诚与顾客满意 / 046

本章小结 / 055

复习思考题 / 056

本章测试 / 056

第三章　品牌形象构建 / 057

本章要点 / 057

导入案例 / 058

第一节　品牌形象及其构成 / 059

第二节　品牌形象模型 / 067

第三节　品牌形象塑造 / 071

本章小结 / 079

复习思考题 / 079

本章测试 / 080

第四章　品牌市场周期与品牌传播 / 081

本章要点 / 081

导入案例 / 082

第一节　品牌市场周期 / 083

第二节　初创品牌的传播 / 087

第三节　成长品牌的传播 / 092

第四节　成熟品牌的传播 / 094

第五节　衰退品牌的传播 / 097

本章小结 / 104

复习思考题 / 104

本章测试 / 104

第五章　品牌传播受众心理 / 105

本章要点 / 105

导入案例 / 106

第一节　感知觉 / 107

第二节　情绪和情感 / 115

第三节　消费者的态度 / 120

本章小结 / 126

复习思考题 / 126

本章测试 / 126

第六章　品牌传播媒介 / 127

本章要点 / 127

导入案例 / 128

第一节　品牌传播媒介的含义和类型 / 129

第二节　品牌传播媒介策略 / 142

本章小结 / 147

复习思考题 / 147

本章测试 / 148

第七章　品牌传播策略 / 149

本章要点 / 149

导入案例 / 150

第一节　品牌传播策略的概念 / 151

第二节　品牌传播策略的内涵 / 156

第三节　品牌传播策略的内容 / 160

本章小结 / 170

复习思考题 / 170

本章测试 / 170

第八章　品牌国际化传播 / 171

本章要点 / 171

导入案例 / 172

第一节　品牌国际化传播概述 / 173

第二节　品牌国际化传播中的影响因素 / 177

第三节　品牌国际化传播模式 / 183

本章小结 / 190

复习思考题 / 190

本章测试 / 190

第九章　品牌危机与品牌危机管理 / 191

本章要点 / 191

导入案例 / 192

第一节　品牌危机 / 192

第二节　品牌危机管理 / 197

本章小结 / 208

复习思考题 / 208

本章测试 / 208

第十章　品牌传播效果评估与品牌价值评估 / 209

本章要点 / 209

导入案例 / 210

第一节　品牌传播效果评估 / 211

第二节　品牌价值评估 / 222

本章小结 / 239

复习思考题 / 240

本章测试 / 240

参考文献 / 241

第一章
品牌与品牌传播学

本章要点

本章从品牌最基本的含义开始，带领大家走进品牌：了解品牌的历史发展及其蕴含的价值；知晓品牌传播学的基本范畴；从定性研究与定量研究出发，探讨品牌传播学的研究方法。除了理论知识外，本章还通过江小白、星巴克、农夫山泉等品牌案例进一步深刻阐释品牌价值，借用华为品牌的发展史形象揭示品牌发展的内核。本章是对品牌传播的初步探索，也是学习品牌传播知识的开端。

江小白的独特调性

2012年,作为"年轻人的白酒",江小白在白酒行业的隆冬时节突出重围,它蓝色的小瓶包装令人印象深刻。在传统记忆中,白酒往往与酒桌文化相关,与年轻人的调性背道而驰;江小白通过差异化策略,将年轻人作为目标群体。为了满足年轻人对白酒的喜爱和追求,江小白在品牌建设上下功夫,主张简单、纯粹的生活态度。江小白还重新定义场景,做出了一种新的场景化产品,提出"小聚、小饮、小时刻、小心情"的新消费场景,直戳年轻人的需求点。同时,在移动互联网传播时代,江小白利用年轻人的情感诉求,从触动消费者心智和引发消费者共鸣出发,利用"表达瓶"等策略来影响消费者购买决策,满足消费者情感诉求,占领消费者心智。

第一节　品牌含义与价值

一、品牌含义与构成

(一)品牌含义

在不同的社会环境和历史阶段,各个学者对品牌含义的表达都有其独到的见解。

菲利普·科特勒(Philip Kotler)在《营销管理》中对于品牌的定义是:"一个名称、术语、标志、符号或设计,或者是它们的结合体,用以识别某个销售商或某一群销售商的产品或服务,并使其与竞争者的产品或服务区分开来。"

大卫·麦肯齐·奥格威(David MacKenzie Ogilvy)认为:"品牌是一种错综复杂的象征,它是品牌属性、名称、包装、价格、历史、声誉、广告方式的无形总和。品牌同时也因消费者对其使用者的印象,以及自身的经验而有所界定。"

约翰·菲利普·琼斯(John Philip Jones)认为:"品牌是指能为顾客提供其认为值得购买的功能、利益及附加价值的产品,附加价值是品牌定义中最重要的部分。"

戴维·A. 阿克(David A. Aaker)也曾指出:品牌就是产品、符号、人、企业与消费者之间的联结和沟通。品牌是一种消费者能亲身参与的更深层次的关系，一种与消费者进行理性和感性互动的总和。若不能与消费者结成亲密关系，产品就从根本上丧失了被称为品牌的资格。

我国著名品牌专家余明阳在其著作《品牌学》中，将品牌描述为：它是在营销或传播过程中形成的，用以将产品与消费者关系利益团体联系起来，并带来新价值的一种媒介。这是关系说、资源说及要素说思想的体现。

根据现代市场环境的发展，我们还可以通过不同的角度来理解品牌的含义。

从消费者的角度来说，品牌在本质上可以被理解为品牌消费者及利益相关者与品牌及品牌所有者构建的一种关系或联系。长期的品牌运营可以使消费者对品牌形成强烈的信任度与联结，消费者对品牌的忠诚度可以促使其在较长的一段时间里对该品牌进行偏好性和重复性购买。忠诚度越高，消费者的偏好性和重复性购买欲望越强烈，甚至可能会将该品牌作为其唯一的购买选择。较差的品牌建设与管理则会导致消费者的忠诚度低下，形成恶性循环。

在劳动价值角度来说，营销沟通与品牌管理学者凯文·凯勒（Kevin Keller）认为品牌价值是品牌客户、渠道成员和母公司等方面采取的一系列联合行动，能使该品牌产品获得比未取得品牌名称时更大的销量和更多的利益，还能使该品牌在竞争中获得一个更强劲、更稳定、更特殊的优势。

也有学者从资产角度对品牌进行解释，认为品牌是给使用者带来的一种超越其功能的附加利益，如戴维·A.阿克提出，品牌资产是能够为企业和顾客提供的价值，该价值超越了产品和服务本身的利益。

（二）品牌的构成

完整的品牌不仅包括名称和标识，还包括品牌的理念、定位、传播思想等，是众多品牌相关信息的整合。品牌主要由外在和内在两个方面的要素构成。

1. 品牌的外在构成要素

品牌的外在构成要素是标志性的内容，是消费者可以直接通过感官感知到的，包括品牌名称、品牌标识和品牌广告等。

（1）品牌名称。品牌名称是企业形象最直接的体现，一个优秀的品牌名称可以迅速、准确地向消费者传达企业的特性和文化内涵，还可以简要地反映品牌产品的功能和内容。品牌名称不仅要高度概括产品的本质，还要把企业的经营理念、目标市场、价值观念和企业文化等信息涵盖其中。一般朗朗上口、简单易记的品牌名称容易给消费者留下深刻的印象，并且更容易成功，如可口可乐、宝马、李宁等。

（2）品牌标识。品牌标识是品牌视觉的识别体系，直观地呈现在消费者眼前。

品牌标识包含文字标识和非文字标识（见图1-1）。一个品牌标识中可以包含其中一个或者两个都包含，它可以使消费者更加具体、形象地识别和记忆。

案例：
可口可乐对自身LOGO的创意改造

图1-1　可口可乐、宝马、李宁的品牌标识

品牌标识的设计需要遵循以下四个原则。首先是造型独特，与竞争者有明显的区分；其次是简洁、明了，避免复杂、歧义；再次是要尊重当地消费者偏好以及风俗文化；最后是品牌标识的细微调整可以使人耳目一新，但要避免重新设计的风险。

（3）品牌广告。品牌广告是大家最常见的，它也是很多品牌深入人心的重要途径。品牌广告主要包括代言人、广告语和广告曲等，从形式上包括视频广告、平面广告、户外广告等。品牌广告以树立产品品牌形象、提高品牌产品的市场占有率为目的，突出传播品牌在消费者心目中的位置，可以吸引消费者的注意力、传播信息、传递情感诉求，为消费者提供购买指导，创造流行。

2. 品牌的内在构成要素

品牌的内在构成要素是指品牌的内涵，不会直接被消费者感知到，但会在品牌形成与传播的过程中逐步形成与品牌息息相关的意义内涵。品牌的内在构成要素包括品牌理念、品牌定位、品牌承诺和品牌体验等。

（1）品牌理念。品牌理念是品牌发展的内在动力，也是一种观念，它能够吸引消费者，并且建立品牌忠诚度，进而为品牌创造优势。品牌理念由企业使命、经营思想、行为准则三个方面构成：企业使命是指企业依据什么样的使命开展各种经营活动，这是品牌理念最基本的出发点；经营思想则是指导企业经营活动的观念、态度和思想，不同的经营思想，会给大众留下不同的企业形象；行为准则是指企业内部员工在企业经营活动中所必须奉行的一系列行为准则和规则，是对员工的约束和要求。

（2）品牌定位。品牌定位是指企业需要定位品牌在消费者心中的预期位置，杰克·特劳特（Jack Trout）在其《定位：有史以来对美国营销影响最大的观念》一书中将"定位"定义为如何让你在潜在顾客的心智中与众不同。定位的目的是让企业去寻找顾客的需求，找到市场的空隙，在顾客心中占领有别于竞争对手的最佳位置。品牌定位主要分为四个步骤：第一步是分析市场环境，确定自己的竞争对手以及竞争对手的价值；第二步是避开竞争对手在顾客心智中的强势，或是利用其强势中蕴含的弱点，确立品牌的优势位置，即定位；第三步是为这一定位寻求一个可靠的证明；第四步是将这一定位整合进企业内部运营的方方面面，特别是在传播上要有足够多的资源，以便将这一定位植入顾客的心智。

（3）品牌承诺。品牌承诺是一个品牌给消费者的所有保证，从承诺中可以看到一个品牌的经营理念、价值观等方面。好的品牌承诺会使消费者对品牌形成较高的忠诚度，并坚持以口碑传播的形式对品牌进行宣传；不好的品牌承诺则相反，严重的时候还会对企业的生存造成负面影响。

（4）品牌体验。品牌体验是指消费者在品牌产品和服务等方面的具体经历和感受，品牌体验包括感官体验、情感体验、成就体验、精神体验、心灵体验这五个方面。消费者在体验过程中会产生正面和负面的感受。对于品牌拥有者来说，消费者对品牌的信任、满意、肯定等感受会使品牌赢得更多的忠诚顾客，而厌恶、怀疑、拒绝等感受会使品牌遭遇危机和困境。这种感受是长期累积的效果。

案例：
海底捞的品牌
理念坚守

案例 1-1

星巴克的独特品牌营销

星巴克（Starbucks）（见图1-2）是美国一家连锁咖啡公司，成立于1971年，其总部位于美国华盛顿州西雅图市。星巴克的产品不仅包括咖啡，还包括茶、蛋糕等。星巴克的价值主张之一是"出售的不是咖啡，而是人们对咖啡的体验"。

星巴克的成功主要得益于以下四个方面。

（1）第三空间的品牌定位。星巴克将自己定位于独立于家庭和办公室之外的第三空间。在我国，其目标是为广大中产阶级提供一个风格清新的时尚社交场所，让人们在购买咖啡的同时，也购买到一种生活方式。

图 1-2 星巴克的品牌标识

（2）体验式营销。星巴克的经营理念就是向消费者出售对咖啡的体验，相比之下，优质的咖啡、完美的服务被列在其次。在星巴克咖啡店里，精湛的钢琴演奏、经典的音乐背景、流行时尚的报纸杂志、精美的欧式装潢等配套设施，给消费者营造了高贵、时尚、浪漫的氛围，提供了一个除办公室和家庭以外的新的场所。

（3）独特的店面设计。在店面设计上，星巴克强调每栋建筑物都有自己的风格，星巴克要融合到原来的建筑物中去，而不去破坏建筑物原来的风格，每个店的店面设计都由美国总部完成，注重原汁原味。

（4）独特的产品策略。星巴克推出代表性产品，并注重开发新口味，推出季节性菜单和当日咖啡，使消费者对星巴克的产品保持长期关注和新鲜感。星巴克通过产品策略和价格策略，对质量的高度重视，以及配套销售相关产品，来满足大众需求，从而构建品牌形象。

二、品牌价值

（一）品牌价值的内涵与意义

最初品牌是一种旨在区别于其他产品的符号、标记，以便有效地向消费者提供满足其需求的产品和服务。产品和服务是品牌的基础，无论是有形的产品还是无形的服务都是品牌价值构成的基本要素。产品和服务（简称产品）促进品牌的产生，同时品牌也是消费者对产品的信任和保证。品牌形成后，企业就可以对消费者的决策行为发挥影响，成功的品牌可以使消费者对其产品产生积极的联想，良好的影响就会使消费者能够接受更高的产品价格。这样，企业在拥有一个良好品牌形象的同时还可以拥有巨大的商业价值。

迈克尔·E. 波特（Michael E.Porter）曾在其《竞争优势》中提到：品牌资产主要体现在品牌的核心价值上，或者说品牌的核心价值也是品牌的精髓所在。品牌价值是品牌管理中最为核心的要素，也是品牌与其他同类竞争品牌产生区别的重要标志。根据侧重点的不同，品牌价值的定义大致可以分为三类：从消费者的角度出发，品牌价值一方面表现为由市场营销手段所支持的品牌内在特性，另一方面表现为消费者对品牌的信任和忠诚；从企业盈利的角度出发，品牌价值能够给企业带来资本流入；在市场竞争的角度出发，品牌价值反映了消费者在感知品牌的过程中全部或部分激活的所有积极和消极的认知总和，它最终会反映在市场竞争中企业的可度量指标上，而这些指标往往是企业目标体系的重要组成部分。

企业要从实际出发，根据自身的发展优势做好品牌建设，这就是品牌建设的重要价值，也是品牌价值得以发挥的重要基础。品牌价值对于企业来说极为重要，主要体现在以下两个方面。

1. 品牌价值是企业核心竞争力的基础

在现代社会，企业能否在国内以及国际市场中得以生存与发展，创建品牌是核心，而企业创建品牌的深层次目的是获取更为可观的营收。如今，市场上的竞争逐渐发展为"品牌的竞争"，产品没有品牌作为支撑是不堪一击的，如果没有扎实的品牌基础，产品很难在市场上拥有竞争力，所以企业要充分认识到"品牌"才是企业最重要的资产——重复利用无形的资产不用消耗成本。企业想要实现长远发展，就要不断地扩展品牌资产，努力创建"强势品牌"，创建"强势品牌"的最终目的是获得更多的利润。企业建立品牌不仅是为了推销产品，还是为了融入自身的价值，满足消费者的个性化需求。

2. 品牌价值有助于提升产品附加值

和过去相比，品牌不再是一个高高在上的、静态的形象，而是一个人格化且可以随时随地与消费者互动交流的形象。品牌与消费者的每一次对话、碰撞都是在给品牌增加内涵，促进消费者的购买力，在提高品牌形象的同时提高产品的价值。

在市场发展过程中，只有提高品牌自身的价值，才能实现产品之间的价值区别，强化其核心竞争力。具有品牌的企业往往形象定位更加鲜明，可以满足现代消费者所追求的精神体验。突出企业的品牌形象，是提升市场核心竞争力的重要因素。企业在打造新的品牌形象时，往往需要花费很长的时间形成特定的品牌文化，不断创新文化追求，为消费者带来高品质的产品，实现企业品牌的可持续发展。要想充分发挥品牌价值，就要让消费者可以感受到品牌价值的魅力，将产品内涵与品牌价值结合起来，为消费者带来良好的购物体验。

总之，品牌价值对于企业的发展具有重要意义，企业要根据自身的发展情况，结合消费者的具体需求，创造良好的品牌形象，强化品牌价值属性，实现品牌价值的最大化。

（二）品牌价值评估的原则

为品牌确定一个价值评估方法是非常重要的，原因主要有以下几点：首先，品牌的价值评估是一个实际问题。在交易品牌时，以品牌价值评估结果为依据能够促进买卖双方快速找出最合理的方案，更好地处理短期、局部利润与企业长期价值全面增长的矛盾。其次，品牌的价值评估还可以帮助企业吸引品牌投资，从而提高品牌的价值，形成良性循环。最后，品牌价值评估可以加深大家对品牌资产概念的理解，通过对企业品牌价值做出有效的评价，提高各方的信任度，进而形成一个更为有利的发展环境。

想要对品牌进行价值评估，需要遵循以下四点原则。

1. 独立自主的原则

品牌价值评估必须遵循独立自主的原则，这可以保证品牌进行资产价值评估的过程保持客观、公正，使评估结果真实、有效。此外，独立自主的原则可以帮助品牌避免其评估工作受到利益相关方的影响，使参与评估的人员对品牌价值做出更为严谨的、专业的判断，并使评估结果能够真正地得到大家的认可，具有可信度。

2. 公平公正的原则

公平公正的原则要求品牌以客观事实为依据进行品牌价值评估，在开展评估工作时，相关的参与人员应该以客观事实为依据，不夸大也不贬低。对于主观性的评估内容，应当尽量请专家来评估，使评估结果建立在较高专业素养和公平、公正态度的基础上。

3. 科学的原则

科学的原则不仅体现在进行品牌价值评估时需要制定正确的方案并采用科学的方法，而且体现在评估小组由了解品牌价值评估方法的人员、专家和其他相关专业人员共同组成，以确保评估过程科学、合理，评估结果真实、可信。

4. 整体性的原则

品牌价值作为企业品牌架构中的组成部分，品牌资产之间也应该融会贯通，相互配合，并与品牌战略的要求相适应。所以，在进行品牌价值评估时，企业要结合整个品牌框架进行考虑，从而保证品牌资产整体的价值最大化。因此，品牌价值评估要有整体性的视角，只有这样才能使品牌价值评估真正发挥促进品牌战略开展的作用。

案例 1-2

农夫山泉进军高端饮用水市场

面对高端饮用水市场中国品牌的缺失，农夫山泉于 2015 年继续采用差异化营销的方式推出了玻璃瓶高端水，这款产品一共有八个包装形态，将长白山的生态文明注入了创意。

最初，农夫山泉推出的玻璃瓶高端水主攻高端餐饮渠道，在上海人均消费 300~600 元的 12 家餐厅进行产品投放，顾客消费满一定金额后，餐厅就会赠送农夫山泉的高端水。从赠送到销售，农夫山泉瞄准的就是这些餐厅的顾客不愿意喝餐厅免费提供的水，更愿意自己单点品牌水的消费特征。

除此之外，农夫山泉高端水逐渐出现在重大国际会议上，成为招待各国来宾的会议指定用水。

资料来源：高端水的新渠道之争 [EB/OL].（2016-08-09）[2023-03-22]. http：//m.haiwainet.cn/middle/352345/ 2016/0809/content_30174867_1.html.

思考题：品牌对你来说意味着什么？品牌价值对品牌产品的革新有何意义？

三、品牌概念辨析

在现代企业营销中,品牌逐渐从单一的概念延伸出"品牌资产""品牌形象""品牌管理""品牌战略""品牌强度"等概念。

(一)品牌资产

在 20 世纪 80 年代,品牌资产是当时最流行和最有潜在价值的营销概念之一。美国学者戴维·A. 阿克在其著作《管理品牌资产:品牌价值的资本化》(*Managing Brand Equity*:*Capitalizing the Value of a Brand Name*)一书中系统地总结了品牌资产的概念,他认为品牌资产是指与品牌(名称和标志)相联系的,可为企业或顾客增加或削弱产品价值或服务价值的资产和负债,由品牌忠诚度、品牌知名度、品牌认知度、品牌联想度、品牌资产的其他专有权构成。品牌资产的概念强调了品牌在营销策略中的重要性。

理论:
互联网视野下的
品牌资产概念

(二)品牌形象

品牌形象是指企业或某个品牌在市场上、在公众心中所展现出来的一种个性特征,是在竞争中的一种产品或服务差异化含义的联想集合,它体现了公众特别是消费者对品牌的评价与认知,是一种品牌管理的方法。品牌形象与品牌是相互关联的:品牌形象是品牌的外在表现特征,展现品牌的本质;品牌形象的有形要素包括其包装、生产经营环境、生产经营业绩、社会贡献和员工形象等,是品牌得以发展壮大的基础。

(三)品牌管理

品牌逐渐成为企业的核心竞争力,因此品牌管理逐渐成为企业发展的重要推动力。品牌管理是指针对企业产品和服务的品牌,综合运用企业资源,通过计划、组织、实施、控制来实现品牌的战略目标。品牌管理的滞后如品牌理念的落后、品牌识别混乱、品牌形象无法跟上时代步伐等,会抑制企业的进一步发展。

(四)品牌战略

品牌战略是企业战略的重要组成部分,是企业以品牌作为其核心竞争力,来获取差别利润与价值的企业经营战略，包括品牌化决策、品牌模式选择、品牌识别界定、品牌延伸规划、品牌管理规划与品牌愿景等六方面的内容。企业的品牌战略可以帮助管理者更好地把握品牌市场的现状，如果一家企业拥有众多品牌，且品牌向多品类延伸，则这家企业的品牌战略既具有广度又具有深度。

（五）品牌强度

在特定的市场、竞争环境和商业模式下，品牌资产会在某个特定的时间点上形成品牌强度。戴维·A.阿克和凯文·凯勒将品牌强度定义为：当消费者将高品质与该品牌联想在一起时，品牌延伸将因此而受益；当消费者将劣等品质与该品牌联想在一起时，品牌延伸将因此而受害。连续延伸的研究也指出，移转能力的降低源自原品牌品牌强度的降低。品牌强度由市场份额、市场领导地位、忠诚度和价格溢价等竞争性因素所决定。

第二节 品牌传播学的发展与研究

一、品牌的起源与发展

"品牌"是舶来品，它以多样的面貌和角色走过历史的长河，最初英文单词"Brand"源自古挪威文，意为"烧灼"，在古代人们利用烧灼的方式来标记私有的家畜、财产。到了中世纪的欧洲，手工艺人利用烙印的方法在自己的劳动成果上进行标记，人们使用标识化方法的目的是区分他们的劳动成果，使消费者能轻而易举地分辨出来，以提高消费者的忠诚度。

（一）西方国家的品牌发展历程

品牌的产生与发展最早兴起于西方国家，而西方国家品牌的发展与其市场经济的发展一样久远，大致可以归纳为以下三个阶段。

1. 品牌产生的初始阶段（19世纪中后期至20世纪中叶）

在西方国家品牌产生的初始阶段，品牌是悄然出现在人们周围的，人们在开展商业活动时不知不觉就开始利用品牌的概念了。在西方国家，品牌的产生最早可以追溯到古希腊和古罗马时代，那时人们就开始有了商标意识，人们会将自家商品的标志或店铺的标志张贴出来以吸引顾客，品牌最原始的形态就是以标志的形式出现的。随着印刷术等技术的发明，传播能力得到显著的提高、传播范围明显扩大，品牌的发展也步入了一个新的时期。

从19世纪中叶开始，西方国家逐渐出现了各种各样的手工协会的标志，如水印、面包标记等，这些标志一方面可以用来吸引顾客，另一方面也可以对所生产的商品进行区分，以便保护商家的权利并且维护消费者的权益，防止假冒伪劣商品的出现。

到了19世纪后期，欧洲人将品牌化的理念传入了美洲。在美国南北战争之前，一些药品制造企业因开始采用小瓶样式的包装而变得比较有名，随之而来的是这些企业开始使用商标来吸引消费者，逐渐地，一些烟草产品的包装、标志等也经过了商家的精心设计。美国南北战争之后，加利福尼亚州的畜牧业迅速发展，农场主会驱赶牛群到集市上售卖，但由于国内治安还未完全恢复，农场主为了保护自己的私有财产，便在牛的身体上烙下标记加以区分。后来，李维斯（Levi's）申请了将铆钉固定在牛仔裤上使其更加牢固的专利，并且将自己的标记印在一块牛皮上，以告诉消费者其购买的牛仔裤是李维斯正品。逐渐地，商标演变成了一种约定俗成的品牌标识，在这个阶段，品牌发展的最大特点就是商标注册意识的觉醒和大量广告公司的出现。

2. 品牌逐步发展阶段（20世纪中叶至20世纪80年代）

随着第二次工业革命结束，人类进入了"电气时代"。在19世纪末20世纪初，西方国家的生产水平得到了显著提高，人工生产逐渐被机器生产所取代，企业规模不断扩大，产生了一大批知名品牌。例如，可口可乐于1886年诞生；1886年，奔驰创始人获得世界上第一辆汽车的专利权，标志着世界上第一辆汽车诞生；1896年，亨利·福特（Henry Ford）将他的第一部汽车开上了底特律大街；1924年，万宝路品牌诞生等。

这些品牌随着商品的输出和资本的流动逐渐走向世界市场，从而成为世界级品牌，长盛不衰，至今仍然是市场上具有竞争力的品牌。新技术的发展催生了新的世界品牌，并在世界市场掀起新消费潮流。

3. 品牌发展成熟阶段（20世纪80年代以后）

到了20世纪80年代后，全球经济飞速发展，发达国家在向发展中国家进行资本输出的同时，也开始做品牌输出，通过品牌兼并、品牌购买以及无偿提供等方式进行品牌扩张与宣传。

各大企业的经营重心也开始转向品牌，1988年《经济学人》在其刊物封面上印出"讲求品牌之年度"来体现企业对品牌的重视程度。由于企业对品牌的重视，西方品牌的传播实践也变得丰富起来，出现了整合营销传播的思想，这标志着西方品牌传播的发展走向了成熟。

（二）我国的品牌发展历程

与西方国家相比，我国品牌发展较晚，生存环境并不优越。我国内地品牌的发展真正始于 20 世纪 80 年代，而我国香港和台湾地区由于地理位置和经济制度的影响，在 20 世纪 70 年代左右就出现了一些开始打造自己品牌的具有远见的企业。

我国品牌发展历程，大致可以归纳为以下五个阶段：

1. 品牌萌芽阶段（1978 年—1983 年）

在 20 世纪 80 年代初，我国企业大多规模小、竞争力弱，这时我国品牌正处在品牌建设时间较长、品牌数量较少的阶段，许多品牌都是企业在无意识中建立的，大家对品牌的认知还处于启蒙期。

1978 年改革开放以后，我国企业进入市场经济的竞争中，但在这一时期，企业之间的竞争并不十分激烈，大家对品牌的认识还停留在商品的注册商标上。随着市场经济的发展，外资品牌进入我国市场，我国企业品牌意识的觉醒，促进了中国品牌的快速发展。许多地方政府开始引导企业品牌化发展，例如在 20 世纪 80 年代中期，上海市政府发起"上海品牌工程"计划。不过这一时期的中国品牌仍十分稚嫩。

2. 品牌快速成长阶段（1984 年—1991 年）

随着改革开放进一步深化，广告业和媒体的力量逐步壮大，消费社会在我国慢慢形成。这一阶段，我国民族品牌例如联想、华为、娃哈哈等开始不断兴起。同时，随着外资企业大量涌入国内市场，民族企业却还停留在只追求质量而忽视品牌建设的阶段，中国品牌生存环境变得空前紧张，一些民族品牌甚至消失在市场竞争中。这样的竞争环境使中国品牌不得不开始求变，通过变革以在激烈的竞争中分得一杯羹。

在这一阶段，中国品牌在竞争激烈的背景下，完成了第一次蜕变。国内企业从生产观念快速过渡到市场营销观念，从单纯的生产型走向生产经营型；在品牌传播层面，国内企业也开始进行专业化探索。

3. 品牌逐步升级阶段（1992 年—2001 年）

在这一阶段，国家相继出台了各种政策法规助力中国品牌的发展，例如，1993 年我国重新修正了《中华人民共和国商标法》，商标制度在我国逐步完善；1996 年国家工商行政管理局发布《驰名商标认定和管理暂行规定（修正）》，我国驰名商标的认定和管理工作走上规范化道路，品牌的注册和管理逐渐完善。在此之后，我国企业逐渐意识到品牌建设的重要性，并开始积极探索品牌建设的策略，极大地推动了中国品牌建设的发展。

2001 年我国加入世界贸易组织后，我国企业开始意识到品牌国际化的重要性，同时消费者的品牌意识也逐渐增强。此时，国家积极鼓励我国企业"走出去"，我国企业积极融入国际化大浪潮,如海尔、联想、康佳等国内知名品牌发展为国际品牌。

这一阶段,在市场经济迅速发展的前提下,我国本土企业在与外资企业的激烈竞争中完成了新一轮的升级。在理念上,我国本土企业积极吸收西方品牌传播理论并结合自身情况进行本土化;在经营结构上,我国本土企业开始设立市场部门,使得品牌经营更加专业化和细致化。

4. 品牌繁荣发展阶段(2002年—2012年)

在21世纪之后,市场的竞争逐渐从产品、质量和价格的竞争转向品牌的竞争,我国的经济发展也步入了工业化转型、国际形象提升和深化完善市场经济的关键期,中国品牌开始直视国际品牌带来的竞争。我国积极鼓励国内企业进行自主创新、创建中国品牌,并且迈上国际化之路,打造国际化品牌。

在国家政策支持和国家经济飞速发展的背景下,中国品牌迎来了最为繁荣的发展时期。国有企业的品牌实力显著增强,涌现了一批世界知名品牌,代表中国走向世界,其国际影响力和竞争实力也显著提高。这个时期我国的品牌建设取得了巨大的进步,但是在知识产权保护、品牌价值升级等方面与国外的品牌建设仍有较大差距。未来,企业要在政府给予的观念、体制、产权重组、结构调整等方面的支持和推动下,积极将自身的企业文化、个性和价值融入品牌建设中,体现出品牌的差异化价值。

5. 品牌转型突破阶段(2013年至今)

2013年以后,我国的经济发展进入了以提质增速、转型升级为主题的中高速发展经济"新常态"阶段,消费逐步升级,大众的消费兴趣也开始变得多元化、个性化。数字技术的发展使传统广告业和媒体进入艰难的转型期。同时,中国品牌也面临数字化转型,传统的品牌沟通与传播正迎来变革以更好地适应全球化市场。未来,中国品牌的发展也将面临更多的机遇与挑战。

案例:大白兔:从一颗糖到一个品牌

案例 1-3

华为——走向世界舞台

任正非认为:一个企业需要全球性战略眼光才能发奋图强;一个民族需要汲取全球性精髓才能繁荣昌盛;一个公司需要建立全球性商业生态系统才能生生不息;

一个员工需要具备四海为家的胸怀和本领才能收获出类拔萃的职业生涯。在1987年，任正非与五位合伙人共同出资2万元在深圳成立了华为。在创立初期，由于资金以及技术匮乏，华为的发展较为低调，所以在随后30多年的发展中，华为一直强调技术创新，技术创新是其鲜明的特点，也是支撑华为品牌（见图1-3）发展至今的核心动力。

图1-3 华为品牌

图片来源：华为官网。

随着市场环境的巨变，华为的品牌传播策略也在不断调整，在2014年9月，华为发布了Mate 7系列后，华为的手机产品意外火热起来，并进入2014年Interbrand"全球最具价值品牌100强"名单第94位，此刻的华为不再走低调路线，而是立志要成为全球性高端手机品牌。2017年，华为与央视合作，集中力量将广告投放到央视最优质的传播资源中去；2019年，华为继续加码，加入中央广播电视总台的"品牌强国工程"（见图1-4），其整体品牌形象得到了升级和凝练。

中央广播电视总台品牌强国工程

图1-4 2019年华为加入"品牌强国工程"

在国际化市场上，华为则选择"农村包围城市"的策略，初始阶段的目标是占领发展中国家市场。在这个阶段，华为不断明确与国际大公司之间的差距，并开始试点探路，初步体验品牌国际化。华为的国际化历程已开始逐渐向欧美市场发展。通过有效利用全球资源，经过20多年的筹划布局，华为形成了全球多个运营中心和资源中心。

要点分析：在经营规模不断扩大的同时，华为并没有忘记自身的社会责任，它将可持续发展理念作为企业的发展宗旨，致力于把数字世界带入每个人、每个家庭、每个组织，构建万物互联的智能世界，利用ICT（信息与通信技术）造福人类社会。在华为的可持续发展策略中：数字包容战略推动了数字人才培养，跨越数字鸿沟，助力数字经济发展；安全可信战略通过打造安全可信的产品，助推企业拥抱全球化；绿色环保战略更是体现了"让科技与自然共生"的环保理念，同时为我国实现2060年碳中和目标贡献了一分力量，用科技创新守护人类共同的家园；和谐生态战略体现了一个长远发展的企业要在商业活动中考虑创造社会价值，并在实现社会价值过程中获得新的商业机会，从而形成良性循环。华为给我国其他企业提供了参考价值，起到了一定的模范作用。

资料来源：https://www.huawei.com/cn/?ic_medium=direct&ic_source=surlent，有修改。

二、品牌理论的演化与发展

西方国家品牌的发展经历了漫长的过程，在其发展过程中，品牌理论诞生并且随着时代的发展而更新。品牌理论的发展大致可分为以下五个阶段。

（一）品牌观念阶段（20世纪50年代—20世纪60年代）

品牌理论发展的第一阶段是20世纪50年代到20世纪60年代的品牌观念阶段，这一阶段主要以研究"什么是品牌""为何需要品牌"为主。

在这一发展阶段，美国广告教父大卫·麦肯齐·奥格威、美国学者伯利·B.加德纳（Burleigh B. Gardner）和西德尼·J.利维（Stdney J. Levy）分别提出了品牌定义，美国市场营销协会（AMA）定义委员会也提出了通用的品牌定义。1950年，大卫·麦肯齐·奥格威提出："品牌是一种错综复杂的象征，它是品牌属性、名称、包装、价格、历史、声誉、广告方式的无形总和。品牌同时因消费者对其使用的印象，以及自身的经验而有所界定。"1955年，伯利·B.加德纳和西德尼·J.利维在《哈佛商业评论》上发表的《产品与品牌》一文中提出了情感性品牌和品牌个性思想，他们认为："品牌具有理性价值和情感价值，品牌创建需要超越差异性和功能主义，注重开发一种个性价值，使顾客享受满意服务。"1960年，美国市场营销学会定义委员会提出："品牌是一种名称、术语、标记、符号或设计，或是它们的组合运用，其目的是借以辨认某个销售者或某群销售者的产品及服务，并使之与竞争对手的产品和服务区分开来。"

在20世纪50年代初，罗素·瑞夫斯（Rosser Reeves）提出USP理论——"独特的销售主张"（Unique Selling Proposition），要求品牌向消费者传达一个"独特的销售主张"，其特点是必须向受众陈述产品的卖点，同时这个卖点必须是独特的、能够带来销量的。1955 年，以大卫·麦肯齐·奥格威为代表的学者们提出 CI（Corporate Identity）理论，其为确定企业宗旨、规范企业行为，设计企业统一视觉识别系统，形成对企业形象的总体设计。该总体设计由理念识别（Mind Identity，MI）、行为识别（Behavior Identity，BI）和视觉识别（Visual Identity，VI）三部分组成。

（二）品牌战略阶段（20 世纪 60 年代—20 世纪 80 年代）

品牌理论发展的第二阶段是 20 世纪 60 年代到 20 世纪 80 年代的品牌战略阶段，这一阶段的研究主题是"如何创建品牌"。在这一发展阶段，品牌理论实现了从品牌到品牌化的跨越，出现了品牌化、品牌战略（Brand Strategy）、品牌形象（Brand Image）、品牌定位（Brand Positioning）和品牌组合（Brand Portfolio）等概念。

1962 年，大卫·麦肯齐·奥格威在《一个广告人的自白》一书中提出了品牌形象论，品牌形象论是广告创意策略理论中的一个重要流派，在品牌形象论的影响下出现了大量优秀的、成功的广告。大卫·麦肯齐·奥格威认为，创建品牌的战略方法是塑造品牌形象，而品牌形象不是产品固有的，而是消费者联系了产品的质量、价格、历史等而形成的，因此每一则广告都应是对整个品牌建设的长期投资。这一理论虽然注重了品牌的感性价值，却忽略了品牌的理性价值。

从 20 世纪 60 年代末 70 年代初开始，美国的商业竞争越来越激烈，传统的广告已经不起作用，在这样的环境下美国著名营销专家艾·里斯（Al Ries）与杰克·特劳特提出定位理论。艾·里斯与杰克·特劳特认为："定位要从一个产品开始，那产品可能是一种商品、一项服务、一个机构甚至是一个人，也许就是你自己。但是定位不是你对产品要做的事，定位是你对预期客户要做的事。"

品牌组合是戴维·阿克所提出的概念，是指企业向消费者提供的特定产品类别中所包含的全部品牌和品牌线，还涉及组合中各种品牌承担的角色及发挥的作用。戴维·阿克认为，管理品牌组合的目的在于促进品牌之间的协同作用、充分利用品牌资产、创造并保持市场的相关性，以及创建和提升强势品牌等。

（三）品牌资产阶段（20 世纪 80 年代—20 世纪 90 年代）

品牌理论发展的第三阶段是 20 世纪 80 年代到 20 世纪 90 年代的品牌资产阶段，这一阶段主要以研究"什么是品牌资产"及"如何评估品牌资产"为主。在这一阶段，美国学者戴维·阿克、凯文·凯勒等人分别提出品牌资产的概念，我国学者卢泰宏提出了品牌资产评估模型。

1991 年，戴维·阿克在《管理品牌资产》一书中首次正式提出品牌资产的定义。他认为："品牌资产是与品牌、品牌名称和标志相联系，能够增加或减少企业所销售产品或提供服务的价值和顾客价值的一系列资产与负债。虽然创建品牌资产所基于的资产与负债各不相同，但是可将之分为以下几类：品牌忠诚度、品牌知名度、品质认知度、除品质认知度之外的品牌联想、品牌资产的其他专用权——专利权、商标、渠道关系等。"戴维·阿克的这一定义是公认的品牌资产的标准定义，但这一定义虽阐述了品牌资产的内涵和外延，却忽略了品牌资产的定量评估。

凯文·凯勒在《市场营销》上发表《基于顾客来源的品牌资产评估》一文中提出了品牌资产的定义，他认为以顾客为本的品牌资产就是由于顾客对品牌的认知而引起的对该品牌营销的不同反应。与没有标明品牌的产品相比（比如该产品只有一个虚假的品牌或根本没有品牌），顾客更倾向标明品牌的产品，并会对它的市场营销做出更积极的反应。这一定义虽注重了品牌资产的顾客来源，却忽略了品牌资产的竞争变化。

我国学者卢泰宏在《论品牌资产的定义》一文中提出品牌资产的定义主要存在三种概念模型，分别为财务会计概念模型、基于市场的品牌力模型和基于消费者的概念模型。

（四）品牌管理阶段（20世纪90年代—21世纪初）

品牌理论发展的第四阶段是20世纪90年代到21世纪初的品牌管理阶段，这一阶段主要以研究"如何开展品牌管理"为主。在这一阶段，品牌传播思想主要以美国学者凯文·凯勒的战略品牌管理理论、美国学者戴维·阿克的品牌领导理论和品牌组合理论为主。

凯文·凯勒在《战略品牌管理》一书中提出了建立品牌资产、评估品牌资产和管理品牌资产的战略品牌管理过程，他从品牌资产视角出发，认为："品牌本身就是有价值的无形资产，应谨慎处理。品牌给消费者和公司提供很多利益。品牌化的关键在于，消费者是在一个产品类别中发现品牌的不同之处的。"

1998年，戴维·阿克在《品牌领导》一书中提出品牌领导视角下的品牌识别、品牌组合、品牌创建和品牌组织的品牌管理过程。基于从战术管理到战略管理的进步，戴维·阿克认为："品牌领导模式中的品牌经理较之过去的注重战术和反应，更有策略头脑和远见卓识。他们对品牌进行战略性管理，使品牌反映消费者心目中的形象并持续有效地加以传播。为实现这一目标，品牌经理必须介入经营策略的制定和实施。经营策略是品牌策略的总指挥，它同样需要有战略眼光，能融入不同文化。"

2004年，戴维·阿克在《品牌组合》一书中提出了品牌组合和品牌延伸的品牌管理过程，并且十分注重品牌组合的协同作用。戴维·阿克认为："品牌组合的目标是促进协同作用，充分利用品牌资产，创造和保持市场的相关性，建设和支持差别化的、充满活力的品牌，并且实现清晰度。"

（五）品牌关系阶段（21世纪初至今）

品牌理论发展的第五阶段是21世纪初至今的品牌关系阶段，这一阶段主要以研究"如何发展品牌关系"为主。在这一阶段，顾客关系（也称客户关系）和关系营销的发展促使品牌传播建立了品牌资产的新视野和新角度，产生了品牌互动关系理论、品牌关系、品牌关系指标理论、品牌社区和品牌体验等新概念。

1995年，马斯·布莱克斯通（Mas Blackstone）在美国《广告研究》杂志中发表《品质视角下的品牌资产》一文，其中提出了品牌互动关系理论。他认为："品牌关系是客观品牌与主观品牌的互动，是品牌的客观方面（品牌形象，形象分好坏）和主观方面（品牌态度，态度分正负）两个维度相互作用的结果。"

品牌关系是伴随着品牌成长的一种状态，品牌建设者必须了解和维护良好的品牌关系。1995年，布莱克斯顿·瑞贝肯（Blackston Rebekan）最先提出了品牌关系模型，随后，在1998年苏珊·富尼耶（Susan Fournier）深化了品牌关系研究并将品牌关系类比为社会人际交往中的15种关系模式，分别为包办婚姻、临时朋友、权宜婚姻、专一伙伴、最佳友谊、有区别的友谊、血缘关系、回弹关系、儿时友谊、求爱关系、依赖关系、放纵关系、敌意关系、奴役关系和私密交易。

1999年，汤姆·邓肯（Tom Duncan）和桑德拉·莫里亚蒂（Sandra Moriarty）在《品牌至尊》一书中针对品牌关系的外延提出了品牌关系指标理论，他们认为："从企业运作角度看，消费者与品牌关系包括知名度、可信度、一致性、接触点、同应度、热忱心、亲和力和喜爱度。"2001年，穆尼兹（Muniz）和欧吉恩（O'Guinn）提出："品牌社区是建立在使用某一品牌的消费者之间，一整套社会关系基础上的、非地理意义的专门化社群"。品牌社区的形成源于对社会身份、员工认同及顾客认同，并以消费者对品牌的情感利益为联系纽带，突破了传统社区意义上的地理区域界限。消费者可以在与品牌社区其他成员的亲密关系中表达自我，来获得认同并感到满足，以达到对品牌社区有较高的满意度和忠诚度。这会促进消费者做出重复购买和推荐购买等行为。

2004年，伯尼特·瑞贝肯（Bennett Rebekan）基于目标广告行业的实证研究结果提出了"品牌体验"的概念，他认为："品牌体验是顾客对品牌某些经历产生回应的个别化感受，包含顾客和品牌之间的每一次互动——从最初的认识、选择、购买、使用，到坚持重复购买。"品牌体验是顾客对品牌的具体经历和感受，顾客的良好品牌体验会直接或间接地带来其对品牌的忠诚。

第三节 品牌传播学的基本范畴与研究方法

一、品牌传播学的基本范畴

所谓品牌传播,是指企业通过各种传播手段持续地与目标受众互动交流,最大限度地增加品牌资产的过程,也是企业向消费者传播品牌信息,使其产生购买行为以及维持品牌记忆,塑造品牌形象的各种手段和方法。品牌传播学则是研究品牌传播规律、技巧、方式方法等内容的一门学科。品牌传播学的基本范畴大致包括以下内容。

(一)品牌传播战略

品牌传播战略是品牌传播活动在执行过程中的依据,需要具有长远性以及可执行性。品牌传播战略要发挥指导作用,就要求企业要对自身、受众、同类品牌等有深入的了解,主要包括品牌定位、品牌个性以及传播战略等方面。

(二)品牌传播元素

在品牌传播中,人们最先了解品牌的名称、标志等外在形象,这些基本传播元素会使大众对该品牌形成第一印象。企业应当科学地利用这些基本传播元素,使品牌在传播时获得竞争优势。

(三)品牌传播手段

过去,企业利用人际、纸媒传播消息;而在新媒体时代,品牌传播的手段越来越丰富,有社会化媒介传播、影视传播、广告等。品牌传播学主要通过研究这些传播手段,来为企业实现具体的品牌传播目标提供参考。

(四)品牌传播媒介

随着媒介技术的快速发展,品牌传播媒介的种类不断增加,这为品牌传播带来了更多的方式。在整合营销传播的背景下,品牌传播学主要研究各种传播媒介的功能和特点,探究如何用合适的传播媒介使品牌与受众进行有效的双向沟通。

(五)受众心理

品牌传播从某种意义上说,与受众的心理密切相关。品牌传播中,企业对受众心理的把握是其成功路上必不可少的环节。品牌可以通过分析受众心理来提高受众

（消费者）的忠诚度，使得品牌传播更加高效，从而取得最佳效果。

（六）品牌成长周期与品牌传播

一个品牌的成长和成功总要经历一个艰难的过程，最终才能在消费者心中占据一定地位。当品牌处于成长周期的不同阶段，品牌传播的目标和方向必定会有所不同，品牌传播学涉及品牌在初创、成长、成熟和后成熟时期，品牌传播所要采取的相应措施。

（七）网络时代的品牌传播

网络时代的到来使品牌传播与以往相比有了很大的变化。在网络时代，品牌传播的速度更快了，方式也更多了，难度也更大了。品牌传播学研究品牌如何应对网络时代的变化，以便采用最高效和最优化的方式与受众沟通。

（八）品牌传播的国际化、本土化及标准化

在现代社会，全球逐渐趋于一体化，品牌的传播不能再局限于本国，品牌的国际化扩张势不可挡。在国际化过程中，品牌传播需要采取标准化的传播战略，以树立一致的国际品牌形象。品牌传播学研究影响品牌国际化、本土化及标准化的主要因素，为企业制定相关决策提供参考。

（九）品牌传播效果评估

效果评估是品牌传播不可或缺的一部分，也是继续进行品牌传播的基础，企业在进行品牌传播的过程中需要不断评估品牌传播效果，以便不断完善传播策略。品牌传播学主要研究评估品牌传播效果的方法。

二、品牌传播学的研究方法

对于任何学科的研究来说，研究方法都是必不可少的。品牌传播学的研究对象是所有能够品牌化的物质，大到国家、城市、企业，小到个人。目前，品牌传播学所采用的研究方法主要包括定性研究和定量研究两种。

（一）定性研究

定性研究主要是指研究者置身于研究情景中，运用观察、访谈和文献调查等方法去接近、体验和理解被研究者，并力求从被研究者的角度去解释他们的行动及其意义建构的过程。对于品牌研究来说，最常用的定性研究方法是消费者座谈会，主要通过运用不同的研究技巧，鼓励消费者参与品牌讨论，以进一步了解品牌与消费

者之间的关系。

其中，在消费者座谈会上激励消费者参与品牌讨论的研究技巧主要有以下几种。

1. 开放式讨论

开放式讨论是指在讨论会上提出一些开放式问题，这些问题没有固定答案，消费者可以根据自身所想随意作答。例如："对你而言，这个品牌的意义是什么？你会如何向别人介绍这个品牌？"

2. 拟人化

拟人化主要是指将品牌看作一个人，通过拟人化的方式探讨品牌的个性所在。例如："如果这个品牌是一个人，他在你心中是一个怎样的形象？年龄、性别、性格是怎样的？"

3. 词汇联结

词汇联结主要是探讨品牌在消费者心中的一个大概印象。可以请消费者回答下面的问题："对于这个品牌，你最先想到的三个形容词是什么？为什么是这三个词？"词汇可以反映消费者对品牌的直觉认知。

4. 感觉投射

感觉投射主要是指让消费者通过角色扮演或者是绘画的方式投射出对品牌的感觉。例如，可以让消费者拿起画笔画出对该品牌的感觉，消费者绘画的能力及功底并不重要，重要的是其选择的颜色以及绘画出来的图案。

5. 隐喻及类比

隐喻及类比主要是指通过让消费者联系品牌特性，找出一个与品牌十分贴合的替代物。例如："如果这个品牌是一个动物，它会是哪一种动物？"

6. 美术拼贴/图片蒙太奇

美术拼贴/图片蒙太奇主要是指首先让消费者快速翻阅各种杂志，并从中撕下任何让他们联想到某一品牌的图片，然后询问他们为何撕下这些图片、它们与哪个品牌产生了联结，这些图片为什么会让他们产生品牌联想，最后对所有参与的消费者撕下的图片进行汇总整理。美术拼贴/图片蒙太奇可以大致看清品牌在消费者心中的印象。

7. 卡通泡泡

卡通泡泡通常用来探讨品牌在消费者心中的价值及意义，主要的做法是事先准备一些卡通图案并留下泡泡形状的空白，然后让消费者在空白处自行填写内容。

8. 属性归类

属性归类主要是由消费者用自己的语言或定义来对品牌进行归类。这个研究技巧有助于探讨各品牌之间的相似之处和不同之处，其具体操作方式：准备受测品牌以及竞争品牌的产品或名称，让消费者根据自身的分类标准来进行分类，此动作不停重复，直到消费者无法想出其他用来分类的"区隔元素"，最后由消费者解说其分类标准和呈现的结果。

（二）定量研究

定量研究主要是指采用统计、数学等方法或计算技术对社会现象进行系统性研究。品牌研究中，定量研究的研究方法主要有以下几种。

1. 品牌定位图

品牌定位图主要是通过统计分析，从消费者的角度来了解不同品牌的定位以及各竞争品牌之间的定位区隔。具体做法主要是让消费者用五点量表回答是否同意某品牌所拥有的某一属性或特质，然后对其进行统计分析，形成品牌定位图，探讨该品牌定位是否独特或具有竞争性。

2. 品牌个性盘存

品牌个性盘存主要用来测量品牌的个性和特质，它是由 41 个项目组成的问卷，其中 40 个项目与品牌价值和个性相关，最后一个项目测量消费者与品牌之间的关系。具体做法是让消费者用七点量表回答是否同意某品牌拥有所列出的个性，然后对其进行统计分析。这种研究方法有助于规划品牌的市场区隔。

3. 追踪调查

对消费者进行长期追踪，追踪调查结果可以为品牌研究提供一些基本的相关信息，包括品牌的知名度、试用率、使用状况、品牌个性及品牌形象认知等。

以上是品牌传播学研究所用的一些方法和技巧。由于品牌传播学涉及众多相关学科，是一门综合性较强的学科，因此在研究过程中应当把这些学科综合起来，从不同的角度研究品牌传播。这样的研究，才是完善的、科学的，其研究结果才能全方位地反映品牌和消费者之间的关系。

案例 1-4

"以中国为家"——宝马集团升级在华发展战略

宝马集团（简称宝马）创建于1916年，总部位于德国慕尼黑，是汽车和摩托车制造企业。经过百余年的发展，如今的宝马是一家在全球范围内经营的大型跨国公司，位于世界汽车厂商前列。其实宝马很早就开始布局国际化战略，自中国改革开放伊始，宝马就开始试水中国市场，并根据中国国情不断调整在华发展战略，以更好地适应中国市场。2021年12月16日，宝马在其"2022年迎新年线上年会"中，再一次表达了要与中国市场同行的坚定态度，公布了全新升级的"2025中国战略"，表示将完成从"中国优先"到"以中国为家"的战略升级。从"第二故乡"到"家"，从"在中国、为中国、为全球"到"家在中国"，宝马对于中国市场的诠释越来越具象，也越来越清晰。

一、持续深化"中国优先"策略，充分满足"中国需求"

宝马一直都充分考虑中国客户的期望与需求，快速应对中国市场变化。在本土化的发展中，宝马充分满足"中国需求"，不仅表现在产品供给方面，还表现在文化层面，宝马一直致力于保护中国传统文化、满足中国客户的精神需求。

从产品供给层面，宝马将加快在中国的电动化步伐：2022年，宝马品牌为中国客户呈现了五款纯电动车型，包括创新宝马iX、创新宝马i4在沈阳生产的纯电动宝马3系，以及一款纯电动旗舰车型。到2023年年底，宝马在中国市场共交付约10万辆纯电动车。

宝马进一步强化与国内优秀电池企业、能源公司和高科技企业的合作伙伴关系，共同发展绿色电动出行的上下游产业链，并提升自身在电动车研发、生产和服务方面的综合实力。2017年，华晨宝马作为高档汽车品牌率先在中国建立动力电池中心，2020年已完成二期工程，截至2021年6月累计生产动力电池超10万台。至2021年年底，宝马联网的公共充电桩已达36万根。

宝马还持续推进全国销售和服务网络升级。目前，宝马全国约600家经销商网点中已有500多家完成了宝马i业务认证。2022年，宝马携手经销商在城市中心试点"BMW i体验店"，呼应中国消费者日益增长的新能源、新体验需求。

在宝马的战略中，2025年将是宝马在中国市场战略转型的重要时点。届时，宝马将发布"新世代"车型，具备完全重新设计的IT（含软件）架构、全新一代高性能电力驱动系统和电池，以及贯穿整个车辆生命周期的全新可持续理念。在"新世代"车型的开发过程中，中国市场的特定需求一直将被置于首位。到2025年，宝马在中国市场销量的1/4将是纯电动车。

从文化层面，宝马于2007年发起了"BMW中国文化之旅"，致力于中国传统文化的保护，并且"BMW中国文化之旅"自2016年开始进行战略升级，升级为"非遗走进现代生活"，从慈善捐助性公益升级为承担"赋能型"企业社会责任，对传承人的支持从"授人以鱼"的捐助模式升级为"授人以渔"的赋能模式。宝马建立"非遗走进现代生活"的可持续性公益平台，积极助力构建非遗产业新生态。

对行业而言，宝马创造了一种范式：为"非遗走入现代生活"，以及"推动中华优秀传统文化创造性转化及创新性发展"创造了一种可持续、可复制的范式。对社会而言，宝马引领了一种模式：为各地"非遗＋旅游"做出引领性、创新性的贡献。对宝马而言，宝马积极承担企业社会责任，完美诠释了"以赋能创造共享价值"的理念。

2021年，"BMW中国文化之旅"迈入15周年，历久弥新，彰显了宝马致力于中国传统文化保护和贡献本土社区的长期承诺。2021年"BMW中国文化之旅"串联云南六大主题文化，不仅涉及多元民族文化中相融共生、天地人和的可持续生态文化，也探寻传承千年的"风物匠心"。"BMW中国文化之旅"遴选了五位来自云南的非遗传承人，进入清华大学-宝马非遗保护创新基地，在清华美院师资力量的帮助下，共同开发设计非遗文创作品。由于恰逢该项目15周年之际，宝马主持编纂并由清华大学出版社出版《大美中国：非遗保护创意创新案例集》，以"可持续、可复制"为目标，展示非遗保护的可持续发展模式，为社会各界相关方提供参考及范式。除此以外，宝马还联合马蜂窝推出"BMW中国文化之旅云南非遗旅游攻略"，助力云南文化与旅游传播，进一步促进了当地的经济发展与地方文化传播。

二、加入中国创新潮，推动数字化创新

宝马在中国市场的数字化创新，涵盖研发、生产、车辆智能化和数字化服务等所有相关领域。宝马在中国建成了德国之外最大的研发和数字化体系，拥有北京、上海、沈阳和南京四大创新研发基地。团队规模超过1650人，包括约600名软件开发人员。

2021年，宝马的创新布局拓展到南京。宝马通过合资成立宝马诚迈信息技术有限公司，利用中国本土软件力量深耕车载软件开发；宝马又在南京设立领悦南京分公司，旨在为宝马在中国运营企业的生产和服务提供敏捷、高效的IT研发及技术解决服务。此外，宝马还积极探索与中国科技公司合作，目前已经与80多家专注于车机数字化内容的中国科技企业签约合作。宝马希望将中国本土客户的需求和愿望转化为极具吸引力的产品，同时挖掘中国技术的潜力。

在生产领域，华晨宝马的数字化工厂是"工业4.0"科技应用的典范，大数据、人工智能等下一代生产技术被广泛应用，在全球率先实现5G网络全覆盖。

值得一提的是，宝马所做的创新远远不止于数字化。2021年5月，宝马与阿里巴巴共同创立的"阿里云创新中心-宝马初创车库联合创新基地"在上海金桥经济技术开发区正式启动运营。

三、坚持可持续发展，与中国市场一路同行

2020年9月，中国提出了2030年碳达峰、2060年碳中和的"双碳"目标。宝

马以实际行动表示了对这一目标的支持。2021年6月，宝马在北京举办了首届可持续发展峰会，与合作伙伴和供应商共同发起了"产业链绿色转型倡议"，提出"汽车全生命周期碳减排"的可持续发展理念，将碳减排范围拓展到全产业链，包括原材料采购、供应链、生产、使用乃至回收环节。宝马期望通过持续创新和绿色科技，实现经济增长、社会繁荣和可持续发展的齐头并进。

可持续发展是宝马企业战略的基石，也是宝马与中国大环境协同发展的又一个方向。为此，华晨宝马联合高压电池的一级和二级供应商承诺，宝马第五代高压动力电池的生产100%使用绿色能源、100%使用回收铝，以及至少50%使用再利用的钴和镍；从2021年起，包括沈阳生产基地在内的所有生产基地都要实现可再生能源供电生产。事实上，自2019年起，华晨宝马就已实现100%可再生能源电力供电生产，并连续四年蝉联"国家绿色工厂"称号，还因为在供应链可持续管理方面的成就被联合国全球契约中国网络授予"2020实现可持续发展目标企业最佳实践奖"，是20家获奖企业中唯一的汽车公司。

一直以来，宝马坚持以实际行动履行企业社会责任，此次的发展战略全面升级，再一次展现了宝马品牌对中国市场的诚意。宝马的每一个战略与决策都紧紧围绕中国社会的发展要点。展望2025，伴随"新世代"的到来乃至在更久的未来，宝马传递出的声音是自信，更是承诺：始终秉持"家在中国"，始终保持与中国经济和社会同频共进、协同发展、共创共赢。

资料来源：
［1］改编自金旗奖获奖精选案例，获得宝马（中国）汽车贸易有限公司授权。
［2］2021 BMW 中国文化之旅［EB/OL］．［2023-04-01］．https: //www.17pr.com/news/detail/205472.html．
［3］首届宝马集团可持续发展中国峰会［EB/OL］．［2023-04-01］．https: //www.17pr.com/news/detail/205501.html．
［4］宝马"2025中国战略"：不只"中国优先"，还要"中国为家"［EB/OL］．［2023-04-01］．https: //baijiahao.baidu.com/s? id=1719717370046785654&wfr=spider&for=pc．
［5］齐玉莹．宝马（中国）在华发展战略研究[D].北京：对外经济贸易大学，2014．

本章小结

本章介绍了品牌的含义与价值，品牌传播学的发展与研究、基本范畴与研究方法。其中，较为详细地介绍了品牌价值评估的四个原则——独立自主的原则、公平公正的原则、科学的原则和整体性的原则，并对品牌理论发展的五个阶段，即品牌观念阶段、品牌战略阶段、品牌资产阶段、品牌管理阶段及品牌关系阶段进行了分析和归纳。

复习思考题

一、名词解释

品牌形象　　品牌管理　　品牌体验　　感觉投射

二、简答题

1. 对品牌进行价值评估应遵循哪些原则?
2. 企业的品牌价值主要体现在哪几个方面?
3. 品牌传播学定性研究方法中的消费者座谈会主要有哪些研究技巧?
4. 品牌的外在构成要素有哪些?

本章测试

第一章习题

第二章
品牌资产

本章要点

品牌的形成是一种消费者从认识到认同的过程,而这种过程通常也是消费者认知不断建构的过程。认知包括认识、理解、情感介入、情感互动和形成归属感,因此,品牌建构的过程,是消费者在认知、体验之后建立品牌态度、形成品牌归属的过程。在这个过程中,品牌形成了自己的核心价值与品牌资产(Brand Equity)。品牌资产是20世纪90年代西方营销理论的重要创新,本章介绍品牌资产概念的起源,并沿用戴维·A.阿克品牌资产模型的观点和表述,重点分析阐述品牌知名度、品牌联想、品牌忠诚等产生价值的方式,以及获得品牌价值的具体方法。

招商银行留学信用卡商业广告《你的世界，大于全世界》
—— 一盘番茄炒蛋引发的事件

孩子长大后走向更大的世界，而父母始终把孩子当成自己的全世界，背后的默默支持和牵挂汇成一句："你的世界，大于全世界。"相较于冰冷的金融产品，招商银行留学信用卡商业广告中，留学信用卡不仅是父母与子女之间的物质连接，更是情感的桥梁。

这则广告以众人皆知的番茄炒蛋构建真实情感故事，激发留学家庭乃至更广泛圈层的情感共鸣，以人性营销传递品牌价值，同时也突破了金融传统营销模式，赋予产品竞争化优势。

资料来源：改编自有氧 YOYA 原创案例，本案例获 2018 大中华区艾菲奖金奖、2018 金投赏创意奖金奖、2018 中国广告长城奖铜奖、2018 中国 4A 金印奖铜奖。

第一节　品牌资产与价值

一、品牌资产概念的起源

品牌资产概念是 20 世纪 80 年代提出的重要市场营销学概念。大多数研究者把品牌资产定义为只有品牌才能产生的市场效应，即一种没有品牌标志的产品或服务的市场营销结果与拥有品牌或品牌要素之后的市场营销结果相比，会存在差距，而品牌资产正是建立在这一差距基础上的。目前人们对品牌资产的定义尚未达成共识，但有一点是相同的，即品牌资产代表了一种产品或服务的附加值，这种附加值来源于以往对此品牌的营销投资。

（一）营销的变革

第二次世界大战期间，企业追求以标准化和规模化来扩大产量，节约成本。第二次世界大战结束以后，企业追求统一规格与效率的风格并没有改变。在当时的美国，"结婚潮""婴儿潮"刺激着消费，市场处于供不应求的状态，消费者的需求是模糊和雷同的，企业成功的关键仍然被认为是因大量生产而降低的成本。

到了 20 世纪 50 年代末期，美国社会的物质资源得到极大丰富，尤其是第二次世界大战之后出生的一代开始具备消费能力，消费者逐渐显示出对个性化和差异化的需求。消费需求差异最初表现在日用消费品领域，而后消费差异越来越大，并波及其他行业。追求统一规格与效率的企业面临巨大压力和挑战。

1956 年，温德尔·史密斯（Wended Smith）正式提出"市场细分"。20 世纪 50 年代后期，哈佛商学院的泰德·李维特（Ted Levitt）在其撰写的《营销近视病》（Marketing Myopia）一文中说道："根本没有所谓的成长行业，只有消费者的需要（needs），而消费者的需要随时可能改变。"李维特指出，"销售是从销售者的需要出发考虑的，而营销寻找的是消费者的需要"，从此引发了全球性"营销变革"。

营销变革的迅猛发展把"品牌"推到了国际化经济舞台的最前沿，"未来的营销是品牌的战争——品牌互争长短的竞争。商界和投资者将认清品牌才是公司最宝贵的资产。拥有市场比拥有工厂重要得多。唯一拥有市场的途径就是拥有具有市场优势的品牌"。美国著名广告研究专家莱瑞·拉特（Larry Light）在说这番话时还是一种预测，但是不久之后——20 世纪的整个 80 年代——品牌时代就到来了。品牌管理作为一种准则，扩散到各种行业和产品中。作为典型代表的宝洁公司（P&G），其企业组织完全以品牌经理人为中心，其管理系统的基本原则就是"让品牌经理像管理不同公司一样来管理不同的品牌"。

（二）品牌资产概念的提出

将"品牌"扩展为"品牌资产"是 20 世纪 90 年代西方营销理论的一个重要创新。品牌资产已成为跨国公司营销战略的新源泉，并推动品牌建设进入了一个新阶段。实际上，现代营销的特点就是建立差异化。市场调研是识别和培养品牌差异化的基础；企业利用产品的特点、包装、名称、分销战略、广告和公关等建立特有的品牌联想，促使消费者的观念超越产品的范畴，而转向有品牌的产品，即在消费者的购买决策中，价格这一因素的地位有所下降，差异化和附加值的地位有所上升。

20 世纪 80 年代后期，西方发达国家出现了大规模兼并浪潮，1990 年前后，世界范围内几起企业并购案中品牌并购价格数倍于品牌有形资产价值，充分体现出强势品牌的价值。人们认识到品牌具有实际的价值，而消费者和商家对某品牌的偏好所产生的品牌经济价值是品牌收益增长的重要原因，这引发了学术界和企业界对品牌资产价值测量的研究。欧美学者在这一时期研究品牌与产品的差别时，使用了"附加值"这一概念。他们认为"附加值"是消费者难以用言语表达的情感价值，并认为"品牌资产"的价值是消费者是否继续购买的意愿，而品牌之间的竞争在很大程度上是这些"附加值"的竞争,这就初步形成了今天"品牌资产"概念的雏形。

20世纪90年代,这一新的概念——"品牌资产"一经提出,就风靡了整个西方营销界。它比品牌形象更进一步说明了品牌竞争制胜的途径是建立起强势的品牌资产,从而将古老的品牌思想推向新的高峰。相关理论的主要贡献者是美国品牌专家戴维·A. 阿克。1991年,阿克出版了颇有影响力的《管理品牌资产》(Managing Brand Equity)。该书也使阿克成为品牌和品牌资产领域最具影响力的学者之一,被美国《品牌周刊》誉为"品牌资产的鼻祖"。品牌资产作为企业最有价值的资产,是一种无形资产。从消费者心理学角度出发,它反映了消费者根据自身需要对某一品牌的偏爱、态度和忠诚程度,特别是指消费者赋予一个品牌超越其产品功能价值之外的形象价值部分,是消费者对品牌产品或服务的主观认知和无形评估。因此,品牌资产需要品牌经营者不断维系,赢得消费者的心,从而实现增值的目标。

这样一来,品牌资产评估就成为一大焦点,有关研究大量展开,每年发布的全球品牌评估报告也受到广泛瞩目。另外,品牌资产管理也成为企业管理中的重大新领域,围绕如何做好品牌资产管理,出现了不少的专著和工具。

案例 2-1

世界品牌 500 强中,中国品牌表现亮眼

由世界品牌实验室编制的 2021 年度(第 18 届)《世界品牌 500 强》排行榜于 2021 年 12 月 7 日在美国纽约揭晓。其中,谷歌打败亚马逊重登榜首,微软保持第三位。

2021 年《世界品牌 500 强》排行榜入选国家共计 31 个。从品牌数量的国家分布看:美国占据 500 强中的 198 席,依然以较大优势保持世界品牌第一强国位置;法国、日本、中国和英国分别有 48 个、46 个、44 个和 37 个品牌上榜,是世界品牌大国的第二阵营,一些正在崛起的中国品牌表现亮眼。

据了解,连续 18 年发布的《世界品牌 500 强》,其评判依据是品牌的影响力。所谓品牌影响力,是指品牌开拓市场、占领市场并获得利润的能力。按照品牌影响力的三项关键指标,即市场占有率、品牌忠诚度和全球领导力,世界品牌实验室对全球约 15000 个知名品牌进行了综合评分,最终推出了世界最具影响力的 500 个品牌。

2022 年 8 月 7 日,在以"开放与奋进"为主题的 2022 年第 16 届中国品牌节年会开幕式上,国内知名品牌研究咨询机构品牌联盟(Topbrand Union)正式发布了《2022 世界品牌 500 强》《2022 中国品牌 500 强》,成为整届年会无可争议的焦点,引发企业界、媒体界及社会大众的高度关注。

在品牌联盟发布的《2022世界品牌500强》中，苹果公司以7998亿美元的品牌价值高居榜首，微软、谷歌、亚马逊和沙特阿美（沙特阿拉伯国家石油公司），分别以6674.35亿美元、4055.32亿美元、4025.38亿美元、3773.40亿美元的品牌价值位居第二至第五位。

从国别来看：美国共有210个品牌上榜，数量最多，占榜单总数量的42%，合计品牌总价值13万亿美元；中国共有122个品牌上榜，是上榜品牌数第二多的国家，合计品牌总价值5.65万亿美元；日本共有42个品牌上榜，名列第三，合计品牌总价值1.52万亿美元。

中国品牌中，中国石油以2880亿美元的品牌价值排名第九。排名前20的中国品牌还有中国石化、国家电网、华为，它们分别名列第11、第14和第18位。此外，中国台湾地区半导体巨头台积电位列第23，中国互联网行业龙头腾讯、阿里巴巴分别名列第29、第30位。

据悉，《2022世界品牌500强》研究样本池涵盖了37164家全球知名品牌企业，覆盖了全球47家主要股票市场上市公司及知名非上市公司。中国品牌节秘书长王永表示，这是一份展现全球视野、汇聚全球智慧的世界品牌500强榜单，对于世界品牌扩大在中国的影响力、推动中国品牌提升全球形象都具有重要意义。

资料来源：

［1］2021年度《世界品牌500强》排行榜发布，中国44品牌入选［EB/OL］.［2023-04-01］. www.360kuai.com/pc/99b5729358ddab0de? cota=3&kuai_so=1&sign=360_7bc3b157。

［2］《2022世界品牌500强》榜单［EB/OL］.［2023-04-01］.www.chinanews.com.cn/cj/2022/08-17/9829633.shtml。

二、何为品牌资产

戴维·A.阿克认为品牌资产是与品牌、品牌名称和标志相联系的，能够增加或减少企业所销售产品或提供服务的价值和顾客价值的一系列品牌资产与负债。品牌资产所基于的资产与负债必须与品牌名称和标志相联系，如果品牌名称或者标志发生变化，如改为新的名称或标志，某些或者全部的品牌资产就会受到影响，甚至消失。另外，阿克认为虽然创建品牌资产所基于的资产与负债各不相同，但可以将其分为五类：品牌忠诚度（Brand Loyalty）、品牌知名度（Brand Awareness）、品质认知度（Perceived Brand Quality）、品牌联想度（Brand Association）和品牌资产的其他专有权（Other Proprietary Brand Assets）。品牌资产的价值就是基于这五类资产的。

1998年，美国著名品牌研究专家凯文·凯勒发展了戴维·A.阿克的观点，并提出自己的看法。他在《战略品牌管理》(Strategic Brand Management)一书中提供了另一种解释品牌资产概念的特定视角和对品牌资产的评估维度：品牌资产价值主要是从消费者对品牌的心理反应，而非从财务方面去衡量的价值。根据他的观点，品牌资产价值构成要素主要包括两个部分：品牌知晓和品牌形象。前者是指人们对品牌名称的知晓程度，具体反映在品牌记忆（即某一特定品牌是否储存在顾客的记忆中）和品牌识别（即顾客在面对众多品牌时是否能识别出某一特定品牌）两个方面；后者是指人们在品牌知晓的前提下，与品牌建立起的一些联系，即一种品牌态度网络的形成。具有强大品牌资产价值的品牌不仅应有较高的知名度，而且应与消费者建立起一些联系，让消费者联想到品牌所代表的利益，从而打动消费者的心，使其产生购买决策。因此，凯勒自己称之为基于消费者的品牌资产概念。消费者购买的是产品，拥有的是品牌，满足的是心理上的情感需求。

品牌资产是一种以"品牌"为先锋、以"资产化"为经营理念的特殊企业资产。它是企业拥有巨大潜力的一种资源，以市场为基础、为企业所用。品牌资产也是企业的一笔巨大财富。目前在全球市场上，生产力基本处于过剩状态，采用市场经济运行机制的国家大多不同程度地进入买方市场。市场竞争的环境和手段同过去相比已经发生了很大的变化，企业取胜的主要竞争手段已不再是单纯的产品或服务本身，还包括良好的品牌资产建设方法和策略等。因而在今天，品牌资产管理显得尤为重要。成功的品牌不仅代表企业（产品或服务）的过去、现在，更代表未来。也正是由于品牌代表着未来，因此品牌资产的价值难以估算。

三、什么是品牌资产价值

所谓品牌资产价值，也就是由品牌资产带来的价值。品牌资产价值通常包括两个部分：一是品牌资产提供给顾客的价值；二是品牌资产给企业带来的价值。一般意义上所讲的品牌资产价值指的是后者。

（一）向顾客提供价值

品牌资产有助于消费者解释、处理并储存与产品或服务有关的海量信息，这样就可以缩短顾客做出购买决策所花费的时间，同时可以影响顾客做出购买决策时的信心（基于过去的使用经验或者对品牌及其特性的熟识程度），进而影响消费者购买及使用时的感受和满意度。当然，品牌资产虽然可以向顾客提供价值，但是品牌资产的价值源自消费者的品牌价值传递，品牌资产的价值以及价值的大小归根结底仍取决于消费者。

（二）向企业提供价值

品牌资产作为一种无形资产可以向企业提供价值，这一点已经被大家认可，至于提供了什么样的价值、如何提供价值，这些问题还值得进一步探讨。根据戴维·A.阿克的观点：品牌资产至少可以通过六种途径向企业提供价值。

1）品牌资产可以增强吸引新顾客或留住老顾客的营销计划的效果。例如，企业想通过促销活动让顾客尝试一种新产品，如果该品牌是顾客熟悉的品牌，则企业无须打消顾客对品牌质量的疑虑，促销活动的效果会更好些。

2）品牌资产的构成要素——品牌知名度、品质认知度、品牌联想度和品牌资产的其他专有权可以增强品牌忠诚度。品牌知名度、品质认知度、品牌联想度很高的品牌可以促使顾客购买产品，并影响顾客使用的满意度。即使顾客在选择品牌时这些要素不起关键作用，它们也可以打消顾客的疑虑，降低顾客尝试其他品牌的动机。

3）品牌资产往往能够使企业采用溢价定价法，并降低企业对促销的依赖程度，从而使其获得更高的利润。

4）品牌资产为企业提供了平台，基于此平台企业通过品牌延伸达到增长的目的。如"小米"品牌迄今为止已经延伸出多种电子产品，并为企业开拓了商业空间。

5）在分销渠道中，品牌资产能够起到杠杆作用。对于顾客而言，如果顾客能够识别某品牌名称，并且能够产生品牌联想，则交易的不确定性将大大降低。对于企业而言，企业在实施营销计划时，强有力的品牌不仅可以使产品在面市时获得优势，而且可以产生协同作用。

6）品牌资产通常会为竞争对手设置进入壁垒，从而使企业获得竞争优势。例如，宝洁公司的洗发水品牌"海飞丝"适合去除头屑，对于既定的细分市场而言，这一品牌联想就占尽了先机。其他品牌会发现很难在"去除头屑"这一洗发水的细分市场上与"海飞丝"竞争。而品质认知度非常高的品牌，如本田汽车公司豪华车品牌阿库拉（Acura），则会使顾客感到其他品牌的质量很难望其项背（即使其他品牌真的做到这一点），从而形成竞争对手难以逾越的竞争优势。

四、如何创建品牌资产

从顾客的角度来看，将一种产品或服务品牌化，是一个涉及顾客建构思维结构、帮助顾客建立起对产品或服务的认知、使顾客明确自己的选择，从而使顾客降低寻找中意产品或服务成本的过程。品牌资产是一种直接联系顾客的无形资产，企业要想建立起自己的品牌资产，就要创立一个为顾客所认知的、为其所偏爱的和使其具有独特联想的品牌。

随着人们整体购买力不断增强以及消费意识日渐深入，在实效、实用的基础上，人们在消费过程中越来越倾向于品牌消费。同时，市场的竞争也不再简单地局限于产品、价格的竞争，而是包含了品牌资产中更多品牌属性的竞争。

（一）品牌要素的选择

品牌要素的选择有多种方法和相关的准则。一个品牌要素可以用来确定和区分一种产品的视觉或听觉信息。最为常见的品牌要素包括品牌名称、标识、符号、特征、包装和广告语等。品牌要素的选择有助于增强品牌给人的独特联想。在选择、设计品牌要素以建立品牌资产方面，主要有五个标准：

1）容易记忆，即让消费者容易识别并能回忆起来。

2）有意义的特点。品牌要素应可信、有意义，同时具有丰富、独特内涵的视觉和听觉形象。

3）可转移性，即可突破产品、地域和文化的界限。

4）可适应性。品牌要素应具有强可塑性、可更新性。

5）可保护性，即受法律保护，能防止竞争方面可能出现的问题。

（二）把品牌并入营销支持计划

1. 产品策略

产品以品牌资产为根本。在设计、生产产品和提供服务的过程中，企业通过让顾客相信该品牌具有能满足他们需求和要求的相关品质，使他们对品牌整体有积极的评价，从而创造出有利的联想。

2. 价格策略

产品的价值和质量是顾客最为关心、最为敏感、最为实质性的方面。品牌的价格策略会让顾客联想到它在同类产品中的价格档次（价格水平）。

3. 渠道策略

从品牌化的角度看，有三个与渠道相关的要素。

首先，顾客基于对产品分类、定价、信用政策、服务质量等方面的看法，会对线上线下的零售商产生一些联想。这种有关零售商形象的联想可能与其提供的产品联系在一起。

其次，零售商和其他渠道成员的经营活动可能会影响它们所售产品的品牌资产。零售商可以突出展示或指出某个品牌，或向顾客提供某些信息，以便加强和巩固那些至关重要的品牌联想。为了利用这些优势，生产商必须积极地帮助零售商理解和认识它们能够为品牌增添价值。

最后，生产商也可能需要通过各种媒介直接向顾客销售，建立自己的零售点或销售网络。

4.营销传播策略

营销传播在人们的记忆中构筑起品牌，并赋予它强有力的、讨人喜欢的、独特的联想。营销人员可以利用线上和线下的多种营销传播方式，通过营销传播促成品牌资产的形成。

（三）通过理性和感性两条路径来创建品牌资产

其一，通过产品物理属性联想建立顾客对品牌的信任，从而促使顾客重复购买并乐意支付高价格即支付溢价的意愿，形成品牌资产；其二，通过社会属性联想建立顾客对品牌的喜爱，进而激发顾客与品牌之间的关系，再形成顾客重复购买或支付溢价的意愿。

我们称前者为"理性之路"，后者为"感性之路"。通常来讲，强势品牌往往会同时发挥这两条路径的作用力：一方面通过产品功能对顾客产生理性吸引力，另一方面通过品牌形象或个性使顾客产生心理和情感上的喜悦，建立感性吸引力。当然，不同行业的企业在品牌资产的两条路径上会有所侧重。因此，在建立品牌资产之初，企业应该根据产品类别、目标顾客特征等因素决定侧重于哪一条路径，还要根据市场环境（如消费心理、竞争等）的变化不断调整路径。例如，宝洁公司的洗发水品牌"飘柔"，最初以"使头发飘逸柔顺"的理性定位在洗发水市场中独树一帜，很快拥有了一定的市场占有率，但是随着竞争品牌竞相模仿飘柔的"飘逸柔顺"定位，该品牌对消费者的吸引力渐渐消退，所以飘柔开始采用"飘柔使你更自信"的感性定位重新赢得顾客的喜爱。

随着品牌经济的形成，现代企业管理越来越重视品牌管理。在品牌经济条件下，品牌或品牌资产成了企业的第一资源，需要认真加以管理。品牌管理就是品牌资产管理，即有计划、有目标地建立和评估品牌资产。品牌资产管理的特点也是难点在于：品牌资产价值来源并非作为品牌主的企业，而是分散的消费者。品牌资产具有心理性、分散性和流变性。品牌资产管理很大程度上就是对消费者品牌心理的管理。企业建立品牌资产的过程，就是消费者建立品牌认知、品牌动机和品牌态度的过程。

现代品牌理论认为，品牌是一个以消费者为中心的概念，没有消费者就没有品牌。因此，营销界对品牌资产的界定倾向于从消费者角度加以阐述。品牌能给消费者带来超越产品功能的附加价值，也只有品牌才能产生这种市场效益。市场由消费者构成，品牌资产实质上是一种来源或基于消费者的资产，但在关于品牌资产的构成上，我们仍基本沿用戴维·A.阿克的观点和表述。

第二节 品牌知名度

一、品牌知名度的层级

品牌知名度,也可以称为品牌显著度,是指消费者认出、识别和记忆某品牌即某一产品类别,从而在观念中建立起品牌与产品类别间的联系。例如,爱普生(Epson)是精工(SEIKO)的子品牌,但爱普生一般作为打印机品牌,而精工作为手表品牌被消费者所熟知。

品牌知名度包含一个连续的、由浅入深的变化过程,从人们根本不知道某品牌,到人们认为该品牌是这一类产品的首要代表。品牌知名度在品牌资产中的角色依赖于知名度的层级表现,具体可用品牌知名度金字塔(见图2-1)来表示。在图2-1中,最底层是"品牌无意识",即对某品牌无任何了解,处于完全没有知名度的状态,其上的三个层次分别为品牌识别、品牌记忆、深入人心。

图2-1 品牌知名度金字塔

(一)品牌识别

品牌识别,又称为提示知名度,处于"品牌无意识"的上层。在具体测试中,给被测试者某一产品类别的一系列品牌名称,看是否能够将产品类别与品牌建立关联。例如:"下列品牌中哪些是家居品牌?"这是一种有提示的、需要帮助的记忆和识别。有无品牌识别对消费者选择品牌非常重要。在品牌竞争时代,品牌识别是营销传播活动的第一个目标,如果没有品牌识别,几乎不会有任何购买决定的产生,更不会有购买行为的产生。

(二)品牌记忆

品牌记忆,又称为未提示知名度,比品牌识别要高一个层次,处于"品牌识别"之上。它是建立在消费者自主记忆基础上的。被测试者得不到一系列品牌名称的提示,是一种得不到帮助的记忆,即自我记忆或自主记忆。例如:"你能说出哪些家居品牌?"有品牌记忆的品牌必定是消费者很熟悉的品牌,能够明晰地存在于消费者记忆中的品牌具有更强大的品牌地位。消费者在购买时固然受品牌忠诚的惯性影响,但变换品牌的情况也经常发生。这时,他们往往就在具有未提示知名度的"品牌目录"中挑选。

（三）深入人心

深入人心，又称为第一提及知名度，处于金字塔的顶端。深入人心的品牌是消费者最熟悉、最认同甚至最喜爱的品牌。它是被测试者在无任何提示的情况下，在不同产品类别中脱口而出的第一个品牌，也是衡量某个品牌"心理占有率"和"情感占有率"的重要指标。心理占有率是指回答"举出这个行业中你首先想到的一家公司或品牌"这个问题时，提名该企业或品牌的被测试者在全部被测试者中的比率。情感占有率是指回答"举出你最喜欢购买其产品的一家公司或品牌"这一问题时，提名该企业或品牌的被测试者在全部被测试者中的比率。情感占有率与心理占有率相比，可能更接近于真实的市场占有率，两者都强烈预示着市场未来的走向。当然，也许会有紧跟其后的另一个或几个品牌。美国消费者在表达复印即 copy 这个单词时，有时甚至用 xerox（施乐）直接代替，因为这种品牌的复印机在消费者心目中印象最深、影响最大。深入人心的品牌无疑在消费者心目中处于一种特殊的地位。

消费者在购买产品或服务时，面对众多品牌，他们往往选择自己最熟悉、最喜欢的品牌。因此，能被人们记住的品牌，尤其是深入人心的品牌，在消费者的购买决策中发挥至关重要的作用。

案例 2-2

"怕上火喝王老吉"，开创凉茶蓝海

王老吉凉茶由广州医药集团有限公司属下广州王老吉药业股份有限公司出品，据说该品牌创立于 1828 年，是广州地区的老字号。凉茶作为岭南养生文化的一种独特符号，在"两广"的大街小巷里沉淀 100 多年后，2005 年突然在全国知名，一年销售额达 30 亿元。短短数年时间，王老吉销售额激增 400 倍。

王老吉这一沿用 100 多年的品牌名称，具有悠久的历史和地道的本土文化特征，好念、好写、好记，很容易传播。王老吉颇有返璞归真意味的品牌名称与凉茶的产品属性无疑也是相当匹配的。以现代营销观念审视王老吉的品牌名称：第一，区隔竞争对手。王老吉因其品牌名称独特而与其他品牌形成鲜明的区隔，在消费者的记忆中抢先占位；不以凉茶两字作为品牌名的后缀，在"两广"以外的市场推广中节省了解释"凉茶是什么"的传播成本，使一个区域品牌顺利进入全国市场。第二，品牌名称以产品创始人的名字命名，并不遗余力地把创始人王老吉塑造成凉茶始祖。凉茶是以中草药为原料的保健饮品，有"预防上火"和"降火"的作用，这种实实在在的功效是凉茶与其他饮料相比的核心优势。"上火"是中国人可以真实感知的一种亚健康状态，通过中医和现代媒体的传播，消费者对"上火"的认知相对清晰。王老吉的功效正好满足了这个未被切割的饮料市场需求，加上充裕的宣传推广费用，

线上线下、高低结合的媒体投放策略，王老吉的知名度不断提升，市场由南到北不断扩张，从某个角度甚至可以说王老吉已成为"凉茶"的代名词，这种品牌记忆的形成成为其他品牌难以跨越的壁垒。第三，"王老吉"三个字无论拆开还是合在一起，都非常吉祥，迎合了中国消费者的审美观和消费观。

资料来源：来自 brand.icxo.com，有修改。

二、品牌知名度产生价值的方式

（一）品牌联想的前提和基础

品牌识别是与消费者交流的第一个基本步骤。企业在推出一个新产品或新服务时，需要特别关心其品牌能否得到识别。只有消费者能够识别品牌，他们才可能做出购买决定。同时，如果品牌和产品类别之间没有建立联系，消费者想要了解新产品或新服务的特点和优点也是很困难的。品牌识别建立起来以后，接下来的工作就可以将品牌与一些有益的联想相联系，如产品的某个特性，并使其逐渐形成品牌记忆。就像在脑海中先新建一个文件夹，再把相关的内容充实进去。

（二）熟悉感产生好感

对品牌识别的研究还发现，品牌反复出现在增强消费者对品牌的熟悉程度的同时可能影响人们对品牌的好感。有效的品牌识别可以给消费者提供一种熟悉感，这种熟悉感是有价值的，尤其对那些价格较为低廉的日用消费品，如口香糖、香皂、纸巾等，熟悉感有时已足以促使消费者做出购买决定，特别是在对性能缺乏有效评价的时候。

（三）有实力的感受和信号

品牌知名度可能给消费者提供品牌或相关企业有实力的信号，这在进行大宗采购的生产者市场上和对耐用消费品的购买者来说都可能是非常重要的。一个对品牌的具体事实所知甚少的买家，基于较高的品牌知名度可能做出这样的推测：该企业是有实力的，大企业才会用广泛的广告宣传对品牌进行支持，甚至购买者可能产生这一品牌很成功的印象——因为别人都用它。在大宗且复杂的购买过程中，如果一个品牌作为替代的选择在提出之前完全不为人知是不可想象的。品牌知名度带来的熟悉感和有实力的感觉可能影响最终决定，尤其是当购买者在广泛的分析后没有区分出明显的赢家时。

（四）进入消费者的候选名单

消费者在选购过程中，往往会在一组品牌中进行选择。如何从众多品牌中脱颖而出，进入候选名单并促使消费者做出最终购买行为，品牌记忆和深入人心能够发挥重要作用。出现在消费者脑海中的第一品牌拥有最大的优势，而一个缺乏记忆的品牌可能不会有什么机会。这种情形非常普遍，人们去商店之前可能已做出了买哪个品牌的决定。试想一下你要去超市购买速溶咖啡，或者去社区药店购买治疗感冒的非处方药，结果会是怎样的呢？当然，消费者也会记得一些他们很不喜欢的品牌，但一般而言，那些没有记忆的品牌往往不在候选名单中。

综上所述，品牌知名度可以给产品带来附加值从而提升其竞争能力。相关研究还表明，品牌知名度和美誉度联系紧密，且具有一定的正相关关系。不过对新产品而言，知名度固然重要，但知名度本身却并不能创造销量，因为它并未给消费者提供足够的购买理由。

知识链接

在戴维·A.阿克的品牌资产模型中，品质认知度也可称为感知质量，是品牌资产的重要组成部分。

人们往往会对一个品牌代表的品质有一定的认知，好的或是坏的，高档的或是低档的。感知质量是指消费者对产品或服务的整体品质或优越性做出的感知，如有吸引力还是无吸引力，喜欢还是不喜欢。感知质量与产品本身的质量不同，它不能被客观地确定，也不一定与产品本身的质量相符。原因有二：一是它是一个认识；二是不同的消费者有着不同的偏好。感知质量与满意程度、态度也不同。一个消费者可能因为他对于产品性能要求不高而对产品感到满意，另一个消费者则可能因为价格过高而对高品质产品持有一种消极态度。

感知质量在五个方面产生价值，它们分别是提供购买理由、有利于产品定位、产生溢价、增加合作中的筹码、提高品牌延伸力。

评价较高的感知质量无疑是有价值的品牌联想，对品牌知名度层级的提升也有正向、积极的作用。

三、获得品牌知名度的方法

品牌必须在产品或服务具有稳定质量的前提下，通过广告和公共关系等手段进行宣传和传播，使品牌被广大消费者所知晓，从而获得品牌知名度。因此，企业要提高品牌的知名度，就需要投入资金，并且要研究如何提高传播效果，以较少的费用获得较高的知名度。传播目标包括识别和记忆两个方面，在使品牌名称获得一致公认以外，还需将其和产品类别联系起来。

（一）引起注意

传播的差别化是获得品牌知名度的有效方法。传播的信息应该：独具一格，与众不同；能引起人们的特别注意，使人难忘；和竞争品牌差异明显；人们的特别注意要与品牌所代表的产品或服务相联系。具体的做法有杰出的广告创意、出其不意的幽默、巧妙的促销技巧，以及引发具有新闻价值的活动或事件等。如果使用触及目标受众的专门沟通渠道，则效果更佳。

（二）突出标识

发展一种与品牌紧密联系的标识（符号），可以在创造和维护品牌知名度的过程中发挥重要作用。若品牌的标志和标识物鲜明醒目，则可以给消费者留下强烈的印象。例如，麦当劳的"M"形金色拱门和麦当劳大叔的形象，三菱公司的菱形组合标志，三九集团的"999"标志等都很有特色。如果能够不断突出标识，加深消费者对品牌的印象，就可使消费者通过标识的视觉传达而联想到品牌及其所代表的产品或服务。

（三）出语不凡

标识语要能打动人心，给目标受众以亲和力和认同感。日本丰田汽车在进入中国市场的初期以"车到山前必有路，有路必有丰田车"的广告语开辟市场，让人至今印象深刻。

（四）品牌延伸

品牌延伸是将产品作为传播的载体，使得品牌知名度随产品的广泛流通而提升。这种做法在日本相当普遍，如三菱、索尼、本田、雅马哈等品牌，均将品牌名称用在其全部产品上。三菱的产品多达25000余种，在数量如此庞大的产品上全部冠以三菱的名称及标识，传播效果可想而知。

（五）重复宣传

由识别到记忆直至深入人心，需要多次重复，长期宣传。识别需要重复，记忆需要重复，深入人心更需要重复。只有重复宣传，才能为人们所熟悉。恒源祥品牌发展初期的知名度即来自这种策略，即在电视广告中用三遍连播的"5秒标版"形式强化记忆。

此外，还可以通过开展公关活动、特色包装、展览展示、专项推销等多种形式来扩大品牌的影响，提高品牌的知名度。

案例 2-3

"恒源祥，羊羊羊"试图变身"恒源祥，牛牛牛"

很多人都熟悉的"恒源祥，羊羊羊"，曾经成就了一个品牌。2005 年 12 月，恒源祥成为北京 2008 年北京奥运会赞助商之后，这句沿用了 10 年的广告语试图改成"恒源祥，牛牛牛"再战市场。

正方认为，10 年的坚持让大家记住了恒源祥，但随着社会外部环境的变化，恒源祥原有的品牌概念已显陈旧。老字号虽然有着深厚的文化积淀，但是它同时也意味着"老"，恒源祥的一次顾客调查显示，很多年轻消费者认为"恒源祥"的品牌形象是一个 45 岁以上的有责任心的男人。将广告语改成"牛牛牛"，能够留住恒源祥流失得最快且最需要抓住的 30 岁~40 岁的目标群体。

反方认为，"恒源祥，羊羊羊"将"恒源祥"这三个字与"羊"联系在一起，不仅可以代表绒线，而且将品牌与"羊"产业相联系，拓展了恒源祥的品牌外延。而"牛牛牛"的运用，并没有在品牌中注入活力，同时可能使恒源祥与"羊"产业的关联度降低，造成一定的理解偏差。广告语的改变，未必能如企业所愿吸引 30 岁~40 岁目标群体购买。

资料来源：来自 brand.icxo.com，有修改。

第三节　品牌联想

案例 2-4

象山艺术公社

象山艺术公社是杭州第一个真正意义上的艺术主题文商旅地标，它不只是行业大师们引导形成的小众艺术人文环境，还是让艺术走进大众、大众感受艺术的休闲消费体验目的地。

象山艺术公社，以艺术为矛，以建筑为盾，在无比喧嚣的城市中，开辟了一块纯净的天地。予空间以光芒、温度与享受，给偏好艺术人文、对创意产业感兴趣的人们，一处留白的艺术商业体验区。

象山艺术公社的广告以对话框的形式展现情景对话，融合项目场景将其作为背景，产生强烈的代入感和共鸣感，也显现出艺术空间的个性和开放气质，简洁的画面构图设计如图 2-2 所示。

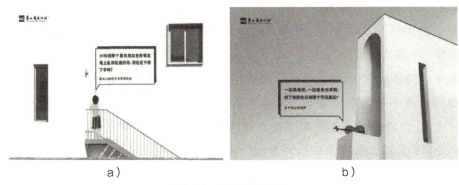

图 2-2　画面构图设计

资料来源：改编自及时沟通广告有限公司原创案例。

一、什么是品牌联想

品牌联想是指人们的记忆中与品牌相联系的各种事物。一个品牌可以同一种事物相联系，也可以同许多种事物相联系。与品牌相联系的各种事物，都可能引发消费者对品牌的想象，从而加深品牌在消费者心中的印象。一个品牌的正面联想越多，其对市场的影响力就越大。一些著名品牌往往在消费者心目中有很多的联想和想象，它们通过品牌联想和其目标消费者形成一系列有益的关联。这种联想和想象通过一些有意义的方式组织而成。例如，对麦当劳品牌的研究表明，该品牌有 20 个主要的联想和 30 个次要的联想。这些联想被组成有意义的组群，如儿童集合、服务集合和食物集合等，从而有利于品牌形象的形成。一提到麦当劳，消费者尤其是孩子们的心中就会出现金拱门、麦当劳大叔、牛肉汉堡、炸薯条、麦香鸡等形象，还有麦当劳玩具、麦当劳娱乐场、麦当劳竞赛、麦当劳生日聚会等。一提到海尔，人们就会想到优良的家电产品质量、周到迅捷的星级服务、诚信为本的企业文化等。品牌的根本价值就在于品牌联想的集合对人们的意义。

品牌联想虽然反映在人们的意识中，但却也是客观存在的，并具有强大的作用力。它帮助消费者得到信息，形成目标消费者对品牌特定的感觉，有利于形成品牌个性并确立品牌形象，从而建立强有力的市场竞争优势，也有利于品牌的进一步扩展。

二、品牌联想创造价值的方式

品牌联想可以创造价值，而且联想的集合具有明显的资产价值，这是因为联想往往能够给消费者提供购买的理由。品牌联想有以下创造价值的方式。

（一）帮助得到信息

对于消费者来说，品牌联想可以创造一个简洁的信息，可以总结出一系列事实和规范，还可以影响信息的回忆。例如，提及海飞丝这个洗发水品牌，消费者就会联想到"头屑去无踪"。品牌联想帮助消费者获得有关信息，为其购物选择提供方便，否则消费者可能因缺乏有关信息而在购物时面临困难。

（二）区别品牌

品牌联想有助于把一个品牌与其他品牌区别开来，也是在品牌定位和再定位时实现差异化的重要依据，不同联想是提供这种区隔的重要基础。一个良好定位的品牌必将占据一个由强劲的联想所支持的、有竞争力并吸引人的位置。一些行业和产品类别，如酒、香水、化妆品、时装等，其市场上众多的竞争品牌对于消费者来说是难以区分的，此时品牌联想能在品牌区隔中担当极其重要的角色。例如，同是白酒，茅台品牌的联想是高贵的宴会酒，五粮液的联想是高雅的优质酒，二锅头则使人联想到普通百姓尤其是北京地区普通市民爱喝的好味道酒。成功有效的联想是品牌竞争对手无法逾越的障碍。

（三）影响购买行为

品牌联想往往涉及产品特征，或者和目标消费者的个性特征相关联，这就能为消费者购买某一品牌提供一个特别的理由，同时促进品牌个性的形成。高露洁牙膏以使牙齿洁白而享有盛誉，佳洁士则以防龋齿为其主要卖点，冷酸灵牙膏因能减轻过敏症状而受到青睐，冰泉则面向年轻市场推出了口香糖味和奶茶味牙膏。

（四）创造积极的态度与感觉

一些品牌联想能在宣传和使用过程中创造出积极的态度和感觉，使人们喜爱它并把联想的感觉与品牌联系起来。华为以高科技形象和以产业报国为己任的爱国形象，使消费者积累起对这一品牌的喜欢和厚爱。海尔电器以圆满周到的服务赢得了广大消费者的心，使消费者逐渐形成"用海尔品牌放心"的思维定式，在此基础上也认可了海尔较高的定价策略。此外，品牌联想还为品牌发展和品牌延伸提供了基础，通过品牌联想为新产品创造一种合适的感觉，从而使消费者乐于购买扩展的新产品。本田（HONDA）作为成功的摩托车品牌，同样将品牌的成功延伸到了摩托艇、割草机直至汽车产品上面。

品牌联想还通过在品牌中表现出信誉和自信来影响消费者购买行为，如"神州行，我看行"。利用著名人物的声望和号召力往往能使品牌很快风靡开来，名人代言在品牌推广中的成功案例数不胜数且富有成效，如 NBA 球星乔丹代言知名运动品牌耐克（Nike）。知名运动员代言的运动品牌，还能给消费者一种印象——该品牌的产品从技术能力到设计水准都有"专业保证"，当然企业理应已经具备了这些能力和水准。

三、产生联想的方法

品牌的经营者并不会对所有联想都感兴趣，实际上他们只对联想中直接或间接影响购买行为的因素感兴趣，他们关心这些因素是否强劲且被目标消费者所共享。产品特征和消费者利益属于持久的感性范畴，是一种重要的联想。品牌联想既可以涉及产品的价格和其具体使用的过程、产品用户的类型、物流以及销售服务等方面，也可以反映产品用来表达的生活方式、社会群体、职业角色等。国家和地域的联想有时也让品牌受益匪浅，如德国的汽车和法国的时装，来自草原的"伊利"牛奶和"鄂尔多斯"羊绒服饰，以及"老北京"布鞋。

案例 2-5

左岸咖啡

从什么地方运来寄售的咖啡最有高级感？

空中厨房：来自空中厨房的专门为头等舱准备的咖啡。

日式高级咖啡馆：来自优雅、精致的日式咖啡馆的咖啡。

左岸咖啡馆：来自巴黎塞纳河左岸一家充满人文气息的咖啡馆的咖啡，那是一个诗人、哲学家喜欢的地方。

唐宁街 10 号：来自英国首相官邸厨房的咖啡，平日用来招待贵宾。

经过分析，左岸咖啡馆的咖啡被认为价值最高，消费者愿意为此支付最高价格。在品牌名称被认定为左岸的同时，17~22 岁的年轻女性被作为目标对象，她们诚实、多愁善感、喜爱文学艺术，但生活经验不多，喜欢跟着感觉走。相对于产品质量而言，她们更寻求产品以外的东西，寻求情感回报和使她们更感成熟的东西，寻求了解并能够表达内心需求的品牌。左岸咖啡馆被塑造成她们想象中的一种"真实"。它和消费者的关系，就像一本喜爱的书、一册旅游摘记，在消费者享受一片独处空间时，它随手可得，带他们到想去的地方。左岸咖啡馆能够满足目标对象随时可能冒出的一点精神欲望。左岸咖啡的电视广告是一位女孩的旅行日记，平面广告是一系列发生在咖啡馆的短篇故事，电台则在深夜播放着诗般的咖啡馆故事，渲染着一种

"愉快的孤独感"。左岸咖啡也是法国电影节的赞助商之一,与雷诺、标致、香奈儿、迪奥等法国品牌同在赞助商之列。

"左岸"赋予一杯普通塑料杯装的咖啡饮料独特的内心需求和高级品牌的品质。

资料来源:来自 www.globrand.com,有修改。

(一)产品特征

最有用的定位策略之一就是将品牌与某个产品特征联系起来,独特销售点(USP)在市场中仍然有效——只要竞争对手还没有意识到或发现它。虽然从本质上说,市场中的同类产品并没有很大的不同,但是某个产品特征一旦具有意义,联想便立刻促成消费者购买该品牌。同是豪华汽车,奔驰汽车突出其乘坐的舒适性,宝马向消费者述说"驾驶的乐趣",沃尔沃则不断强调其安全性。这些产品特征已然成为品牌传统,要发展新的联想可能会徒劳无功。

试图将一个品牌的几个产品特征联系起来是很有吸引力的,前提是这几个特征能够互相支持。然而,兼顾太多产品特征的定位策略可能是模糊且自相矛盾的,导致这一情况的部分原因是消费者接受多个特征信息的能力是有限的。其结果可能是目标消费者不明确或者信息无法有效传达。

(二)消费者利益

大多数产品特征和消费者利益是一一对应的,如防止蛀牙既是佳洁士的产品特征同时又是消费者利益。但是一个持久的联想究竟是产品特征还是消费者利益有时非常关键。当佳洁士出现在脑海中的时候,消费者想到的是它的配方,还是孩子们使用之后不再有蛀牙呢?这一区别在品牌联想的发展中是很重要的。品牌想让消费者获得的是"理性"的利益,还是"感性"的利益呢?

不同的产品类别可能有不同的选择:"理性"的利益与产品特征紧密相连,并且可能成为"理智"的决定过程的一部分;"感性"的利益通常是观念形成过程的最终结果,关系到消费者购买或使用这一品牌时产生的感觉。著名的"米勒时间"将米勒啤酒与工作一天后的舒适休息时间联结在一起,产品与酒精的关联被工作回报的概念所替代,从而与大众取得了积极联系。

(三)产品价格/使用者及其使用过程

企业市场定位通常会考虑产品和品牌的定价,并将该品牌的产品同相似价格的产品区分开来。高定价有时对消费者意味着"高品质",对企业则意味着可能获得的较高溢价和利润。但品牌必须同时提供信誉保证、质量优势或确实的身份体验。

将品牌与使用者及其使用过程和场景联系起来也是产生联想的一种常用方法。

找到典型的消费者代表或者意见领袖，无论是邻家女孩还是运动明星：美国电话电报公司将长途电话同情侣之间的交往联系起来；雪花啤酒则通过球迷欢庆畅饮的场景使品牌与运动产生关联，并提供了大量饮用的暗示。

（四）与竞争者的关系

绝大多数定位策略都会显现一个或多个竞争对手。某些情况下，竞争对手可能会成为长久的参照物，对抗定位和比附定位皆缘于此。其一，竞争对手可能拥有一个强有力的、很具体的想象，可以用作传递相关信息的桥梁。如果一个人想知道某个地方在哪，说这个地方挨着某标志性建筑比描述到达这个地方的各个街道容易得多。其二，有些时候让消费者认为本企业的产品如何并不重要，重要的是本企业的产品强于竞争对手的或和竞争对手的一样出色。

形成与竞争对手关系的联想在西方一般通过做比较广告来实现。艾·里斯和杰克·特劳特在《定位》一书中认为，品牌有时甚至需要给它们的竞争对手重新定位。

智慧薯片给品客重新定位

在品客（Pringle's）薯片抢占了高达18%的市场后，智慧（Wise）薯片用一个典型的重新定位战略进行了反击。它在电视上对消费者说："智慧薯片的成分是土豆、植物油和盐。品客薯片的成分是脱水土豆、甘油一酸酯和甘油二酸酯、抗坏血酸、丁基羟基苯甲醚。"品客的销量随即大跌，市场占有率从18%直线下降到了10%。人们对品客薯片抱怨最多的是它吃上去像硬纸片，这正是智慧希望消费者在看到甘油酸酯和丁基羟基苯甲醚之类的词之后做出的反应。

第四节 品牌忠诚与顾客满意

通过观察可以发现，著名品牌都与顾客保持了一种特殊关系，即顾客对品牌和企业的信任乃至忠诚关系。正是这种关系使得品牌保持了较高的市场占有率和大量的长期顾客，从而获得了丰厚的收入。如果说非品牌产品的买卖是一项"交易"的话，那么品牌产品的买卖就是"关系中的交易"。没有品牌与顾客之间的这种特殊关系，便不会有品牌，有的仅仅是一个法律意义上的商标而已。因此，品牌资产实际上是一种"关系资本"。企业积累品牌资产的过程实际上就是建立和维护其与顾客之间关系的过程。

通常，顾客对品牌的忠诚是品牌资产的核心。如果顾客对品牌漠不关心，主要根据产品的性能、价格以及便利程度做出购买决定，那么品牌资产的价值就很低。反之，如果顾客对品牌非常忠诚，即使竞争对手提供了性能更优越、价格更便宜、便利程度更高的产品，顾客仍然坚持购买该品牌，那么该品牌资产的价值就很高。

品牌忠诚也称为品牌忠诚度，它是营销活动的中心，是衡量顾客对品牌依赖程度的标准，会直接转换为未来的销售额。品牌忠诚度用于反映顾客转向其他品牌的可能性，尤其是当品牌在价格或产品性能等方面发生变化时，顾客转向其他品牌的可能性。品牌忠诚度越高，竞争活动对顾客的影响就越小。

一、品牌忠诚度的层次

品牌忠诚度所在层次不同，企业面临的营销挑战以及需要管理和利用的资产类型也不同。当然，并不是每类产品或市场都完全具有这些层次。品牌忠诚度金字塔如图 2-3 所示。

忠诚度金字塔的最底层是不具有忠诚度的顾客。对他们而言，品牌之间差别不大，品牌名称在其购买决策中所起的作用很小。打折销售的产品或者便利品是他们的首选。我们可以将其称为摇摆不定者或者价格敏感的顾客。

第二层次包括对产品满意或者至少没有不满意的顾客。对这些顾客而言，由于他们对产品没有不满意，因此他们没有充足的理由去购买其他品牌，尤其在改变购买品牌需要付出代价时更是如此。我们将其称为习惯性顾客，这部分顾客易受竞争对手的影响。

图 2-3 品牌忠诚度金字塔

第三层次包括那些不仅对产品满意而且有转换成本的顾客。转换成本主要是指与转换品牌有关的时间、资金成本以及性能方面的风险。要吸引这部分顾客，竞争对手需要提供诱因促使顾客进行品牌转换或者提供能够补偿其转换品牌所受的利益损失。我们将这部分顾客称为具有转换成本的满意的顾客。

第四层次是指那些真正喜欢该品牌的顾客。他们可能基于对品牌标志等的联想或者完美的使用经验等偏好该品牌。然而喜欢常常只是一种感觉，而且它难以持久。人们往往很难说清为什么他们喜欢某事、某人，由于带有情绪性或情感性的因素，因此我们将这部分顾客称为品牌的朋友。

最顶层是忠诚的顾客。他们因发现或使用该品牌而感到自豪。无论是从功能角度，还是从表现其身份的角度，品牌对他们而言都是至关重要的。他们对品牌信心十足，还会向其他人推荐该品牌。忠诚的顾客除自身的价值外，对其他人和市场都有巨大的影响。

上述品牌忠诚度的五个层次有助于我们理解品牌忠诚度的各种形式及其对品牌资产的影响，但在现实生活中顾客对品牌的忠诚度也会出现其他情况。例如，有些顾客具有一些尚未列出的特征——他们对产品不满意，但是转换成本非常高，因此即使不满意也不得不购买该品牌。

二、品牌忠诚度是品牌资产的基础之一

习惯性顾客具有相当可观的价值，这是因为他们能够在未来相当长的时间内为企业带来收益。品牌忠诚度的层次越高，顾客流失率越低，因此其价值越大。如果能够估算出顾客的品牌忠诚度与购买该品牌的频率之间的关系，那么就可以估算出品牌忠诚度转换的价值。

品牌忠诚度与品牌资产其他主要构成要素在性质上的不同之处在于，品牌忠诚度与使用经验密切相关。如果没有以前的使用经验，那么就不会有品牌忠诚度。与此不同的是，对于许多品牌而言，从未使用过这些品牌的消费者也能有品牌认知和品牌联想。

品牌忠诚度是品牌资产的基础之一，品牌忠诚度是由许多因素共同影响并形成的，其中最重要的因素是使用经验。当然，品牌忠诚度也在一定程度上受到品牌资产其他主要构成要素的影响，如品牌认知和品牌联想。实际上，所有的品牌资产构成要素之间都互相关联。

三、品牌忠诚度的测量

仔细思考品牌忠诚度测量中所遵循的方针，不仅能够获得与收益率相连的实用工具，而且有助于更加透彻地理解品牌忠诚度的范围以及不同忠诚度的细微差别。

测量品牌忠诚度有两种方法：一种方法是考虑实际的行为；另一种方法是根据品牌忠诚度所形成的转换成本、满意度、对品牌的喜欢程度和忠诚程度进行测量。

（一）行为测量法

确定品牌忠诚度，尤其是习惯性顾客对品牌的忠诚度的直接方法是考虑其实际购买模式，可以采用的测量指标包括：

（1）重复购买率。买同一品牌的顾客，其重复购买率是多少？

（2）购买比率。在最近顾客所进行的五次购买中，购买每个品牌的比率各是多少？

（3）购买品牌的数量。只购买单一品牌的顾客的比率是多少？购买两种品牌的顾客的比率是多少？购买三种品牌的顾客的比率是多少？

（二）转换成本

分析转换成本可以让我们更清楚地了解转换成本对品牌忠诚度的贡献。以企业自身为例，企业在购买复杂的计算机系统时，硬件投资只是投资的一部分，企业还必须对软件进行投资，包括对使用人员的培训进行投资。因此，如果要更换供应商，企业就必须对软件包括人员培训进行再投资，这一过程不仅耗费资金，而且会花费时间、影响生产力。

变换的风险也是一种转换成本。如果现有计算机系统虽然存在问题，但仍能够运行，那么更换新系统的结果不见得会更好。现实生活中，消费者会对转换品牌所面临的风险心存疑虑。

（三）满意度

品牌忠诚度金字塔每个层次的关键判断因素之一都是满意度，或许更为重要的是测量不满意度。第二层次与第三层次中，顾客忠诚的基本条件是其没有不满意或者不满意度比较低，因此顾客不会转去购买他品牌。企业需要关注以下问题：顾客可能遇到了什么问题？顾客为何怒气冲冲？顾客为何转去购买其他品牌的产品？销售额为何突然下降？

（四）对品牌的喜欢程度

品牌忠诚度金字塔的第四层次涉及顾客对品牌的喜爱程度。企业需要关注以下问题：顾客是否"喜欢"本公司或本公司的品牌？顾客是否尊重本公司或者本公司的品牌？顾客是否将本公司或者本公司的品牌视为朋友？顾客见到本公司或者本公司的品牌是否感到温暖？顾客对品牌的喜欢可以有效地抵制竞争对手的入侵。与产品具有某特定特征相比，当顾客喜欢该品牌时，竞争对手遇到的阻力更大。

通常可以用多种方式全面衡量顾客对品牌的喜欢程度，比如喜欢、尊重、友谊、信任等。我们还可以用顾客愿意为获得该品牌而多支付的价格以及竞争对手为吸引忠诚顾客不得不采取的价格优势来测量顾客对品牌的喜欢程度。

（五）忠诚程度

强大的品牌通常拥有一大批忠诚顾客。如果顾客忠诚程度非常高，那么能够在很多方面表现出来。其中一个关键指标是与产品相关的交互作用与沟通情况。企业需要关注以下问题：顾客是否愿意和其他人谈论该品牌？顾客是否不仅向其他人推荐该品牌产品，而且告知购买的理由？另一个关键指标是品牌对顾客个人行为和性格的重要程度。顾客使用该品牌产品是否效果特别好或者特别愉悦？

四、品牌忠诚度的价值

已有顾客的品牌忠诚度是企业的战略资产，品牌忠诚度可能从以下方面增加企业的价值。

（一）维护现有顾客，降低营销成本

一大批具有品牌忠诚度的现有顾客可以降低企业运营中的营销成本。留住现有顾客的成本远远低于吸引新顾客的成本。因为潜在的新顾客往往缺乏转换品牌的动机，所以吸引新顾客的成本比较高，这在一定程度上是因为他们不愿意去寻找可供转换的品牌，即使他们发现了可替代的品牌，竞争对手往往也需要给出充足的理由来说服他们购买。

与吸引新顾客不同的是，只要现有顾客没有对产品不满意，那么企业要留住他们通常容易得多——熟悉的产品让人感到舒适、放心。因此与寻找新顾客相比，使现有顾客感到快乐、减少他们转换品牌的理由，成本往往低得多。品牌忠诚度越高，顾客越易于感到快乐。当然，现有顾客可能会流失，尤其是当企业未能解决他们所遇到的问题和忽视他们所关心的事情时，顾客的流失率会更高。企业需要努力降低顾客流失率。

现有顾客的品牌忠诚度为竞争对手设置了进入壁垒。当现有顾客具有一定品牌忠诚度、对已有品牌满意时，竞争对手要进入这一市场就必须想方设法使顾客改弦易辙，这需要投入大量资源，这将减少竞争对手的潜在利润。要使这一壁垒发挥作用，企业就必须让潜在的竞争对手认识到这一点，为此企业必须向竞争对手发出顾客忠诚度很高的信号，例如可以在广告中表明顾客忠诚度或产品质量。

（二）贸易杠杆

品牌忠诚度能够产生贸易杠杆。例如，顾客对农夫山泉天然饮用水或者汰渍洗

衣液的高度忠诚使得经销商认识到顾客希望在其商品目录中看到这些品牌，经销商将优先在货架上摆放这些品牌的产品。在企业引入新规格、新品种，产品发生变化或者进行品牌延伸时，贸易杠杆尤为重要。

（三）吸引新顾客

细分市场上满意的顾客以及其他喜欢该品牌的顾客能够坚定潜在新顾客的信心，尤其是在当购买行为存在一定风险时。人们通常认为在购买时只要与众人保持一致，就是安全的。尤其是在新引入产品或具有一定风险性时，企业应该善加利用已有顾客对品牌的认可。

如果某一品牌拥有相对庞大的、满意的顾客群，则人们会认为该品牌市场广阔，而且该品牌应该能够提供后续服务，并对产品进行支持和改良，从而使人们推崇该品牌及其产品。对于很多产品而言，后续服务与产品支持是至关重要的。例如，戴尔计算机公司在广告中声称50%以上的财富500强企业已经成为其客户，从而使潜在的新顾客坚定购买的信心。

现有顾客和经销商可以提高品牌的知名度。现有顾客的朋友和同事看到该品牌的产品，就会意识到该品牌的存在。而且与只看到几次广告相比，人们目睹产品"正在运转"或者陈列在经销商的货架上，无疑更为生动、效果更佳。看到朋友使用的产品，能使人们联想到产品的使用场景以及使用者，这是任何广告都难以达到的效果。

（四）为反击竞争对手提供时间

品牌忠诚度能够为企业反击竞争对手提供时间。如果竞争对手开发了一种更好的产品，品牌忠诚度能够使企业有时间改良现有产品，以使其能够与竞争对手的产品相匹敌，或者抑制竞争对手的进攻。例如，在某些新培育的高科技市场上，一些顾客被暂时领先的产品所吸引，其品牌忠诚度就很低。与之相反，忠诚的、满意的顾客不会特别期待新产品，即使他们已经接触到新产品，他们也不会跃跃欲试。

五、如何维持与强化品牌忠诚和顾客满意

在大多数情况下，企业很难避免顾客倒戈向竞争对手，但企业应尽最大努力避免这种情况的发生。顾客更换品牌需要付出努力，尤其是更换品牌的决策涉及大量投资以及风险时。同时，顾客对那些负责任的品牌往往持肯定态度，这种肯定态度不但证明他们以前的决策是正确的，而且会强化其决策。人们不愿意承认他们做错了，他们往往愿意为以前的决策寻找理由。事实上在购买决策中存在大量的惯性，人们对熟悉的东西感到舒适、放心。想一想可口可乐公司为推广"新"可乐所付出的努力。大量忠诚的可乐顾客群起而攻之，他们呼唤"老"可乐的回归。最终他们

盼来了这一天：可口可乐公司再次采用原始可乐配方——虽然此次采用了"经典可乐"这个与众不同的名字。

（一）正确对待顾客

顾客对品牌忠诚的基础是品牌的产品或服务能够提供顾客所预期的功能。顾客要更换品牌是需要理由的，通常留住顾客的关键非常简单——不赶走顾客。实际上，那些赶走顾客的企业通常是无礼的，对顾客不闻不问、漠不关心的。要避免这些行为并不难，但要持之以恒并不容易。当然，正确对待顾客的目标就是以顾客希望得到的态度对待他们：尊重。

（二）接近顾客

以顾客为导向的、文化氛围浓郁的企业会采取各种措施接近顾客。例如，IBM的最高层管理者都有责任同顾客联系，迪士尼乐园的管理人员每年必须有两周时间待在迪士尼乐园中直接接触顾客。企业可以通过小组座谈会等形式了解顾客所思所想，倾听顾客的声音。仅仅加强与顾客的联系，就有助于向其他组织和顾客传递这样的信号：企业重视顾客。

（三）调查、管理顾客满意度

对顾客满意或不满意的常规调查非常有助于企业了解顾客的感受，并及时调整产品或服务。此类调查必须及时、敏感、全面，以便企业能够认识到顾客综合满意度发生变化的原因。要使顾客满意度调查发挥作用就必须将其与企业的日常管理结合起来。例如，万豪（Marriott）酒店根据每周对顾客满意度的调查结果确定企业现存的问题并采取相应的措施，大堂经理应该特别关注对等候时间、入住以及结账后离开等问题的调查。

要确保满意度调查发挥作用，方法之一是将其作为薪酬体系的一部分。例如，达美乐（Domino）比萨每周通过电话方式调查顾客对反应时间、意大利香辣肠的新鲜度以及外卖人员的态度等方面的意见，之后根据调查结果采取措施，每月根据调查结果发放奖金。这种方法将促使员工重视顾客满意度，从而影响企业的运营。

（四）创建转换成本

创建转换成本的两种方法：一是解决顾客遇到的问题，二是直接回报客户对品牌的忠诚。例如，航空公司的会员俱乐部就是回报顾客、留住顾客的手段。

（五）提供附加服务

向顾客提供一些意想不到的附加服务，往往能轻易改变顾客的行为。枕头里放些薄荷、对程序加以说明都确实能给顾客留下好印象。一句简单的道歉具有化干戈为玉帛的潜力,然而企业又有多少次在与顾客联系时没有适当地表达歉意呢?

六、向现有顾客销售,而不是向新顾客销售

企业最常犯的错误可能是主要靠吸引潜在新顾客促使业务增长。它们往往采用带有进攻性的营销计划。问题是这样做往往难以吸引潜在新顾客,潜在新顾客很少有理由考虑转向其他品牌。此外,与潜在新顾客接触的成本高昂——毕竟他们并不是通过经常看广告或者与销售人员接触等方式选择备选品牌的。

与此相反,留住现有顾客的收益往往比较明显,在一定程度上是因为留住现有顾客的成本较低。如果企业能够降低现有顾客转向竞争对手处的可能性,企业的增长就能自然实现。由于部分潜在新顾客受现有顾客的影响,有时企业无须努力就能获得新顾客。

企业需要做的是减少不满意顾客流失的动机、增加满意顾客的转换成本。企业可以与流失的顾客接触,分析其为什么生气以及促使其转换品牌的问题所在:他们为什么离开?确切地说,动机是什么?怎么做能避免这种情况发生?按照系统的程序与流失的顾客面谈,企业就能够发现问题所在。例如,银行管理人员不能只知道上个月新开了多少个账户,知道新顾客选择本银行的原因,他们需要知道现有顾客为何不满意以及流失顾客离开的原因。强有力的挽留顾客计划不仅去除了顾客不满之源,而且可以通过回报顾客建立转换成本。

案例 2-6

光明乳业冠名《典籍里的中国》

企业名称:光明乳业股份有限公司

品牌名称:光明乳业

一、项目概述

近年来,国风国漫类 IP 大热,文化类综艺持续火爆,中国传统文化逐步成为舆情中心,收获大量年轻群体的关注。光明乳业借此时代机遇,独家冠名大型文化节目《典籍里的中国》,依托典籍的文化 IP,在声势浩大的传播浪潮中弘扬传统文化,树立品牌价值,并实现传播效益。让历史文化"鲜活"起来,持续放大光明乳业鲜活价值观,应对竞品冲击,并进一步洞察年轻消费者,进行品牌突围,最终完成破圈化、差异化、年轻化的品牌目标。

二、项目策划

1. 核心目标

项目的核心目标是鲜活价值破圈化、文化营销差异化、品牌传播年轻化。

2. 目标公众

项目的目标公众包括中国传统典籍文化爱好者、光明乳业消费者、广大热爱传统文化的年轻消费者。

3. 主要信息

品牌主张是"乐在新鲜"。

传播主旨是传统文化"鲜活"起来,让传统文化与时下生活实现强共鸣。

传播口号是"每天鲜活多一典"。

三、项目执行

1. 开播期

2021年春节,光明乳业精准洞察典籍文化的内涵,将典籍中的大好河山、故乡家园,用技术的方式线上还原,创新打造春节返乡新方式——"游典籍,云返乡",让大众领略了典籍中的名山大川,并在春节期间登上微博热搜,话题阅读量超过1.1亿,引爆春节社交舆论场,成功完成典籍文化与光明乳业品牌价值的破圈传播。

2. 热播期

热播期完成五轮重点传播。

(1)《天工开物》。光明乳业在《天工开物》的科技发明中注入了时代内涵,用二次元画风重现了原著中灿若星河的"黑科技"发明,让传统文化鲜活起来,在全网平台获得了大量消费者的热议和好评。

(2)《史记》。《史记》作为纪传体史书,记录了华夏历史上的英雄人物,光明乳业结合当下热点,创新性传播"典籍英雄天团"出道事件,鲜活呈现每一位历史英雄的真实故事,以年轻化语境传达《史记》的历史韵味,传递光明乳业鲜活品牌价值。

(3)《论语》。《论语》金句流传千年,对今天的生活仍然有深远的影响。为了传达品牌价值观,光明乳业再一次用全新的方式与消费者沟通,文字配合形象化动效传达《论语》金句内核,用鲜活的形式赋予《论语》全新的意义,让经典传承,让文化焕新。同时根据话题与光明乳业主力产品"健能"梦幻联动,打造《论语》IP爆款产品,迎来品牌声量与产品销量的双丰收。

(4)《孙子兵法》。光明乳业将典籍款优加爆品,巧妙融入《孙子兵法》的动人历史故事当中,对典籍书中记载的真实故事赋予全新的意义,叠加有趣生动的情节,让广大观众感受中华传统文化的魅力。

(5)《楚辞》。2021年是中国的航天年,"天问一号"带着中国人的智慧与探索精神向火星出发。《天问》选自于爱国主义诗人屈原的经典著作《楚辞》，光明乳业以此为核心，将古典文艺作品中古人的探索精神与航天航空的时代探索精神共鸣，完成了一轮"爱国，自信，智慧，探索"的爱国思想传播。

3. 打造典籍爆品传播

光明乳业以鲜活为核，以典籍文化为主旨，多款重点产品线合作联动，打造丰富多彩的典籍文化新包装，并在一波又一波传播事件中完成出圈营销，在典籍文化的浪潮之下，做到爆款内容和爆款产品的品效合一。

光明乳业经过一轮传统文化的营销传播，成功塑造了一个有文化、懂二次元、会炒话题、能造爆品的全新形象，收获了更广泛的年轻受众。

资料来源：改编自 2021 金旗奖获奖案例. 光明乳业《典籍里的中国》综艺栏目传播［EB/OL］.［2023-04-01］.http://www.17pr.com/news/detail/205506.html，经企业授权，有修改。

思考题：

1. 光明乳业这一轮的文化营销对品牌个性的形成起到哪些积极作用？
2. 光明乳业是如何通过中国传统典籍文化提升品牌形象，增强消费者的品牌认同感，并实现从传播到销售的转化的？
3. 光明乳业通过《典籍里的中国》综艺栏目传播，提升和维护了哪些品牌资产？

本章小结

品牌资产代表了一种产品或服务的附加值，这种附加值来源于对品牌的营销投资。品牌资产是企业最有价值的资产，也是一种无形资产，它反映了消费者根据自身需要对某品牌的偏爱、态度和忠诚程度，特别是指消费者赋予一个品牌超越其产品功能价值的形象价值部分。戴维·A.阿克创造性地构建了品牌资产的五大元素：品牌忠诚度、品牌知名度、品牌认知度、品牌联想度和品牌资产的其他专有权。品牌知名度是消费者认出、识别和记忆某品牌是某一产品类别的能力，从而在观念中建立起品牌与产品类别之间的联系。品牌知名度包含一个连续的由浅入深的变化过程，它在品牌资产中的角色依赖于知名度的层级表现。品牌联想是人们记忆中与品牌相联系的一切事物。一个品牌的正面联想越多，其对市场的影响力就越大。品牌联想帮助消费者得到信息，造成消费者对品牌的特定感觉，有利于确立品牌个性与强化品牌形象，从而建立竞争优势。品牌联想能够给消费者提供购买的理由，同时是品牌定位时差异化的重要依据。顾客对品牌的忠诚度是品牌资产的核心。品牌忠诚度是衡量顾客对品牌依赖程度的标准，会直接转化为未来的销售额，品牌忠诚度的五个层次有助于理解品牌忠诚度的各种形式以及其对品牌资产的影响。

复习思考题

一、名词解释

品牌资产　　品牌知名度　　品牌识别和品牌记忆　　品牌联想　　品牌忠诚和顾客满意

二、简答题

1. 选择一个品牌，评价该品牌能在何种程度上产生其品牌资产的各种利益。
2. 选择一个你熟悉的产品，进行有品牌和无品牌试验。通过试验，你在该产品的品牌资产方面有哪些收获？
3. 在一次品牌调查中，出现了下列调查结果，它们各属于品牌知名度的哪个层次？

   （1）在提供给被测试者的一种产品类别的10个品牌中，有三个品牌没有任何反馈。

   （2）在提供给被测试者的另一种产品类别的12个品牌中，被测试者能够把其中的七个品牌和产品类别联系起来。

   （3）在不提供任何信息的情况下，第一个被提到的微波炉品牌是格兰仕，第一个被提到的冰箱品牌是海尔，第一个被提到的啤酒品牌是青岛。

4. 品牌认知如何影响消费者的购买决策？
5. 如果你在销售一款面向学生群体的美妆产品，该产品的品牌获得品牌知名度的途径有哪些？品牌有何种联想有待开发？
6. 品牌联想和品牌形象的关系是什么？
7. 品牌联想在品牌个性的形成中起到什么作用？
8. 品牌忠诚度的价值是什么？企业应如何维持品牌忠诚和顾客满意？
9. 市场中还有忠诚的顾客吗？请举例说明。

本章测试

第二章习题

第三章
品牌形象构建

本章要点

本章首先阐述了品牌形象的定义、特点和构成。品牌形象的构成包含三个方面：品牌形象的内涵、品牌形象的载体和品牌形象的外在表现形式。接着介绍了著名的品牌形象模型，即阿克品牌形象模型、凯勒品牌形象模型、克里斯南品牌形象模型、贝尔品牌形象模型。最后论述了品牌形象塑造的原则和路线。

运动界的王者品牌——耐克

20世纪60年代，在俄勒冈大学毕业的菲尔·奈特（Phil Knight）与他的教练比尔·鲍尔曼（Bill Bowerman）各出资500美元，成立了运动鞋公司，取名为蓝带体育用品公司，主营体育用品。这就是耐克的前身。在耐克（Nike）进入运动品牌市场之初（20世纪七八十年代），日子并不好过。市场上有"老大哥"阿迪达斯（Adidas）坐镇，NBA由匡威（Converse）全包，另有彪马（Puma）、新百伦（New Balance）、锐步（Reebok）伺机而动。1972年，耐克公司正式成立。2001年，耐克公司在研制出气垫技术后又推出了一种名为Shox的新型缓震技术。采用这种技术生产出来的运动鞋深受欢迎，销量节节攀升。1985年，耐克公司聘请迈克尔·杰弗里·乔丹（Michael Jeffrey Jordan）为代言人，更加名声大噪，以乔丹命名的运动鞋就为公司赢得了25亿美元的利润。耐克颠覆性地修改了体育营销的法则，使明星代言成为体育营销的经典模式。

耐克的品牌属性：中高端体育品牌、时尚独特的气垫技术，材料高档，款式多样、独特；舒适、轻便、耐穿、不笨重；安全性高、排汗性好、轻柔，缓震能力强，方形凸粒以增强稳定性。

耐克的品牌价值：耐克一直将激励全世界的每一位运动员并为其献上最好的产品视为光荣的任务，始终在研究消费者的需求并制造出最适合消费者的鞋子和最好的鞋子；致力于为每一个人创造展示自我的机会。

耐克有很高知名度。在长期不懈努力中，耐克形成了自己的品牌文化——永不停息。耐克已经成为体育精神、征服自然和超越自我的象征：想做就做，勇往直前，永不停息，命运和前途掌握在自己手中，自信、运动、健康，乐观奔放、积极向上、勇于面对困难。在1988年，Nike推出了视频 *Just Do It*，并开启了"Just Do It"营销战役。"Just Do It"后来被美国《广告时代》杂志评为"20世纪最佳广告语之一"，被耐克一直沿用至今。1995年，耐克推出电视及平面广告计划，名为"If you let me play"，指出年轻女性参与运动的多项益处。2019年，耐克推出最新女权平等广告《为梦想发疯的人》（*Dream Crazier*）。

第一节　品牌形象及其构成

一、品牌形象的定义与特点

（一）品牌形象的定义

"品牌形象"（Brand Image）一词早在 20 世纪 50 年代就已被提出，但是到目前为止还没有关于品牌形象的明确、稳定、权威的概念。目前，最具代表性的品牌形象的定义有以下几种：

菲利普·科特勒认为，消费者对某一品牌的信念就是消费者心中的品牌形象。对消费者而言，品牌不仅用以区别产品，还是一种象征，超出了文字本身的意义。对生产者而言，品牌不仅是区别工具，还是在技术和功能的支持下建立起来的产品和消费者之间的关系：消费者对产品的知晓、喜爱甚至尊重，即品牌形象。

20 世纪 60 年代中期，大卫·麦肯齐·奥格威提出品牌形象论。大卫·麦肯齐·奥格威认为"品牌形象是社会公众及消费者在长期了解品牌的基础上形成的对品牌的评价，存在于社会公众及消费者的头脑中"。他认为品牌形象不是产品固有的，而是消费者联系产品的质量、价格、历史等形成的。此观念认为每一则广告都应是对构成整个品牌的长期投资。因此每一品牌、每一产品都应发展和投射一个形象。形象经由各种不同推广方式，特别是广告传达给顾客及潜在顾客。顾客购买的不只是产品，还是承诺的物质和心理的利益。

人物：大卫·麦肯齐·奥格威

大卫·麦肯齐·奥格威品牌形象论的基本要点包括：

1）为塑造品牌服务，是广告最主要的目标。广告就是要力图使品牌具有并且维持一个高知名度的品牌形象。

2）任何一则广告都是对品牌的长期投资，广告应该尽力维护一个好的品牌形象，必要时应不惜牺牲短期效益。

3）随着同类产品差异性减弱，品牌之间的同质性增强，消费者选择品牌时所运用的理性就越少，因此描绘品牌形象要比强调产品具体功能特性重要得多。

4)消费者购买时追求的是"物质利益+心理利益",对某些消费群体来说,广告尤其应该重视运用品牌形象来满足其心理需求,提供心理利益。

凯文·凯勒认为,品牌形象和联想网络记忆模型一致,可以被定义为"消费者记忆中的品牌联想所反映的一个品牌的直觉"。而品牌联想是与记忆中品牌节点相关的另一信息节点,它的强度、赞誉度和独特性,对构成品牌资产的差别化反应起着决定性作用。

在品牌知识联想网络记忆模型的基础上,亚历山大·L.贝尔(Alexander L. Biel)把品牌形象定义为"消费者记忆中与某个品牌相联系的属性集合和相关联想,是消费者对品牌的主观反映"。贝尔的定义表明品牌形象是品牌构成要素在人们心目中的综合反映(例如,品牌名称、产品属性、品牌标志等给人们留下的印象),以及人们对品牌的主观评价。

尽管学者们从不同角度对品牌形象进行了不同的界定,但是他们对品牌基本内涵的看法是基本一致的。综合各学派的观点,本书将品牌形象定义为:品牌形象是消费者对品牌的主观感知,是消费者对传播过程中所接收到的所有关于该品牌的信息进行个人选择和加工之后,留存于头脑中的关于该品牌的印象和联想的总和,是人们心目中对品牌构成要素的综合反映及评价。感知(Perception)是指人们对感性刺激进行选择、组织并解释为有意义的和相关图像的过程。品牌构成要素既包括品牌名称、品牌标志等显性要素,也包括品牌定位、个性、文化等隐性要素。

(二)品牌形象的特点

品牌形象主要有多维组合性、复杂多样性、相对稳定性以及可塑性和情境性等特点。

(1)多维组合性。多维组合性是指品牌形象是由多种特性构成的,并受多种因素的影响。对于品牌形象的构成,一些学者偏重于产品的物理特性,另一些学者则认为品牌形象完全由产品之外的因素构成。李维(Levy,1978)认为品牌形象是产品的物理属性和附着于产品物理属性上的信念、态度、感觉的混合物。詹思(Gensch,1978)把品牌形象定义为纯粹抽象的概念,认为品牌形象由促销、声誉以及同行评价的影响构成。弗瑞德玛(Friedmann,1986)认为品牌的心理意义由品牌态度、消费者感知方式、感知过程所处情境构成。瑞尼迪和戛提姆(Reynolds和Gutman,1984)通过手段-目的链(Means-End Chain)发现,品牌形象是一种暗示网络,这种网络反映了品牌形象基本构成要素在记忆中的联系。手段-目的链则联结了产品属性、消费者判断和个人价值等要素,这些要素具有协同作用并综合构成了品牌形象。菲利普·科特勒认为,从消费者的角度来看,品牌具有六层含义:属性、利益、价值、文化、个性、使用者。当品牌作为客体和其他信息一起被传递给消费者时，品牌的六层含义就构成了消费者心目中品牌形象的具体方面。很多品牌形象模型都以这六层含义为基础。大卫·麦肯齐·奥格威认为品牌形象的构成要素包括产品形象、质量形象、服务形象、信誉形象、品牌文化形象和品牌标识形象。

（2）复杂多样性。复杂多样性是指由于企业及其产品市场覆盖率的差别、企业信息与产品信息传播效果的差异以及消费者的不同特点等，消费者对企业和产品的认知、理解以及使用情况不一样，从而使品牌形象在不同时间、不同地点呈现复杂多样性的特点。

（3）相对稳定性。相对稳定性是指品牌形象在一段时期内保持稳定，不容易改变。品牌拥有符合消费者愿望的理念、良好的产品品质、优质的服务等形象，往往能保持良好状态。同样不良的品牌形象要转变为好的形象也是非常困难的，需要长期卓绝的努力。

（4）可塑性和情境性。由于人的心理具有流动性与复杂性，消费者在周围环境与事实的影响之下会出现相应的心理变化，从而使品牌形象也发生变化。从统计学的角度来理解，当个别消费者的心理发生变化，品牌形象可能会出现轻微的波动，品牌形象保持总体上的稳定；当消费者普遍发生心理变化，品牌形象可能会发生重大波动。

案例 3-1

中国茶叶品牌与英国立顿

中国历来是茶叶消费大国，也是产茶大国。在民间，自古就有将"柴米油盐酱醋茶"当作"开门七件事"的说法，可见茶叶已是人们生活中的必需品之一。按理说，中国的茶叶产销应风生水起，然而中国茶叶企业的发展举步维艰。目前国内茶叶企业超过1000家，但是规模最大的企业企业年销售额不过十几亿，英国立顿年销售额却过百亿。虽然业内有观点认为，天生"慢销"的中国茶叶与强调快捷、方便的英国立顿不具有可比性，但是对于那些有志于突破传统茶叶生产、销售模式，实现品牌化发展的中国茶叶企业而言，了解英国立顿、弄清楚英国立顿为什么能够取得销量佳绩，有着重要的现实意义。

思考题：比较中国茶叶品牌和英国立顿的发展特征，试解释案例中出现的现象。

二、品牌形象的构成

品牌形象的构成主要包括三个方面：品牌形象的内涵、品牌形象的载体和品牌形象的外在表现形式。

(一)品牌形象的内涵

品牌形象的内涵代表了品牌的独特魅力,它深深扎根于企业品牌的精髓、使命、目标之中。有了内涵,品牌形象才富有底蕴,品牌形象才能够被消费者认知和接受。品牌形象的内涵是对品牌定位、品牌个性、品牌文化的综合。

1. 品牌定位

品牌定位(Brand Positioning)是为产品或服务或企业建立一个与目标市场相关的独特品牌形象,使消费者以此来区别其他品牌,从而在消费者心目中留下深刻的印象。例如,在汽车市场,沃尔沃品牌定位于"安全与耐用",奔驰品牌定位于"高贵、王者、显赫、至尊"。品牌定位是品牌形象的一个方向标,只有把握了产品或服务或企业的品牌定位,品牌形象的设计与传播才有方向。

2. 品牌个性

20世纪50年代,基于对品牌形象内涵的进一步挖掘,美国Grey广告公司提出了"品牌性格哲学",日本小林太三郎教授提出了"企业性格论",从而形成了广告创意策略中的另一种后起的、充满生命力的新流派——品牌个性论。品牌个性(Brand Character)就像人的个性一样,它是通过品牌传播赋予品牌的一种心理特征,是品牌形象的内核,也是特定品牌使用者个性的类化,还是其关系利益人心中的情感附加值和特定的生活价值观。

3. 品牌文化

品牌文化(Brand Culture)是品牌在经营中逐步形成的文化积淀,代表了企业和消费者的利益认知、情感归属,是品牌与传统文化以及企业个性形象的总和。品牌文化的核心是文化内涵,具体而言是其蕴涵的深刻的价值内涵和情感内涵,也就是品牌所凝练的价值观念、生活态度、审美情趣、个性修养、时尚品位、情感诉求等精神象征。品牌文化的塑造,通过创造产品的物质效用与品牌精神高度统一的完美境界,超越时空限制给消费者带来更多高层次的满足、心灵的慰藉和精神的寄托,在消费者心灵深处形成潜在的文化认同和情感眷恋。品牌就像一面高高飘扬的旗帜,品牌文化代表着一种价值观、一种品位、一种格调、一种时尚、一种生活方式,它的独特魅力就在于不仅提供给消费者某种效用,而且帮助消费者去寻找心灵的归属。

(二)品牌形象的载体

品牌形象的展示需要一定的载体,这一载体主要包含产品或服务、企业形象、员工形象等。

1.产品或服务

消费者往往通过接触品牌所涵盖的产品或服务来对品牌形象进行认知和评价。产品是品牌的实物载体，消费者会产生很多与产品特性及属性相关的联想，从而构成品牌形象的重要内容。当产品的某些属性特别突出时，其品牌在消费者心目中可能会形成高品质的印象，而这往往是企业品牌形象塑造努力的目标。产品的品质和服务的质量是品牌形象的载体，如果没有产品品质和服务质量作为保障，则品牌形象就是虚假的。

2.企业现象

品牌形象的另一个重要载体是企业形象，良好的企业形象为品牌形象塑造提供基础。企业形象可以分为企业理念形象、企业行为形象和企业视觉形象。其中，企业理念形象是由企业宗旨、企业精神、企业目标、企业道德、企业作风等精神因素构成的；企业行为形象是由企业在生产经营活动和对外关系活动中所表现出来的员工素质、企业制度、行为规范等因素构成的；企业视觉形象是由企业的基本标识、产品外观包装、厂容厂貌等因素构成的。消费者对企业形象的认识会影响其对品牌形象的认知与评价，如果企业经常承担社会责任、关心弱势群体和保护环境等，消费者就会对该企业所涵盖的产品或服务的品牌形象拥有美好的认知和评价。

3.员工形象

企业中与消费者直接或间接接触的各类员工包括销售人员、维修人员和服务人员等，他们的形象对消费者认知该企业的品牌形象有一定影响。消费者通过与这些员工的接触来认识、理解并诠释企业的品牌形象。例如，航空公司飞机上为旅客提供高品质服务的空中乘务员们树立了美好的员工形象，在一定程度上反映了该航空公司的品牌形象。旅客是通过和他们面对面、真实接触的空中乘务员形象来认知触不可及的、抽象的航空公司的品牌形象的。

（三）品牌形象的外在表现形式

品牌形象的外在表现形式是品牌形象传播的基本内容，也是消费者接触品牌的开始。在品牌形象传播的过程中，与消费者亲密接触的是品牌形象的外在表现形式。品牌形象的外在表现形式主要包括品牌名称、品牌标志、品牌标识语、品牌标准色和品牌包装。设计优秀的品牌形象的外在表现形式，对于消费者认知品牌形象有很重要的影响。

1.品牌名称

品牌名称在品牌的外在表现形式上处于战略地位。品牌名称不仅是产品的一种自然属性，而且是一种社会属性和人文属性。品牌名称既体现了品牌的个性和特色，也能够在一定程度上反映品牌的形象。例如，"可口可乐"这四个字可以让消费者不由自主地联想到这种饮料带来的可口的生理感受和可乐的心理感受，这与可口可乐公司一贯宣传的"欢乐、尽情"的品牌形象相对应。

案例 3-2

埃克森（Exxon）——迄今最昂贵的改名

美国埃克森（Exxon）石油公司①总部设在纽约。早在1991年，其销售额就实现了1031.42亿美元，利润额为56亿美元，公司有雇员10万余人。美国埃克森石油公司前身叫作新泽西（New Jersey）石油公司，该公司的标志是一只猛虎，它凶猛强健，奔跑如飞，体现出石油公司旺盛的竞争能力和不服输的毅力。新泽西石油公司出于两个原因决心改名：一是因为"New Jersey"拼写复杂，意蕴狭窄，二是为了在美国及其他各国的名称和标志统一。于是，新泽西石油公司请各地顾问设计新名称，之后更是委托美国斯坦福研究所为自己起名。它动员了心理学、语言学、社会学、统计学等各领域的顾问，调查了55个国家的语言，走访了7000多人，并对一般群众的心理、感情等进行调查研究，查阅了约15000个电话指南，通过计算机制作了约10000个名称，经过淘汰后剩下八个；这八个名称再用100种以上语言进行搜索，以保证找不到与之雷同的词，并且含义无恶感。本次更名花费了六年时间和10亿美元，包括变更名称费、起名设计费、新名称广告宣传费，其中付给美国斯坦福研究所200万美元起名费。最后确定了埃克森这个名称。这个名称是完全创造性的品牌名称，容易记忆，内含叠字，便于拼读。于是，新泽西石油公司更名为埃克森石油公司。这是历史上一次昂贵的更名，但实践也证明，更名对埃克森石油公司来说是成功的。

2. 品牌标志

品牌标志是指品牌中可以被认出、易于记忆但不能用言语称谓的部分，包括符号、图案或明显的色彩或字体，又称"品标"。品牌标志作为一种视觉象征性符号，是视觉识别的重要元素，是消费者感知品牌形象最直接、最视觉性的内容。品牌标志是经过精心设计的图案造型与色彩相结合的具体形象，它把产品特征以及品牌理念等要素以融合化的符号形式传递给消费者。成功的品牌标志因其简洁、有力地传递信息、强烈的视觉冲击力和鲜明色调的运用而牢牢吸引了消费者的目光，比如宝

---

① 现在的埃克森美孚公司。标准石油公司后继者之一的新泽西标准石油曾先后使用埃索（Esso）、埃克森（Exxon）等名称。1999年，美孚石油和埃克森石油合并为埃克森美孚公司。

洁的"P&G",麦当劳的"M"和联合利华的"U"字形标识。

3. 品牌标识语

品牌名称和品牌标志是品牌最重要的外在表现形式,品牌标识语对于反映品牌形象也有很重要的作用。例如,IBM的品牌标识语是"四海一家的解决之道",在IBM塑造良好品牌形象中起了很大作用;丰田汽车的品牌标识语是"车到山前必有路,有路必有丰田车";雀巢咖啡的品牌标识语是"味道好极了!"。它们都为塑造良好品牌形象做出了贡献。

4. 品牌标准色

品牌的标准色是表现品牌形象的一个重要元素。品牌标准色运用得当,能激起消费者精神上的愉悦,促进消费者对其品牌形象的认可。品牌标准色通常与品牌标识和品牌包装结合使用,是表现品牌形象的重要元素。以可口可乐公司旗下的主要饮料品牌为例,其包装颜色各不相同:可口可乐的包装为红底白字,给消费者以强烈的视觉冲击力;雪碧的标准色突出的是绿色,给消费者一种"晶晶亮、透心凉"的感觉;芬达包装的底色为橘黄色、名称为蓝色,表现出了果汁型饮料的特征。这些品牌标准色的恰当运用,在可口可乐公司旗下产品的品牌形象塑造中发挥了重要的作用。

5. 品牌包装

品牌包装是品牌形象所有外在元素的综合表现。品牌包装与产品包装是内涵不同的两个概念:产品包装是指承载产品或服务的容器或包扎物,而品牌包装包含了更多的内容,除了包装产品或服务的容器之外,还包括品牌的商标、吉祥物、标准中英文字形、代表色、辅助色、产品展示识别等一切外在内容。例如,康师傅方便面容纳面饼的那个包装是产品包装,而超市柜台上摆放的造型可爱的康师傅小标牌属于品牌包装。

品牌形象的三层次结构如图3-1所示。

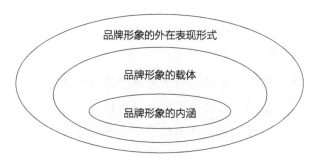

图3-1 品牌形象的三层次结构

三、塑造品牌形象的意义

品牌形象是企业的无形资产，是品牌资产的重要组成部分，是企业开拓新市场的重要通行证。品牌形象是一个企业产品或服务的品质、价格、理念、设计和定位等要素在消费者心目中的整体表现。品牌形象既反映了品牌的外在特征，也在一定程度上反映了品牌的实力和本质。具体来说，塑造品牌形象的意义主要表现在以下几个方面。

1．支撑企业发展战略

在现代社会，任何企业的发展都面临着两个问题：一是在激烈的市场竞争中，企业如何才能长期生存；二是企业如何保持不断持续发展，提高自身可持续发展的能力。任何一个企业的战略都是紧紧围绕这两个问题而制定的，而塑造良好的品牌形象是回答这两个问题的重要因素。塑造良好的品牌形象可以支撑企业发展战略，也可以为企业的可持续发展和长久生存提供动力。例如，可口可乐公司把美国人的精神、美国人的生活方式融入了品牌文化，把品牌文化变成了美国人生活中的一部分，成为品牌形象塑造的成功典范。良好的品牌形象保障了可口可乐公司的持续发展和在饮料行业中的地位。

2．形成良好的市场效应

企业能通过塑造良好的品牌形象获得对某一市场的主导地位，并形成一定的市场占有率，其中包括开发新品牌的产品、品牌延伸、冲破各个地区进入新市场、获得消费者对品牌的忠诚、打破国际市场上的各种壁垒等。塑造良好的品牌形象，可以使本企业的品牌与竞争对手的品牌区分开来，同时品牌的独特价值是竞争对手很难模仿的，因为它融合多种差别于一体。塑造良好的品牌形象可以使企业长期获得市场竞争优势，对于来自市场竞争对手的正面进攻，品牌可以建立森严的壁垒，对于未进入市场的潜在竞争者，品牌形象代表的内涵和消费者对它的信任往往会使潜在竞争者放弃进入市场的念头。总之，塑造良好的品牌形象可以形成良好的市场效应。

3．增强消费者情感

塑造良好的品牌形象不仅能满足消费者对产品的生理需求，而且能够满足消费者的情感需求。企业塑造的良好品牌形象一旦得到消费者的认同和支持，那么消费者就会和品牌建立一种特殊情感，从而增强对品牌的忠诚。例如，当可口可乐为了提高市场占有率和迎接百事可乐的挑战而宣布改变使用了几十年的饮料配方以使口味更甜美时，引起了众多消费者的抗议，因此不得不取消新配方而继续使用原配方。

这说明消费者在长期的消费中与可口可乐的原配方建立了特殊的情感。

4. 获得独特市场地位

在激烈的市场竞争中，企业塑造良好品牌形象是获得独特市场地位的重要保证。当消费者购买某种产品时，在市场上面对几十种甚至几百种品牌。良好的品牌形象可以使品牌获得独特地位，例如，"金六福"品牌根据我国人民盼福和喜好吉利的传统习惯和心理需求，以黄、红、金为外包装的主色进行品牌形象塑造，其良好的品牌形象塑造策略使其在我国获得了独特的市场地位。

5. 国家经济实力的重要标志

资本是船，品牌如帆，有了品牌之帆，资本之船才能一帆风顺。今天的市场竞争实质上是品牌的竞争，品牌意味着高附加值、高利润、高市场占有率。一个国家、一个地区、一个企业是否拥有、拥有多少自己的强势品牌、知名品牌，体现了其经济发展水平、综合实力。培育与发展知名品牌、强势品牌，已成为企业、政府乃至国家的长期发展战略。

第二节 品牌形象模型

一、品牌形象模型概述

由于品牌形象具有复杂多样性、可塑性和情境性等特点，在不同的时间、地点和使用场景，消费者赋予其不同的含义和内容，国内外许多学者也从不同的角度提出了不同的品牌形象模型。

（一）阿克品牌形象模型

戴维·A.阿克以品牌形象理论为基础构建了品牌资产模型，这个品牌资产模型也是品牌形象模型，在该模型中包含品牌忠诚度、品牌知名度、品牌认知度、品牌联想度和品牌资产的其他专有权五个方面。阿克品牌形象模型如图3-2所示。

在阿克的品牌形象模型中，品牌形象只是品牌资产的一个部分，即表现为品牌联想度和品牌认知度。阿克认为品牌形象由品牌联想和感知质量构成，品牌形象在品牌资产中具有重要地位。

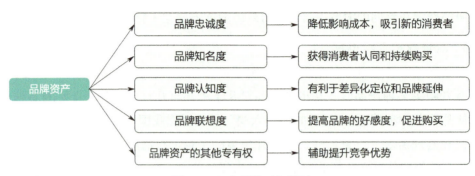

图 3-2 阿克品牌形象模型

(二)凯勒品牌形象模型

凯文·凯勒认为,品牌形象是消费者与品牌长期接触而形成的,表现为消费者对于品牌的感知、态度和情感,也预示着消费者未来的购买行为倾向。消费者进行的品牌联想从整体上反映了品牌形象,决定了品牌在消费者心目中的地位。凯勒品牌形象模型把品牌形象分为品牌联想类型、品牌联想偏好性、品牌联想强度和品牌独特性四个维度,通过分析各个维度特别是品牌联想类型来揭示品牌形象。而品牌联想类型可以从属性、利益、态度等方面进行研究考察,如图 3-3 所示。

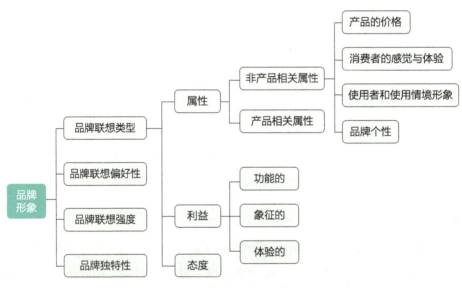

图 3-3 凯勒品牌形象模型

凯勒把品牌联想类型分为三类:属性、利益、态度。属性联想分为产品相关属性与非产品相关属性;产品相关属性是指展现产品功能用途的物理特征,非产品相关属性则主要表现为产品的价格、消费者的感觉与体验、使用者和使用情境形象以及品牌个性。

（三）克里斯南品牌形象模型

克里斯南（H. S. Krishnan）品牌形象模型（见图 3-4）从品牌联想的角度研究品牌形象，认为应该从品牌联想的数量、品牌联想的偏好、品牌联想的独特性和品牌联想的来源进行分析。

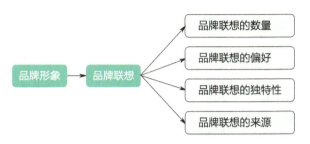

图 3-4　克里斯南品牌形象模型

品牌联想的数量，是指消费者在心里建立了一系列各种品牌的联想。品牌联想数量的增加，给消费者提供了接触品牌的多种途径，所以品牌联想的数量越多，消费者越容易区分品牌的特征。品牌联想的偏好，能够说明消费者对该品牌的喜好程度，通过分析品牌联想的偏好，能够了解某种品牌在消费者心目中的形象。品牌联想的独特性，使消费者将某种品牌的产品和服务与同类型品牌的产品和服务区分开来。品牌联想来源于消费者的直接经验和间接经验：直接经验来源于消费者的体验和购买，而间接经验来源于广告宣传和消费者口碑传播。与间接经验相比，直接经验产生的品牌联想更容易形成深刻的记忆，消费者对该品牌的印象也更加深刻。

（四）贝尔品牌形象模型

亚历山大·L. 贝尔将品牌形象具体分为公司形象、使用者形象和产品或服务自身形象这三个子维度。而品牌形象起源于消费者对品牌属性的相关联想，其中联想可分为"硬性"和"软性"两种不同类型的属性，如图 3-5 所示。

硬性属性，是消费者对品牌有形或功能性属性的认知。例如，对于洗衣机而言，相关的硬性属性特征就是省电、便于操作、洗得干净等；对于空调而言，相关的硬性属性特征就是省电、环保、制冷等。这些硬性属性对品牌而言是十分重要的因素，也是消费者购买时考虑的最重要的因素。如果某品牌对某一硬性属性形成"独占"，即让品牌在消费者的心目中占据最有利的位置，那么该品牌就会成为某类产品或某种特性的代表品牌，会在消费者心目中留下很好的印象。但是，随着科学技术和社会的发展，生产工艺流程和技术之间的差距在逐渐缩小，硬性属性已不再是品牌之间差异的绝对性影响因素。软性属性可以反映品牌的情感、消费者利益。例如，耐克品牌使消费者联想到运动、动力。在现代市场经济社会，这种软性属性已经渐渐

图3-5 贝尔品牌形象模型

成为区分品牌的重要因素,并且这种建立在情感和消费者利益上的属性,很难被竞争者模仿。

公司形象的软性属性反映消费者对公司的整体感觉和印象,也是消费者对公司状况了解程度的综合反映。公司形象的构成因素主要包括:国籍、规模、历史、市场份额、竞争力、创新性、顾客导向、员工形象、社会公益、环保等。消费者会对公司形象中的硬性和软性属性进行联想,当公司在消费者心中具有良好的公司形象时,消费者就会愿意购买该公司生产的产品或接受其提供的服务。消费者对公司形象进行联想,联想的好与差会影响消费者对公司品牌形象的认知。使用者形象是指品牌使用者的人口统计特征,以及品牌使用者的个性特性、爱好、价值观和生活方式等特征。使用者形象在某种程度上反映了品牌形象和消费人群的市场定位。产品或服务自身形象是指产品或服务自身功能的硬性属性特征和满足消费者情感利益诉求的软性属性特征,消费者通过直接经验和间接经验对产品或服务进行感知和联想,从而对品牌形象进行定位。

二、品牌形象模型评价分析

阿克品牌形象模型揭示了品牌资产的构成要素,品牌联想、品牌感知质量作为品牌形象的内容,反映了品牌形象在品牌资产构成中的重要地位。凯勒品牌形象模型把品牌形象分为品牌联想类型、品牌联想偏好性、品牌联想强度和品牌独特性四个维度，通过分析各维度来揭示品牌形象。克里斯南品牌形象模型从品牌联想的角度研究品牌形象，认为应从品牌联想的数量、品牌联想的偏好、品牌联想的独特性和品牌联想的来源四个方面来考察品牌联想。贝尔品牌形象模型将品牌形象分为公司形象、使用者形象和产品或服务自身形象三个子维度，从而分析影响品牌形象的因素。表 3-1 对四种品牌形象模型进行了比较。

表 3-1　四种品牌形象模型的比较

模型	模型性质	品牌形象维度	优点	缺点
阿克品牌形象模型	品牌资产	品牌联想 品牌感知质量	阐明了品牌形象与品牌资产的关系	不系统 不完备 分类混淆
凯勒品牌形象模型	品牌联想	产品特性 利益 态度	系统性 全面性 普遍性	不完备
克里斯南品牌形象模型	品牌联想	品牌联想的数量 品牌联想的偏好 品牌联想的独特性 品牌联想的来源	全新的视角 实践意义大 容易扩展	不完备
贝尔品牌形象模型	品牌联想	公司形象 使用者形象 产品或服务自身形象	易懂 直观 实践意义大	过于简单 不完备

资料来源：江明华，曹鸿星．品牌形象模型的比较研究［J］．北京大学学报（哲学社会科学版），2003，3（2）：113．有修改。

第三节　品牌形象塑造

一、品牌形象塑造的原则

品牌形象塑造是企业进行品牌建设的重要途径，是一项长期而艰巨的任务。企业品牌形象塑造需要遵循一些原则，通过一定的途径，全方位地精心塑造。结合品牌形象的内涵和特点，为了达到塑造良好品牌形象的目的，企业需要坚持以下五个原则。

1. 系统性原则

品牌形象塑造是一项复杂而长期的工程，不是一朝一夕之功，也不能依靠一次事件、一个包装完成，而是要进行系统的策划。品牌形象塑造必须从企业战略的角度综合考虑。品牌形象塑造既要考虑宏观的国家法制、社会经济文化、风俗习惯等因素，还要考虑微观的企业、媒介、竞争对手、消费者等因素，塑造品牌形象时应充分考虑各种相关者，综合衡量。品牌形象塑造涉及多方面因素，要做大量艰苦、细致的工作，是一项复杂的系统工程。

2. 立足于品牌的精髓

在塑造品牌形象时要立足于品牌的精髓，即精准的定位、独特的个性、丰富的品牌文化。塑造品牌形象要围绕这三个内涵去开展工作。

3. 独特性原则

在塑造品牌形象的过程中，能否展现出品牌的独特性十分重要，如果品牌形象与其他已有品牌形象过于类似，就很难在消费者心中留下深刻印象。当今市场经济高度发达，信息量呈爆炸式增长，注意力资源变得越来越稀缺，消费者往往淹没在繁杂且海量的信息中。能够引起消费者注意的品牌总是有限的，所以企业在塑造品牌形象时一定要突出独特性，并且这种独特性应符合目标消费者群体的价值追求。品牌因独特性而获得消费者的青睐，并使其对品牌忠诚。

4. 民族化原则

任何一个品牌都是生长在品牌民族文化沃土中的，品牌的民族文化特质是品牌长盛不衰的重要因素。品牌在空间上的国际化，并不意味着放弃自身的民族文化特质。一个成功的、历史悠久的国际品牌，总是体现着其所在国家、民族最根本的民族性和文化内涵。各民族文化中总有一些精髓会被保留下来并且被世界所接受和欣赏。在品牌形象塑造的过程中，抓住这些民族文化精髓，将其融入品牌形象中，往往会使品牌叩开消费者的心门。例如，德国民族文化中严谨、注重细节、强调质量的内涵，在奔驰汽车品牌中得到了充分体现，奔驰汽车在塑造其品牌形象时也是依据了其民族文化的这些内涵。中国企业也要把中华民族文化体现在自身品牌中，使中华民族文化成为我国品牌形象独特的根。

案例 3-3

金六福的品牌文化

金六福酒业有限公司诞生于1996年，自成立以来，公司坚持"诚信为本，永续经营"的理念，凭借先进的营销模式，发展成为国内最好的白酒专业销售企业之一，深受消费者的青睐，产品畅销海内外，被誉为"中国人的福酒"。2011年6月28日，世界品牌实验室第八届"中国500最具价值品牌排行榜"揭晓，"金六福"品牌价值已达92.86亿元。"始于自信，终于坚持。"短短十年，金六福迅速走出了一条从代理品牌、创造品牌到拥有品牌的发展之路。"金六福"中的"金"代表权力、富贵和地位；"六"为六六大顺；"福"为福气多多。金六福品牌的酒产品融汇了中国传统民族特色和精湛的酿造工艺，具有香气悠久、味道醇厚、入口甘美、入喉爽静、酒体丰满协调的独特风格。

金六福的品牌名称具有很强的节日联想度，不但朗朗上口，而且很直观地给人一种"喜庆、幸福、吉祥、圆满"的感觉，让人能够联想到很多节日的内容和体验。金六福以"福"的吉庆形象定位，把寿、福、康、德、和、孝称为六福，并围绕"福"文化的品牌定位进行了一系列营销传播，使金六福酒在很大程度上成为目标消费群体对于"幸福""吉祥""圆满""喜庆"等情感体验的产品载体。

要点分析： 我国的白酒经历了几千年历史，蕴藏着丰富的文化内涵。白酒产品之间的竞争实质上是品牌文化之间的竞争，因为酒产品自身所具有的精神文化价值越来越突出。金六福在其传播过程中，总能让人们感受到一种浓郁的人情味儿，感受到一种亲切和喜庆的气氛，激励着人们更加热爱生命、珍视生活，充分调动人们积极向上的情绪。金六福的"福"文化正切合了我国广大消费者的心理。几千年来，"福"在中国被演绎成了一种根深蒂固的文化，中国人将"福"作为一种人生理想境界。"福"已经融入中国人的血液里，积淀在老百姓的骨髓里了。尽管人们喝酒并不一定会得到"福"的享受，但谁都不会破坏这一好彩头。这就是金六福品牌文化定位的成功。

5.保持前后品牌形象的一致性

时代在发展，消费者的审美、兴趣都在变化中，因此品牌形象确定后可以根据时势、消费者的爱好和需求、企业营销活动适当调整，但不能变化太大、面目全非，而是要保留一些品牌标识性元素不变，这样可以保持品牌的原味和留住忠诚顾客。

二、品牌形象塑造的路线

企业塑造品牌形象，需要按照一定的程序，结合品牌形象的内涵和特点。企业塑造品牌形象的路线如下：

1.市场和消费者需求调研

市场和消费者需求调研是企业取得市场信息和消费者信息的重要途径，也是塑造品牌形象的出发点和基础。品牌形象塑造必须建立在科学的市场和消费者需求调研上，包括对市场需求、竞争企业的调查，对消费者的调查，对市场上相关品牌知名度、市场占有率的调查，对国家或地区风俗习惯的调查等方面。企业应先充分掌握市场第一手信息，然后对信息进行分析，以制定品牌形象塑造战略。

2. 选择品牌载体

品牌一定是依附在产品或服务上的。在经过了市场和消费者调查后，企业要设计或研发合适的产品或服务填补市场空白，为品牌找到合适的落脚点，为品牌找到生长的沃土。然后，企业要下功夫去提高产品品质或服务质量，知名品牌一定是落实在卓越的产品品质或服务质量上的，它们是最实在的广告和公共关系。

3. 价值内化，凝练品牌精髓

有了产品和服务的载体后，我们要进行品牌的价值内化，凝练品牌精髓。品牌的内在价值包含：品牌形象定位、品牌个性和品牌文化。品牌形象定位是给品牌确定一个适当的市场位置，为其在市场上树立一个明确的、有别于竞争对手的形象。一个企业只有拥有一个清晰而明确的品牌形象定位，才可能塑造成功的品牌形象。品牌个性是指塑造独特的品牌形象，只有独特的形象才能使品牌在消费者心目中找到自己的位置，较快树立起自己的形象。品牌文化是品牌的灵魂，只有丰富的品牌文化才能构建丰满、有生命力的品牌，才能产生持久的魅力和独特的气质。

4. 品牌符号设计

品牌符号是品牌形象的外表。品牌符号设计包括品牌名称设计、标志设计、标识语设计、标准色设计、商标设计、产品包装设计和品牌包装设计等多个方面。品牌符号设计利用视觉效应引起消费者的注意和兴趣。

5. 品牌形象传播

至此，基本设计好的一个完整的品牌形象，需要被传播出去，没有好的传播，就无法形成好的品牌形象。品牌形象传播可以向目标消费群体传达品牌信息，并使其最终形成对品牌的偏好。品牌形象传播包括广告传播、公共关系传播和新媒体传播等所有传播方式。

6. 品牌形象的反馈和发展

品牌形象塑造得如何，必须通过消费者的信息沟通和反馈，才能得到确认。因此，企业在采取一系列品牌形象塑造策略以后，必须通过市场调研，明确品牌形象塑造的效果。如果经过调研发现，公众心目中的品牌形象和企业设计的品牌形象一致，那么品牌形象定位和品牌传播是正确的，可以继续深化。如果有偏差，那么就要及时更正，在实践中不断修正、完善和提升。

品牌形象塑造的路线如图3-6所示。

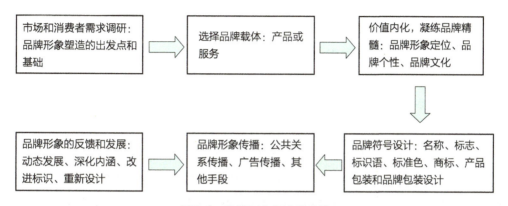

图3-6 品牌形象塑造的路线

案例3-4

2020年奥妙果蔬餐具净的品牌形象推广

一、项目概述

"奥妙果蔬餐具净"于2018年上市，奥妙以洗衣领域专家作为品牌定位。奥妙果蔬餐具净这款产品既没有自带光环，同时年轻人对家清类产品的低关注度也让产品缺少突围的机会，但是却在2020年"618"电商大促中，联合"海绵宝宝"、结合花式营销，创下销量同比增长167%的优异成绩。奥妙果蔬餐具净在树立鲜明形象的同时成功打造成"网红"爆款。

二、项目调研

联合利华旗下清洁品牌"奥妙"，因在洗衣领域出色的表现而被大众所熟知。2018年，奥妙的产品线开始向厨房清洁类进一步拓展，奥妙果蔬餐具净便是其中的主打产品，然而自上市以来该产品的知名度及影响力始终没有充分提升。与此同时，随着近几年核心用户年龄层的不断下移，用户群体的变化促使消费行为越来越电商化，家清类产品在本不受年轻受众爱戴的情况下，如何吸引"Z世代"用户的目光，是各品牌一直在探索的问题。

2020年大环境的变化，使得越来越多年轻人尝试在家做饭，奥妙决定借助这个机会对年轻用户开展营销，提升本品牌产品在年轻人心目中的影响力及感知度，并结合电商大促的营销契机为本产品获取声量及销量的双丰收。

三、项目策划

1. 目标

1）迎合年轻人层出不穷的需求，抢占年轻人心智，提升产品在年轻受众中的关注度，进一步强化年轻受众的品牌记忆，提升他们对产品的感知度。

2）与京东平台促销深度结合，促成"618"电商大促期间的电商购买转化。

3）进一步巩固奥妙家庭护理品牌记忆。

2. 消费者行为洞察

下厨做饭成为当下年轻人演绎新生活的新模式，而洗碗成了当代年轻人面对的一大难题。

1）下厨做饭成为年轻人走向精致生活不可或缺的一步。

我们发现，随着生活品质的不断提升，外卖食物已经无法满足当下年轻人对于健康美食的需求，自己下厨做饭已经成为年轻人走向精致生活不可或缺的一步。

2）厨房也成为越来越多年轻家庭演绎新生活方式的场所。

随着越来越多的"90后""95后"开始步入婚姻，"为家人烹一桌可口的饭菜"已经成为他们生活中必不可少的情感输出场景，而厨房也成为越来越多年轻家庭演绎新生活方式的场所。

3. 消费市场环境洞察

在受年轻人忽视的家清品类的营销中，创造对受众的吸引力尤为关键。

1）年轻人对家清品类产品缺乏敏感度，通过创造年轻人有共鸣的内容来养成未来客群。从整个家清品类市场来看，"90后""95后"消费者对家清品类的认知少之又少，分不清品牌、哪个划算就买哪个的消费决策方式也造成了家清品类产品尴尬的局面。因此，如果品牌想要获得年轻人的关注，就需要投入更多、创造更强吸引力，来养成未来客群。

2）精准选择流量载体，让品牌快速走进消费者视野。

对于家清品类来说，品牌很难让年轻人喜欢其营销内容，它们不像美妆、玩具这些品类的品牌自带话题性，可以轻易通过短视频平台等营销，在这种情况下，品牌寻找一些流量载体，以便更快速地走进消费者的视野是明智之举。

4. 传播策略

借助年轻人热爱的文化，通过挖掘文化内容与产品的关联性来扭转年轻人对家清品类产品的刻板印象和情绪，奥妙果蔬餐具净在用户对家清品类产品认知度较低的情况下突围，缔造高辨识度的品牌形象和产品形象。

5. 创意亮点

奥妙果蔬餐具净联合"海绵宝宝"卡通形象组成史上最强家务洗碗拍档，合力解决当代年轻人家务难题，创造家清用品颜值巅峰，向年轻人传递快乐下厨新理念。

6. 为什么是"海绵宝宝"？

1）"海绵宝宝"的粉丝人群与目标受众契合度高，它是"90后""95后"童年里不可或缺的卡通形象。

2）它是"蟹堡王"里的头号厨师，是方块形的黄色海绵，这些都是海绵宝宝在大众心目中的典型认知，恰恰与厨房、洁净、海绵擦有着极其巧妙的关联性，与家清品牌的联手会具有高度的契合感及代入感。

3）海绵宝宝积极乐观的态度是很多粉丝热爱它的原因所在，而在不讨喜的洗碗场景中，这种态度可以作为快乐基因来扭转用户态度，激发用户洗碗动力，进而拉近品牌与用户的距离，创建和提升品牌好感度。

7. 执行策略

第一步，联动IP，攻占目标受众心智。

打造萌趣厨房组合，借助跨界礼盒、年轻人热衷的盲盒文化，攻占粉丝及年轻用户心智。

第二步，绑定IP，创造出圈声量。

从浅到深触发消费者互动，创意社会资产投放于社交平台，刷屏用户、导流电商。

第三步，爆发式传播，获取电商站内优质资源位，助力销量。

多维度关键意见领袖（KOL）矩阵、社交平台扩散声量，巧妙借助外围声量获取电商站内优质资源位，助力销量。

四、项目执行

奥妙果蔬餐具净联手海绵宝宝借助社交电商营销手段，抢占用户心智，创下佳绩。

1. 获取用户第一式：盲盒经济，聚流量

深入目标受众文化，打造厨房家清品类首个盲盒IP产品，借助年轻用户乐于为情感买单的新趋势，打造七款"扎心"瓶身，直击年轻用户心灵，并将产品辐射至社交平台，通过"出圈"抓取话题流量。

2. 获取用户第二式：高颜值，聚关注

IP形象完美复刻，借助海绵宝宝的形象打造一块颠覆厨房家清传统的海绵擦，萌翻众生，成功创造全网现象级爆款。

3. 获取用户第三式：最萌趣创意物料，全网事件级曝光

把握粉丝及产品目标受众相交兴趣点释出创意视频、创意长图文。借助年轻用

户热衷的病毒化传播内容，创造趣味话题；借助年轻用户热衷的社交平台、喜爱的关键意见领袖，成功使关注人群从二次元扩展到全网消费者。

4. 获取用户第四式：电商平台粉圈发力，引爆圈层

紧抓粉丝心理，精准设计四大宠粉福利，通过解锁应援在圈层中引发极大的关注度及购买力。

5. 获取用户第五式：电商资源成功置换

借助精准的跨界及网红爆款的声量，成功为品牌获取电商站内最优资源，助力销售转化。

6. 获取用户第六式：聚焦产品，沉淀刚需

在借助IP热度成功将产品带到目标受众面前后，回归产品，创造用户留存，进一步将产品的刚需用户留存沉淀。

五、项目评估

结合目标来看，本次营销在声量和销量上均创造了奥妙果蔬餐具净历史最优业绩，与2019年"618"同期相比取得了超过100%的增长幅度。

营销结果

具体传播数据及销量成绩如下：

（1）从年轻用户对产品的感知力及关注来看。在"618"各大品牌纷纷争夺流量的情况下，奥妙果蔬餐具净和海绵宝宝组合"萌趣"出圈，IP合作在社交平台引发用户大量关注："#海绵宝宝萌出泡，洗碗有奥妙#"的阅读量为693.3万次，讨论量为1.5万次；关键意见领袖和官方发布内容的阅读量为2693万次。

IP合作配合多样化、紧扣IP的内容投放，获得全网消费者高度认可，产品深入人心，获取大量的大号传播，带动"自来水"流量，与同期相比，奥妙果蔬餐具净在社交平台的声量远超预期，KPI达成率高达127%，传播效果最大化，超越奥妙经典品类的关注度。

（2）从电商销量转化来看。在无明星、较少预算的情况下，"618"各大品牌纷纷争夺流量，奥妙果蔬餐具净和海绵宝宝组合"萌趣"出圈。2020年"618"电商节活动期间创下约500万件销量的优秀业绩，相较于2019年"618"期间的约300万件销量，同比增长167%，同时创下了奥妙果蔬餐具净电商平台历史最优成绩。

（3）从品牌形象力来看。借助精准的跨界及创意传播内容，奥妙果蔬餐具净在拿下电商站内优质资源、带动销售转化的同时，让奥妙品牌不同维度的产品线在本次电商营销战中大面积露出及曝光。

与此同时，借助公益活动，助力"希望厨房"，奥妙果蔬餐具净在传递产品属性

的同时提升了品牌公信力，多层面赋能品牌产品形象。

六、项目亮点

奥妙果蔬餐具净在 2020 年"618"电商大促中得以实现销量和声量两方面的突围，而且在年轻受众心目中留下深刻印象，亮点主要包括：

1）精准洞察年轻受众对洗碗的消极心理，打造顺应年轻受众喜好的传播内容，为产品找到了契合的突围机会。

2）跨界高契合 IP 形象，让传播广为人知，更通过专属赠品（GWP）高创意度外观，融合实用性和观赏性，让联名礼盒一举成为网红爆款，实现二次元 IP 联名的成功破圈。

3）把握 IP 粉丝及产品目标受众相交兴趣点，将创意内容及传播物料打造得"病毒化"，为线上话题营销创造趣味话题，成功使关注人群从二次元扩展到全网消费者。

4）借助优质创意内容为产品置换电商站内资源，利用用户心理设计并精准投放解锁激励，在有限的预算下创收可观的销售成绩。

5）拓展公益活动，多层面赋能品牌产品形象。

资料来源：淳博传播提供，经企业授权。

本章小结

本章介绍了品牌形象的定义、特点及构成，分析了塑造品牌形象对于企业、消费者的作用和价值。本章较为详细地介绍了四种品牌形象模型：阿克品牌形象模型揭示了品牌资产的构成要素，其中品牌联想、品牌感知质量是品牌形象的内容；凯勒品牌形象模型通过分析品牌联想维度来揭示品牌形象；克里斯南品牌形象模型从品牌联想的角度研究品牌形象；贝尔品牌形象模型将品牌形象分为公司形象、使用者形象、产品或服务自身形象三个维度，从而分析影响品牌形象的因素。本章最后提出了品牌形象塑造的原则和路线。

复习思考题

一、名词解释

品牌形象　　品牌定位　　阿克品牌形象模型　　凯勒品牌形象模型
克里斯南品牌形象模型　　贝尔品牌形象模型

二、简答题

1. 品牌形象的构成包括哪些方面?
2. 品牌形象塑造的路线是什么?
3. 比较分析四种品牌形象模型。
4. 如何进行品牌形象定位?
5. 如何提炼品牌形象的个性?
6. 如何塑造品牌形象?

本章测试

第三章习题

第四章
品牌市场周期与品牌传播

本章要点

品牌市场周期可以看作是品牌"概念化"的一个过程。品牌的发展被很多学者和实践者认为是品牌与消费者之间关系的建立和发展直到稳固的过程。这个过程也是品牌从纯粹的识别符号发展到被消费者所认同的、有较深刻内涵的价值概念的过程。这是一个量变和质变的过程,而推动这种变化的重要驱动力便是品牌传播。

荣威 RX5 PLUS 国潮 PLUS"极致挑战"上市晚会

上汽荣威作为中国知名汽车品牌,始终秉承"品位科技·知你知行"的品牌核心价值,并自品牌焕新以来积极部署"年轻化战略",融合独特新国潮魅力为中国品牌崛起不断创新赋能。自荣威 RX5 车型开创互联网汽车新品类后,荣威延续 RX5"全球首款量产互联网 SUV"的标签,在科技与创新的基础上将年轻人所喜爱的国潮文化融入其中,打造了美学 PLUS、科技 PLUS、互联 PLUS 的首款搭载新狮标升级产品——"新国潮智联网 SUV"荣威 RX5 PLUS。

为贴合荣威 RX5 PLUS 的国潮与科技感标签,聚焦年轻人阵地并引爆上市热点,上汽荣威与《极限挑战》节目创新合作,结合节目特色和互动玩法,打造国潮 PLUS"极致挑战"上市综艺晚会。围绕上市之夜,上汽荣威不仅在晚会当晚环节设计上下足功夫,还在前期预热、上市当晚、后续二次传播三个阶段中以创意为核心保持高露出频率,以年轻人喜爱的方式传播产品卖点、强化产品标签。

前期预热阶段,上汽荣威围绕荣威 RX5 PLUS 开展了一系列媒体活动、稿件发布及视频传播,保持密集、高效的高露出频率,为上市造足声势。而针对上市晚会,更是专门就国潮 PLUS"极致挑战"进行了预热新闻的全平台投放,在微博平台与各合作企业携手展开微博抽奖活动,连续四天发布公开明星嘉宾的倒计时海报,并在东方卫视播放的《极限挑战》节目第六季 6 月 7 日该期结尾部分插入正式的上市晚会预告,借助节目本身热度为上市晚会造势预热,吸引大众前来观看。

2020 年 6 月 10 日上市晚会当晚,通过电视台播放与线上平台直播结合,三位明星嘉宾与三位荣威高管通过三关挑战任务全面展示荣威 RX5 PLUS 产品卖点,并在最后官宣了新车价格与购车政策。在内容精彩纷呈的"极致挑战"上市晚会上,在线观众实时弹幕互动沟通,通过多平台直播突破传统汽车传播圈层,成功打造出热度不减、趣味十足的创意新车上市现场;同时上市晚会不失专业度,从汽车用户的关注点出发,以干货满满的实用信息满足消费者的好奇与需求,并通过各汽车垂直媒体及平台进行关键信息传播,赢得了更多的消费者关注。

"极致挑战"上市晚会结束后,上汽荣威便立即开展了后续的传播活动,以点亮二次传播。核心汽车媒体、科技类媒体、娱乐类媒体纷纷以图文推荐形式在首页要闻区根据平台特性发布上市晚会的关键信息,平均每条信息收获约 5 万次阅读量。媒体朋友圈图频传播更是半小时内出图,一小时内出短视频,两天不间断在媒体圈扩散上市精彩图频,保持对上市晚会及信息的高频关注。在之后的荣威 RX5 PLUS 上市传播阶段（6月10日—6月20日），抖音、小红书、垂直门户等各领域平台发布上市直播帖，并进行二次传播活动，凸显上市氛围并为后续传播活动开展做衔接。

据统计，截至2020年6月20日，上市晚会稿件在垂直门户、抖音、今日头条、一点资讯等多家资讯平台露出，涉及汽车类、生活类、科技类、娱乐类等多领域媒体共424家，累计1807篇次，全网总阅读量超1518万。

在受众反应方面，2020年6月10日东方卫视荣威RX5 PLUS "极致挑战"上市晚会累计收视人口4600余万，斩获晚间卫视（不含剧）22点档收视率第一；上市晚会直播平台横跨了腾讯、爱奇艺、优酷、抖音、快手、哔哩哔哩等年轻人阵地，15个网络直播平台观看累计人数超647万，当天微信指数飙升23%。电视收视的登顶以及直播与关键词指数的热烈反响，均证明了此次荣威RX5 PLUS上市晚会收获了大众的热烈关注与喜爱，尤其迎合了年轻群体的"潮"点，有效传播了产品的核心竞争力与相关信息，并让品牌年轻化落到实处，使得荣威RX5 PLUS贴稳了"新国潮智联SUV"的核心传播标签。

资料来源：荣威RX5 PLUS 国潮PLUS "极致挑战"上市晚会[EB/OL]. (2021-11-19)[2023-03-29].https：//www.17pr.com/news/detail/205569.html. 经2021年金旗奖市场公关传播大奖得主上汽集团授权，有修改。

第一节　品牌市场周期

一、品牌市场周期的划分

品牌是有生命周期的，这是一种微观的、动态的视角。品牌所外显的是系统化的标识符号、产品包装等元素，这是品牌受众所能触达感知的实体部分。而品牌真正的意义在于其内在的核心价值和观念，这是通过长期的传播而累积起来的依附于品牌符号体系之上的元素。品牌最初所设定的核心价值和观念，有可能由于时代的发展而逐渐不合时宜，从而被淘汰。

曼弗雷·布鲁恩（Manfred Bruhn）教授首先提出了品牌生命周期理论，并指出品牌生命周期由六个阶段组成，即品牌的创立阶段、稳固阶段、差异化阶段、模仿阶段、分化阶段和两极分化阶段。约翰·菲利普·琼斯认为品牌发展过程应分为孕育形成阶段、初始成长周期阶段（即从品牌进入市场到销售量下降至最高销量的80%这段时间）和再循环阶段。国内学者潘成云认为，品牌完整的生命周期应包括导入期、知晓期、知名期（维护与完善期）、退出期四个阶段。

本书将品牌市场周期分为以下四个阶段，如图 4-1 所示。

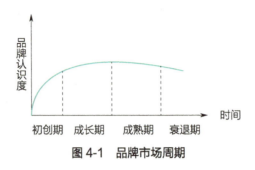

图 4-1　品牌市场周期

（1）品牌初创期。品牌从无到有的阶段，包括上市之前的市场资料搜集、品牌定位、战略设定的引导时期。在品牌初创期，品牌所传播的信息引起消费者注意，并引导他们对品牌做初次尝试。通过传播，品牌在一定范围内被目标消费者所知，而且消费者对品牌品质有较好的认知。

（2）品牌成长期。品牌的市场占有率逐步上升，在初创期尝试过品牌产品的消费者感到满意，开始重复购买品牌产品，且数量逐步增多。消费者对品牌品质产生一定认知度，消费者能将品牌的一些传播元素与品牌联系起来，并能引发一定联想。

（3）品牌成熟期。这一时期是品牌的"黄金时期"，品牌的市场占有率稳定，更重要的是忠诚消费者不断增加且稳定，他们对品牌有良好的联想。品牌不只是识别产品的符号，而且在其标定下包含了更广泛、更丰富的意义。

（4）品牌衰退期。品牌影响力逐步降低，直至品牌从消费者的心目中消失，消费者的目光被其他新产品所吸引。

二、品牌市场周期与产品生命周期

品牌市场周期始于某产品，却不一定终于该产品。品牌所代表的意义是无形的，而产品却是实体的。产品是品牌与消费者接触的实体，品牌只有通过产品才可以给消费者提供实在的利益，品牌的传播才有其基础。品牌市场周期与产品生命周期的关系如图 4-2 所示，有几点值得我们注意。

（1）产品对于品牌的初创和成长是至关重要的。产品的市场进入和成长情况关系着品牌在初创期与成长期的传播绩效，关系着品牌的健康状况。

（2）品牌的成长期可能需要多个产品的生命周期做铺垫。也就是说，当产品步入成熟期后，品牌可能还未达到预期的传播目标。这就需要继续开发或者改进产品，并加强传播以加快品牌的成长。

（3）品牌市场周期曲线无法确切描绘。不同品牌的传播目标不尽相同，而且传播绩效很难以量化形式准确体现，因此品牌市场周期各个时期之间的界限无法准确界定。

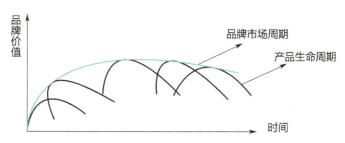

图 4-2　品牌市场周期与产品生命周期的关系

三、品牌市场周期与顾客生命周期

顾客生命周期是指从一个顾客开始对企业进行了解或企业欲对某一顾客进行开发开始，直到顾客与企业的业务关系完全终止，且与之相关的事宜完全处理完毕的这段时间。顾客生命周期可分为潜在顾客期、顾客开发（发展）期、顾客成长（维系）期、顾客成熟期、顾客衰退期、顾客终止期六个阶段。在顾客生命周期的不同阶段，企业的投入与顾客对企业收益的贡献是大不相同的。

（1）潜在顾客期。企业投入一定成本，启动对某一区域顾客的开发，双方之间存在了解、交互的过程，以便建立联系。此时，顾客尚未对企业做出贡献。

（2）顾客开发（发展）期。企业投入大量成本，了解潜在顾客后对目标顾客进行开发，此时顾客对企业贡献小。

（3）顾客成长（维系）期。企业投入相较开发期更少的成本，开发目标顾客，增加与顾客之间业务往来，扩大业务规模，使得企业与顾客之间的关系更加融洽，提高顾客的忠诚度、满意度，从而提升交易量。这一时期顾客开始为企业做贡献，且企业开始盈利。

（4）顾客成熟期。当企业与顾客发生的业务占其总业务份额的一定比例时，顾客进入成熟期，此时顾客为企业做出较大贡献，企业投入较少，处于盈利时期。

（5）顾客衰退期。当企业与顾客的业务交易量急剧下降时，顾客进入衰退期，企业可以选择不再投入而放弃这些顾客，或者加大投入力求重新恢复顾客的忠诚度。

（6）顾客终止期。顾客不再与企业发生业务关系，且已经厘清两者之间过去的业务关系。

顾客的整个生命周期都受到各种因素的影响。企业要尽可能地延长顾客的生命周期,尤其是成熟期。顾客成熟期的长度可以充分反映一个企业的盈利能力。

理论:爱迪斯企业生命周期说

案例 4-1

国产美妆品牌的崛起:"完美日记"营销策略分析

完美日记自成立伊始,仅用三年时间就已成功跻身一线品牌,惊人的成长速度与它出色的营销密不可分。

1. 丰富产品系列

目前,完美日记的全线单品已经接近 500 个,包括底妆、唇妆、眼妆、化妆工具、卸妆产品等。完美日记开发新品速度较快,我国美妆品牌的平均开发周期是 12~18 个月,而完美日记则可以保持每个月 5~6 款新品上市,其中还包括 1~2 款爆款产品。

2. 玩转社会化媒体

成立仅一年,完美日记就把投放重点放到时尚女性聚集地——小红书上。截至 2019 年 5 月,小红书的用户达到了 2.5 亿,其中 90% 的用户为女性,女性用户中又有 70% 以上为"90 后""95 后",她们对美妆产品有着强烈需求。

3. 打造私域流量池

完美日记通过塑造"小完子"这个关键意见消费者(KOC),赢得了消费者信任,使消费者可以放心地买、买、买。创建的"小完子玩美研究所"社群中会分享一些干货妆容以及日常护肤技能,同时会有一些低价秒杀活动、抽奖红包等,这些对于消费者很有诱惑力,增强了消费者黏性。

4. 跨界合作造势

2019 年,完美日记携手《中国国家地理》推出联名款眼影,将中国特色景观融入其中。该款眼影取材于中国真实地形地貌,并以中国传统颜色命名,分别为"赤彤丹霞""粉黛高原""碧蓝湖泊""焕彩梯田"。目前,完美日记在微博发起的话题"#完美日记地理眼影#"已经获得 1.2 亿次的阅读量。

完美日记的眼影盘从中国山河景色中汲取色彩灵感,复刻景色并呈现在日用消费品中。这强化了品牌自然美学,也增强了产品的观赏性,以中国传统颜色命名,占领当代年轻人的心智,引领风潮。

资料来源:王卓慧.国产美妆品牌的崛起:"完美日记"营销策略分析[J].传媒论坛,2020,3(4):143;148.有修改。

第二节　初创品牌的传播

一、初创品牌与品牌知名度

建立起与消费者之间的关系，是品牌存在且立足于市场的根本。品牌初创期传播的重点在于尽量扩大品牌消费者可触知面，因此一切可以与消费者直接接触的终端传播媒介、沟通工具都可被调动和利用。对初创品牌来说，必须使消费者对品牌有所了解，才能发展品牌与消费者的关系。处于初创期的品牌传播，其主要目标就是建立和提升品牌知名度。

品牌知名度通常分为四个层级：无知名度、未提示知名度、提示知名度和第一提及知名度。品牌传播旨在提升后三个层级。

未提示知名度是指被问者未经提示就能想到品牌，且能够说出一个相关的品牌名称。在未提示知名度层级上，往往不仅有一个品牌，而是有多个品牌。消费者在购买该类产品时，往往在该类未提示知名度的"品牌目录"中挑选，因此某品牌即使排在该目录的后面，也相当重要。

被问者在提示之后表示记得并了解的品牌具有提示知名度。它在顾客选择品牌购买产品时具有十分重要的作用。

被问者在没有任何提示的情况下，提及某个产品类别时就立刻想到的品牌称为具有第一提及知名度的品牌。调查研究结果显示，消费者在指定销售点购买的品牌往往是第一提及的品牌。

这几个层级从低到高形成金字塔状模型，越往上发展，对品牌传播的挑战越大。

案例 4-2

元气森林"初创"即"走红"背后的商业模式

在巨头林立的饮料品牌中，国产品牌"元气森林"从2016年一经推出就异军突起，从100万元的注册资本做成2020年实现超过百亿的品牌估值，走出了一条独特的品牌传播之路。

1. 创新品牌定位

健康理念的普及让年轻群体在饮品的选择上更加慎重。元气森林在其主要产品中使用的代糖成分是赤藓糖醇，这是一种价格较高、对人体影响最小的天然糖醇。同时，元气森林选择了气泡水，相对传统碳酸饮料的生产工艺，气泡水在释放气体时更加温和，从而减轻胃部的压力，是一种被广泛认为更健康的饮料。在传播之前先做好产品，这使得元气森林最大限度地降低了顾客流失的可能性，从而使后续的传播更有效率。

2. 塑造独特气质

"元气"一词在动漫作品中被广泛运用，顾客可以从饮品名称中感受元气满满的品牌形象。瓶身分别加上醒目的大字"气"和"燃"，惹眼的设计相当符合如今年轻群体小清新风格的审美倾向。元气森林在发展初期受成本所限，因而选择了最接近年轻人的便利店、商超作为前期主要销售渠道。

3. 以真情实意与顾客沟通

自运营开始，元气森林官方微博不仅保持极高的内容更新频率，而且与粉丝保持良好的沟通与互动。在内容设计上，元气森林保证了超过50%的原创比例，普及健康饮品。同时，元气森林鼓励顾客创作与其品牌相关的原创内容。元气森林还与健身、美食类网红代理机构合作进行品牌推广。

资料来源：周星桔.小微品牌传播策略研究：以饮料品牌元气森林为例[J].出版广角，2020（20）：59-61.有修改。

广告大师詹姆斯·韦伯·杨（James Webb Young）提出将"经由熟悉"作为广告产生效果的途径之一，即增强品牌熟悉度。消费者会从品牌广泛知名度，推测品牌被很多人使用、企业是有实力的、品牌产品让人放心等。品牌知名度对品牌联想有积极影响。在品牌的初创期，快速提升知名度是必要之举，但是建立品牌的关键还在于品牌发展过程中追加对品牌资产建设的投入。

二、品牌传播构建知名度

如何建立品牌知名度？毫无疑问要靠传播，靠各种传播工具的综合应用来传播品牌信息，使品牌信息到达一定广度，并在消费者的记忆中有一定深度。

（一）广告传播

广告通过大众媒介传播信息，具有可重复性和传播广泛性等特点，无疑是建立品牌知名度最重要的"武器"。

在实际操作中，可以遵循一些有益的原则：首先，广告必须能引起消费者的注意，这是广告产生效果的前提。其次，所设计的信息应简洁、明快，易于记忆和"二级传播"。消费者在理解广告信息时总是遵循"最小努力法则"。他们在繁忙时对广告不感兴趣，对广告信息也总是"浅尝辄止"，没时间也不可能去细细感受广告中的含义。唐·舒尔茨（Don Schultz）把我们生活的时代称为"浅尝信息式购买决策"

的时代。因此,广告所要传达的信息越简洁、所利用的信息元素越少越好。在实际操作过程中,可以尝试利用朗朗上口的广告口号和设计简洁明了的视觉符号等方式。再次,广告应给消费者明示某种承诺。消费者只有从广告中获得对他们有实际利益的信息,才可能从对广告感兴趣转为对品牌或产品感兴趣,才有购买的可能。否则任何创意精妙的广告都只能是用来愉悦耳目的消闲小品。最后,广告信息要在消费者心中留下深刻印象,就必须持续反复传播。适当地循环传播广告并保持清晰一致,对消费者处理(辨认、分类、理解)和记忆信息有益,进而获得积少成多的效果。

案例:
10个值得被记住的广告

(二)销售促进传播

影响初创品牌迅速成功(或失败)的一个关键因素,是生产商的销售力量,即使该初创品牌进入分销渠道的能力。销售促进(Sales Promotion,SP)可提升品牌在市场上的曝光度,扩大传播的广度。这是初创品牌使用销售促进的最主要目的。要产生该品牌产品集中上市的规模化传播效应,加深消费者对商家重点推介产品的印象,就需要做到铺货率在短期内的集中提升。

销售促进吸引消费者对品牌产品初次尝试,为再次购买奠定基础,有助于建立购买习惯,影响消费者的品牌忠诚。许多消费者对新上市的品牌产品存有"戒心",不愿轻易尝试。尝试购买是重复购买的前提。

一般来说,销售促进的短期强刺激直接影响消费者的直接消费反应,缩短了扩大品牌传播广度所需时间。然而,销售促进在塑造品牌形象、提升品牌资产方面作用不大,如销售促进无法创造积极的品牌联想。若操作不当,甚至还会产生负面影响。

按照促销对象的不同,销售促进分成推销人员销售促进、消费者销售促进和经销商销售促进三类。

1. 推销人员销售促进

推销人员销售促进是生产商针对推销人员的促销传播活动,通常是为了鼓励推销人员对某品牌做额外的销售努力,使该品牌在各零售店中得到特殊陈列,或者仅仅对推销人员宣传某品牌。

2. 消费者销售促进

消费者销售促进是生产商举办的直接针对消费者的促销传播活动。其根本目的是吸引消费者，促使其直接购买某品牌。消费者销售促进的典型目标包括：使现有顾客增加使用量；使潜在顾客从其他品牌使用者转变为本品牌的使用者；或者使现有顾客开始使用某一新品牌。常用策略有折价券、免费赠送样品、竞赛与抽奖、减价优待和赠品等。零售商也可以举办直接针对消费者的销售促进活动，被称为零售商销售促进。

3. 经销商销售促进

经销商销售促进是指生产商针对零售商或其他分销机构、经销机构举办的促销传播活动。其目的一般是获得或增加品牌的配销，或者鼓励零售商在店中做某类特别的销售推介活动。常用策略包括折让、合作广告、店堂宣传、销售竞赛、联合促销等。

零售商销售促进、经销商销售促进和消费者销售促进的常用策略见表 4-1。

表 4-1　零售商销售促进、经销商销售促进和消费者销售促进的常用策略

零售商销售促进	经销商销售促进	消费者销售促进
减价优待	特定商品津贴	折价券
商品展示	广告津贴	免费赠送样品
免费赠送样品	陈列津贴	退款要约
零售商型折价券	销售竞赛	兑换印花持续计划
竞赛与抽奖	经销商折扣	事件行销
赠品		酬谢包装
⋮	⋮	⋮

案例 4-3

哈罗单车"全国免押金"的政策

2018 年 3 月 13 日，哈罗单车宣布：芝麻分超 650 分的用户可在全国任一城市免押金骑行，并且这些用户可直接通过支付宝扫码骑行；芝麻分不满 650 分的用户，也可获得购买免押资格的月卡等其他免押方式。截至 2018 年 5 月 13 日，短短两个月里，哈罗单车注册用户增长 70%，日骑行订单量翻了一番，进一步证明"全国免押金"的政策符合用户的需求。

共享单车的用户大部分都是学生或者普通的工薪阶层，并且哈罗单车定位于二线、三线城市市场，这部分客群的付费能力和付费意愿相对较低，所以支付押金对他们来说较为敏感。并且，在哈罗单车推行全面免押金政策之前，已出现大量共享单车企业倒闭，导致押金无法退还的事例。在这样的背景下，哈罗单车通过全面免押金的方式，既打消了用户对于押金无法退还的顾虑，也减少了用户使用共享单车的初始投入，吸引对价格较为敏感的用户来使用哈罗单车。

<small>资料来源：王嫣然.初创企业如何后来居上：基于哈罗单车的营销策略分析[J].中国集体经济，2019（13）：43-45.有修改。</small>

（三）公共关系传播

公共关系是被广泛使用的品牌传播工具之一。它是指企业运用信息传播的手段，处理自身社会环境关系的活动。它不但可以对品牌的形象进行维护，而且对传播品牌形象大有裨益。对于提高品牌力而言，公共关系有以下作用：动员各种力量及传媒处理危机的危机公关，协调企业与公众之间的紧张关系，为品牌力提供强大的支持和保护；品牌人格化在公关活动的推动下，以文化力量培养公众的好感，使品牌产生人情味，进而更易于赢得大众的信任。

（四）社会化媒体传播

在依赖于社会化媒体（也可称为社交媒体）构建的社会网络中，品牌传播以关系为纽带，用户既是受者也是传者，所有人互相传播信息，信息在网状的传播中自由流动，进而推动品牌迅速提高知名度。在现今的社交时代，社会化媒体给消费者提供了可以自由发布个人观点的方式。企业要合理运用社会化媒体，促使消费者分享有助于自身品牌的信息。

研究结果表明：

1）90%的消费者会在与别人进行社交互动后推荐品牌。

2）83%的消费者表示，用户评论经常或有时会影响他们的购买决策。

3）80%的消费者在阅读负面的在线评论之后会改变购买产品的意向。

社会化媒体的特别之处，在于它是用户自发性的内生行为，并不是企业在外部强加的效果。品牌应逐渐适应这种真正以消费者为中心的营销方法。产品极致化、客户服务、用户产生内容（UGC）、客户忠诚管理和企业粉丝管理改变了传统品牌营销方法。社会化媒体赋予消费者影响周边人产生品牌偏好的能力，而这些都是传统营销方法做不到的。

案例 4-4

美妆品牌花西子的社会化媒体传播

花西子于2017年诞生于杭州西湖边，同年八月入驻天猫；两年后，花西子凭借其研发的"雕花口红"吸引了大众注意。在保持"国风"定位的前提下，花西子于

2019年实现了近30倍的品牌影响力增长,打破规模限制并迅猛出圈。

在营销策略方面,花西子更重视提升用户的"参与感",花西子在微信中推出了体验官小程序,其天猫旗舰店首页底部以及店铺会员页面也均设有"体验官"入口。每次推出新品,花西子都会邀请体验官进行新品试用和内测,让部分用户提前试用。比起大数据测算,用户的体验更为直观,需求也更容易被满足。这样的做法,不仅能够留住一批忠诚的品牌粉丝,让品牌的用户黏性更强,还在一定程度上减少了对流量的依赖。

资料来源:许思雨,左凌霞,高敏.城市B面 花西子爆火背后的营销策略[EB/OL].(2020-11-29)[2023-04-01].https: //baijiahao.baidu.com/s? id=1684680929176929446&wfr=spider&for=pc. 有修改。

第三节 成长品牌的传播

品牌成长期是增加品牌附加价值的关键时期。品牌的附加价值根植于消费者对品牌品质的认知,取决于对品牌的有益联想。这一时期,应尽量提升消费者对品牌品质的认知,并通过传播赋予品牌独有的品牌联想。

一、成长品牌与品质认知度

品质认知度是指消费者对某一品牌在品质上的整体印象。它具有总结性、综合性,也是一种感知的综合体。品质认知度可以从影响它的内在要素和外在要素两方面加以理解、认识。内在要素是指产品具体的、物理性的要素。它包括功能、特色、信赖度、适用性、耐用度、服务能力、美感及高品质的外观形象等。只有在改变产品本身时,内在要素才会发生变化,而且只有当使用产品时才会消耗内在要素。外在要素跟产品实体无关。即使改变它们,产品实体也不会有所改变。外在要素包括价格、广告表现水准及产品保证等。品质认知是对品牌的无形的、整体的感觉。消费者对这两类要素加以抽取和整合,形成对品牌总体品质的抽象知觉要素。

高品质认知度对于品牌的成长有重要意义:第一,降低消费不确定性,坚定消费信心;第二,品质认知是品牌附加值的基础,可以给企业创造更大的溢价;第三,品质认知是实现消费者品牌忠诚的基础;第四,较高的品质认知度是触发消费者人际传播的诱因;第四,品牌的高品质认知度有助于渠道推广传播。

二、成长品牌与品牌联想

品牌联想就是指记忆中与品牌相联系的每一件事。它包括顾客的想象、产品的归属、使用的场合、企业联想、品牌性格和符号。美好、积极的品牌联想意味着品牌的被接受度高、受到消费者的认可与喜爱、有竞争力与成功。首先，品牌联想是引发和增进消费者记忆的关键所在；其次，品牌联想是品牌个性化之源；再次，品牌联想也是消费者产生品牌偏好的一个动因；最后，品牌联想是品牌延伸的基础，品牌所具有的有意义的联想可以用于其他产品。

产品或服务的特点、优势、包装、分销渠道、品牌名称、标志、口号、广告、促销、公关等都能成为创造品牌联想的途径和工具。

（1）品牌信息设计。在设定品牌传播有关信息时，可以从以下方面进行考虑：包装联想、使用者形象、价值生活形态、文化嫁接。

（2）象征物联想。品牌象征物常以纯真、可爱的卡通人物或动物的形式展现。品牌象征物从人性上、从深层心理上与目标消费者进行沟通，从而快速且持久地拉近品牌与消费者的心理距离。通过持续的传播，品牌象征物获得个性，并与品牌紧密结合，成为品牌联想的一个关键要素。

（3）原产地联想。一个国家或地区的历史积淀和独有风情可以给品牌带来独特的联想。

（4）名人。名人作为备受公众瞩目的舆论领袖，通过代言代表品牌传递个性特征。

理论：
意义传递模型

案例 4-5

"李宁"品牌设计的民族性

"体操王子"李宁是我国体育史上的传奇人物，他建立了家喻户晓的运动品牌。自 1990 年李宁公司（Li-Ning）成立至今 30 余年，李宁公司在发展过程中尝试过很多战略模式，同时遇到诸多问题，如模仿轻资产模式遇到瓶颈、重新定位失败、产品风格不明确等，这些也是多数中国运动品牌亟待解决的问题。

李宁公司在经过一系列品牌策略的失误后，分析中国运动品牌存在的不足，找准品牌重塑的突破点，将民族性植入品牌基因，再次找回自信，同时展现出品牌文化的自信。在品牌营销方面，注重广告词与产品设计的结合，如"李宁"品牌赋予"悟道2"这款鞋"潮亦有道""琴瑟和鸣""能屈能伸""心正气和""画龙点睛"和"刚柔并济"这几种特征，从中可以感受到浓厚的民族气息。"李宁"品牌相继推出系列追溯并致敬中国传统文化的新品，如"溯"系列、"锦绣"系列。这些系列以"物终更始，追溯本源"为主题，回归传统美学，以国风设计叙述中国美，从包装上就可以看出对民族文化的挖掘。

要点分析："国潮"崛起的背后是中华文化自信。"李宁"品牌结合中华文化元素，以品牌授权模式走向世界，在国际舞台上传达中国品牌文化与价值观，以此成为"国潮"的代表，成功地融入年轻的消费群体中；与此同时，"李宁"品牌大起大落的发展历程，与体育精神与运动潮流文化有效融合，传递出面对人生高潮与低潮、逆境与顺境，从容不迫、积极进取、克服困难的精神。

资料来源：王鑫.浅析设计管理在中国李宁中的运用[J].西部皮革，2019，41（21）：84-85.有修改。

第四节　成熟品牌的传播

一、成熟品牌与品牌忠诚度

品牌忠诚（也称品牌忠诚度）作为顾客对品牌的感情指标，可以衡量顾客投向另一品牌的可能性。品牌忠诚所带来的收获是长期的，并具有累积效果。品牌忠诚度是品牌资产的核心构成，是相对于其他竞争品牌不可复制的企业优势。美国学者弗雷德里克·F.雷奇汉（Frederick F. Reichheld）和W.厄尔·赛塞（W. Earl Sasser）的研究结果显示，如果顾客的忠诚度能够提高5%，企业利润就能增加25%~85%。因此，企业的重点不在于尽可能多地吸引新顾客，而在于想方设法提升顾客的忠诚度。

顾客对品牌的忠诚度可以分为不具有忠诚度的顾客、习惯性顾客、满意的顾客、品牌的朋友和忠诚顾客。

习惯性顾客是指那些对产品满意或至少没有表示不满意的顾客。很多顾客的消费行为都是出于惯性。满意的顾客对某一品牌产品感到满意后，不再轻易转换品牌，同时产生一定的品牌转换成本，但这类顾客忠诚的基础仍然停留于产品效用层次。

品牌的朋友把品牌当作他们生命中不可或缺的伙伴，他们真心喜欢某一品牌，并产生一种情感依附。品牌在他们眼中被赋予了某种程度的感情色彩和人性化意味。品牌忠诚的最高层次是忠诚顾客，他们不仅持续不断地购买某一品牌，还常常"炫耀"这种购买行为，并向其他消费者大力推荐这一品牌。忠诚顾客多寡决定着品牌魅力大小和稳定性强弱。

顾客对品牌的高忠诚度是企业的一项战略性资产。首先，高忠诚度可以降低营销和传播的成本。其次，已有的忠诚顾客可以为品牌带来更多的潜在顾客。再次，高忠诚度可产生贸易杠杆力，保证品牌有优先的货架空间。最后，品牌忠诚度还可在减缓竞争威胁方面发挥一定作用。

二、品牌传播构建品牌忠诚度

1. 设置退出壁垒

退出壁垒是许多企业常使用的维系与顾客关系的方法之一。顾客之所以被锁定，是因为打破这种状态的成本得不到补偿。成功的品牌关系应在互相信任的基础上交换信息，当品牌与顾客之间出现退出障碍时，品牌关系极其脆弱。虽然设置退出壁垒，可以留住一些顾客，但是它并非品牌忠诚的真正源泉，品牌与顾客长期不断的情感沟通才是品牌忠诚的真正源泉。

2. 奖励忠诚

不论外部条件如何变化，顾客对品牌的购买频次依旧呈增多态势是其对品牌忠诚的主要表现。维系顾客的品牌忠诚需要采取适当的奖励措施。企业既要消除顾客的不满，也要回报顾客，使顾客真正受益。

美国著名的沃顿书店通过设立"优先读者"项目来奖励读者。每一个优先读者都能获得一张会员卡，其权益包括：①免费电话，即读者可通过书店电话订购所要的书籍；②每次买书都能得到10%的折扣优惠；③每次买书超过100美元可以得到5美元的奖券；④优先收款。

3. 有效沟通

从消费者心理来看，每个人都渴望自己得到重视与尊重。企业向消费者暗示"您对我们企业是重要的"。企业需要通过特殊对待消费者，根据消费者的特征形成适宜的、个性化沟通方式来展现企业对他们的尊重。美国学者戴尔·卡内基（Dale Carnegie）提出称呼别人名字的重要性，他认为大多数人对自己的名字比对世界上任何其他人的名字都感兴趣，当别人称呼自己的名字时，会觉得自己是重要的。当消费者感受到企业对他的重视与尊重，他对企业也必然回报以热情。

4．建立消费者社区

在物质丰盈的年代，消费者的需求不再停留于物质层面，情感层面上的需求已经成为其主导需求。品牌要想加强消费者对其的忠诚度，就必须通过情感联结让消费者产生归属感、亲近感，甚至自豪感。构建消费者社区的方式对维系品牌关系至关重要。忠诚于品牌的消费者可以在相应的消费者社区中得到情感满足。

世界著名摩托车品牌——哈雷·戴维森（Harley-Davidson）可谓利用建立消费者社区、维护消费者品牌忠诚方面的经典案例。为了加强与客户之间的紧密沟通和互动，1983年，哈雷·戴维森公司创立了摩托车会员俱乐部，通过这一方式，使会员之间可以便利地分享他们驾乘哈雷·戴维森摩托车的经验与体会。随后这一由哈雷·戴维森公司赞助的机构迅速发展起来，到2001年摩托车会员俱乐部全球各地的分部已达约1200个，拥有约66万名会员，遍布115个国家。这对于创造消费者对哈雷·戴维森摩托车的品牌忠诚是具有独创性和决定意义的，无疑摩托车会员俱乐部创造了一种亚文化，将消费者、摩托车和哈雷·戴维森公司联结在一起，消费者追求驾驶的乐趣和自我价值的实现，这些都通过哈雷·戴维森摩托车，最终转化成为对品牌的忠诚。

5．增值服务

顾客满意度是由企业所提供的产品或服务水平与顾客预期的关系所决定的，企业的产品或服务越能超越顾客预期，就越能提高顾客的满意度。顾客满意度越高，顾客忠诚度越高。因此，不断为消费者提供出乎他们意料的增值服务，会使他们对品牌产生热情进而产生忠诚。

案例 4-6

苹果公司的用户沟通之道

1．无购买压力下的无声沟通——尊重所有用户

暖白色的苹果标志，是每个苹果公司直营店都有的。在这个几乎无法再简单化的标志下，直营店的那两扇玻璃大门永远敞开着，任何人都可以自由进出，享受苹果公司提供的免费产品体验，也可毫无心理压力地享受免费上网服务——即使什么都不买。

2．举办新闻发布会——无等级的直接沟通手段

乔布斯的个人魅力也是苹果"粉丝"为之疯狂的重要因素。只要身体状况允许，他都会在新产品发布会现场当讲解员，"零距离"接触用户和"粉丝"。

3．情感影响——促使用户二次购买的沟通手段

在商务沟通中，如果能培养出大批高忠诚度的用户，那么沟通工作就做到了极

致。苹果公司通过各种沟通方式，实现用户对产品的充分体验，使用户的认同感最大化。该公司 iPod 的价格比同类 MP3 播放器高很多，但依然销量惊人。这说明，用户在高度认同的前提下，他们不介意为较高的无形成本多付一些钱。即使价格昂贵，iPod 也依然不乏追随者。

资料来源：何岑成，胡文婷.苹果公司用户沟通之道[J].经营与管理，2012，000（2）：33-35.有修改。

第五节　衰退品牌的传播

一、品牌衰退的类型

品牌陷入衰退期，其对消费者的吸引力与号召力大不如前，魅力大减，这体现在以下方面：①品牌形象老化，即品牌气息过时、陈旧、缺乏创新和新时代要素；②品牌形象弱化，即原先的品牌个性被遗弃或被淡忘；③品牌联想弱化，即经过提示后消费者也不能回忆起品牌究竟代表着什么、意味着什么；④品牌提及率降低，即品牌逐渐被淡忘，其在大众脑海和生活中被提及的次数越来越少；⑤品牌忠诚度下降，即原有顾客减少购买频率，购买欲望降低。

二、应对措施

在品牌发展过程中，企业可以采取以下策略来应对品牌可能的衰退。

（一）更新品牌

更新品牌是指将品牌元素青春化、时尚化，凝聚为一个青春的组合，使品牌焕发青春气息和活力元气。品牌可以从以下几个方面着手更新。

1. 核心理念

核心理念即品牌的核心识别以及延伸识别。需要保持的核心理念包括有责任感、可靠、值得信赖、有道德感、品质出众等。需要加强的核心理念包括技术基础、丰富经验和国际化经营等。需要减弱和消除的核心理念包括过时迂腐、反应迟钝等。需要增加的核心理念包括现代感、充满活力和创新精神等。

2. 品牌定位

企业需要在激烈的市场竞争中检验品牌定位是否恰当。同时，由于市场以及消费者需求和偏好都不是一成不变的，原有品牌定位存在不适应现今市场形势的可能性。例如，万宝路刚进入市场时，是以女性作为目标消费者的，它的口味也是特意为女性消费者设计的——淡而柔和。为此它推出的广告口号是"像五月的天气一样温和"。从产品的包装设计到广告宣传，万宝路都致力于明确的目标消费者。然而，尽管当时美国吸烟人数年年都在上升，但是万宝路香烟的销量始终平平。20世纪40年代初，莫里斯公司被迫停止生产万宝路香烟。后来，广告大师李奥·贝纳（Leo Burnelt）为其做广告策划时，做出一个重大决定，他将万宝路重新定位为男子汉香烟，并将它与最具男子汉气概的西部牛仔形象联系起来，吸引所有喜爱、欣赏和追求这种气概的消费者。通过这一重新定位，万宝路树立了自由、野性与冒险的形象，在众多香烟品牌中脱颖而出，成为全球香烟市场的领导品牌。

3. 品牌符号

品牌符号是品牌的视觉表现，如字体、名称、色彩、标志等。品牌符号是品牌传播的显性元素，也是基本元素。品牌符号的传播影响品牌的视觉形象，决定了消费者对品牌的第一印象。

案例 4-7

"大白兔"跨界转型寻求年轻化

2018年9月，大白兔与美妆品牌美加净合作推出了润唇膏，第一批上线920支，售价为两支78元，上线后一秒售罄。2019年5月23日，大白兔和气味图书馆联名推出的香氛系列产品正式上线，包括大白兔气味的香水、沐浴露、身体乳、护手霜和车载香氛，上线第一天的销量就达到9607件。作为"国民奶糖"，大白兔已有60多年的历史，品牌标识如图4-3所示。如今，大白兔通过不断跨界、推出周边产品，已发展为一个网红品牌。

资料显示，在过去60多年里，大白兔的大幅度改良只有两次，品牌一直存在产品单一、品牌老化严重、与年轻消费者黏合不够的问题。2011年的前10个月，大白兔的净利润仅为13.44万元。大白兔所处的糖果行业同样步入发展瓶颈。

图4-3 大白兔品牌标识

大白兔意识到保持年轻化的重要性，并开始做出改变。快乐柠檬、气味图书馆自身就是年轻品牌IP，主要受众也是年轻人。与这些品牌合作，授权它们免费使用大白兔商标，主要目的就是宣传。原来视大白兔为父辈产品的"90后""95后"，现在也是大白兔的消费者。

<small>资料来源：李振兴，周应梅. 大白兔冰淇淋来了，跨界转型寻求年轻化 [J]. 中国食品，2019（12）：114-115. 有修改。</small>

（二）防止品牌类型化

为了防止品牌类型化的负面影响，企业可以参考法国著名品牌专家让·诺尔·卡菲勒在其著作《战略性品牌管理》中提出的一系列建议措施：用一个名称来专门表述品牌的产品；不要单独提及品牌名称，而应随时随地把品牌与产品类型联系在一起；不要把品牌名称当作动词来使用（如在美国，施乐指复印）；采取措施，防止媒体或其他机构滥用品牌名称；维护品牌与竞争产品之间的区别。

（三）传播的力量

品牌的衰退在很大程度上是由于品牌在目标市场中的曝光率不高，面对竞争者反应迟钝和疲软。要改变这些则需要借助传播的力量。

在20世纪80年代末90年代初的美国和欧洲，阿迪达斯的品牌知名度和形象完全不敌耐克。除了产品和营销模式出了问题外，在品牌认知上阿迪达斯也出了问题，年轻人认为阿迪达斯非常保守，虽然好用，但不时髦。阿迪达斯面临一场严重的品牌衰退危机。面对危机，阿迪达斯采取了复兴计划：重新设定品牌管理框架，推出焕然一新的广告，重新调整赞助活动。除此之外，最引人注目的创新性举措就是举办了阿迪达斯街头挑战赛，它让人们感受到阿迪达斯的品牌精神，重新审视其外观标识以及品牌个性和特色。

（四）忠诚的价值

品牌衰退，最明显的一个特征就是其市场占有率的下降，这意味着支持该品牌的消费者有减少的趋势。原有消费者转向其他品牌，对于衰退的品牌而言无疑是雪上加霜。衰退的品牌往往会出现这样一种现象，品牌某方面的衰退导致部分消费者的品牌转移，而消费者的品牌转移又会加剧品牌的衰退。

品牌衰退的根源是品牌长期与核心目标群体缺乏沟通，导致品牌失去创新的动力和源泉。因此，品牌管理和传播的原点应回归到消费者忠诚上来，这是品牌持续发展的原动力所在，也是品牌防止和应对衰退的真正希望所在。

（五）危机公关

虽然危机具有人力无法控制的、客观的一面，但大部分危机也具有预见性。因此，很多企业制订了一系列预防计划、处理方案及守则来应对危机事件，并把这些计划、方案及守则列入企业安全手册或公关手册中，将危机公关进一步规范化、条例化。危机事件发生之后，企业公关人员应根据处理方案及守则，变危为机。

处理危机的策略部署大致包括三个方面的内容：第一，组织机构问题。企业既要制订全面的计划，又要做好根据实际情况随机应变的思想准备。第二，窗口问题。规定对外讲话和发布新闻的统一口径，同时规定企业内部人员与外部人员接触方面的风险和责任。第三，传播信息的问题。一旦发生计划之外的情况，应施行何种传播计划和媒介方案。对各类受众应考虑多重因素，选取最佳传播方法。

（六）品牌延伸

借品牌延伸推广新产品以重新树立品牌形象是防止品牌衰退的途径之一。延伸品牌产品线的意义还在于可以提供产品的多样性，满足消费者的多种需求，使得已有顾客不用转移品牌就能享受多样性产品，从而巩固已有顾客的品牌忠诚度，并扩展使用者基础。例如，健怡可乐（DietCoke）协助重新树立可口可乐的形象，增加了年轻活力和能见度等优点。

企业进行品牌延伸还可以达到阻滞竞争者的目的。企业通过向上、向下两个方向的垂直延伸或不同领域的平行延伸，提高企业的市场占有率，给消费者更多的选择，以抢占更多的市场份额，有效地抑制竞争者。如此，企业便可以较为有效地预防由于竞争所导致的品牌衰退。

理论：
品牌延伸理论
与发展

案例 4-8

金旗奖获奖精选案例：长城汽车 30 周年品牌传播

一、项目概述

长城汽车在成立 30 周年之际，以"长城汽车挺得过明年吗"话题掀起了一场"反常规"企业庆生宣传。通过多圈层领袖意见和公众参与讨论，引发了大范围传播共振，形成了一场跨越汽车圈层、影响社会公众的现象级事件。

二、项目调研

长城汽车在迎来企业 30 周年之际，没有如行业和社会大众所预测地那样举行一场盛大的庆典，而是以一部三分钟的微电影为核心，以一篇极具态度的"战斗檄文"

为诠释，用"反思"代替了"宣传"，用"危机"代替了"成就"，用"命悬一线"代替了"前途无量"……

这部微电影体现出长城汽车作为中国汽车领军企业的高度和引领，体现出企业掌舵人作为具有全球战略视野的企业家，在成就与荣耀面前的清醒头脑，居不安而思生死的强烈危机意识，自我革新甚至革命的决心和勇气。

三、项目策划

1. 目标

传递企业掌舵人的企业家精神，强化领袖魅力，展现企业理念。通过对企业宣传片及公开信的跨圈层多维度解读，实现更加广泛、精准的受众触达，提高企业的行业地位与社会影响力。

解读影片核心思想，放大企业掌舵人"敢于反思，敢于推倒重来，勇于置之死地而后生"的高度、格局和领袖特质，进而表达长城汽车敢于自我变革的企业新态度。

提高企业在汽车行业以及全社会的地位与影响力：通过对企业掌舵人企业家精神和企业价值观的输出，带动对企业全方位实力的传播，夯实行业地位。通过跨越汽车和更多圈层的立体传播，加强对公众的触达，引发社会性关注和讨论，提升事件的社会影响力。

2. 整体策略

30天，六重奏，速度快，节奏猛，以企业家精神和企业理念为核心立足点，利用成都车展前的传播空窗期，快速出击引爆声量，打好节奏明快的闪电战。

3. 传播策略

爆点唯快不破：10天的快攻传播配合20天的振荡传播，密集触达公众关注焦点，占领行业舆论高点，使"长城汽车挺得过明年吗"等成为汽车圈层内外津津乐道的话题。

4. 内容策略

联动时代精神，与社会时代同频共振，用反思打动行业内外。全球经济下行危机面前，长城汽车企业掌舵人敢于反思、敢于绝地求生的企业家精神，与时代精神联动，激发公众深度共鸣。

5. 媒体策略

全网立体出圈，在刷爆汽车圈层的基础之上，通过财经、营销、科技、时尚、泛娱乐等顶流媒体组合矩阵，用爆文和深度评论，打透多维度圈层，实现全网霸屏、立体出圈。

6. 社交策略

紧抓公众爱好，用成就下的危机感，与同行业案例关联对照，并巧借其他知名企业家的金句,紧紧抓住公众注意。

四、项目执行

1. 预热发酵

首创云上"生死思辨会"发布宣传片,承接热度并顺势发布企业掌舵人公开信。组织近500位各领域核心媒体参与30周年"生死思辨会",重磅发布宣传片,充分运用受邀的媒体平台及媒体人,以媒体官方发布和媒体人微博、微信转发点评的形式使宣传片迅速席卷全网,使"长城汽车挺得过明年吗""命悬一线"等话题成功引发全网热议。

2. 声量爆发

基于30周年传播内容与时代格局共同的"居安思危"精神内核,回顾企业过去30年的成果,引发媒体与公众对于未来企业发展的思考,实现话题出圈、社会共振的效果。

跨圈层媒体结合时代精神,以公众视角解读在变革思维下逆势向上的长城汽车,将企业掌舵人与品牌深度反思、力求变革的态度升华为社会集体感知的共鸣话题,加强公众关注与热议。

3. 影响延续

营销类媒体对30周年传播引发的巨大关注和话题进行深度复盘,深挖传播中长城汽车从企业层面到营销团队层面的思维创新、举措创新,深度认可长城汽车在"全球化科技出行公司"新形象下创新、领先的新营销战略。

基于宣传片及公开信内容,包装金句、热梗,打造"#长城汽车挺得过明年吗#"微博话题,充分激活媒体和网民的关注与讨论兴趣。

五、项目评估

1. 效果综述

传播期间话题热度持续高涨:2020年7月13日—7月31日,百度指数中"长城汽车"指数均值相较同年1月—6月上涨288%,"魏建军"指数上涨925%;7月13日传播正式启动当日,微信"长城汽车"指数上涨313%,"魏建军"指数上涨1561%,均达90日内历史峰值。项目启动后,长城汽车A股市值持续高涨,相较于7月12日传播启动前股价(9.75元),8月8日长城股价涨幅达49.7%(14.6元)。

传播质与量双线发力:共达成约8280频次报道,触达量超过1.6亿次,产出27篇阅读量超10万次的爆文,1篇阅读量超100万次的爆文。汽车圈层知名媒体、垂直媒体纷纷从行业视角力证事件高度。财经、科技、时尚等媒体对爆文进行花式解读,显著提升跨圈层及社会公众关注度,财经媒体、权威电视媒体、社交媒体以及营销类媒体持续广泛传播。

多元化创意产出，社交平台全面发力：策划并制作海报两张、九宫格组图一组、长图三张、小视频五个，积极利用媒体资源，充分调动网民公众参与，引发关键意见领袖（KOL）及媒体人在朋友圈积极转发内容，引导网民积极参与微博话题热议，实现传播声量在社交平台的二次提升。媒体朋友圈扩散超900频次，微博话题阅读量达1.2亿次。

2. 市场反应

以30周年宣传片、原创优质稿件为基础，进行图文和视频的高频分发传播，围绕30周年宣传片与公开信进行深度挖掘和传播，传播和解读长城汽车董事长魏建军的观点、言论，有效增强了大众对于长城汽车30年来贡献与成就的认知和了解，激发了更广泛的群体与长城汽车产生情感上的共鸣和强关联。

3. 用户反应

不同以往，长城汽车这次利用反向传播思维，在合适的时机做了一场打破常规却又暗合受众心理需求的营销，通过层层悬念布局，以"自黑"的形式充分激发用户的好奇心，一步步实现了30周年传播效果从汽车业内向其他行业跨界，再成功向全民热议的社会性话题突围，使用户感受到了企业的底气、实力以及企业家的前瞻格局。

六、项目亮点

1. 媒体领袖高频点赞和行业泰斗亲笔手书寄言

宣传片和公开信的创变举措和它们体现的精神与内涵，获得了来自汽车行业和其他圈层媒体领袖的高频点赞以及行业泰斗亲笔手书寄言，他们对长城汽车董事长作为顶级企业家的前瞻视野、长城汽车作为行业头部企业的品牌格局给予了充分肯定。

2. 优秀媒体积极主动原创报道

宣传片与公开信高度优质的内容与话题展现了极强的传播延展性，媒体记忆点和应用热情空前高涨。各大媒体结合行业局势和社会话题，主动搭建报道专题、策划原创选题进行多轮报道，真正形成具有深度社会影响力的超级话题。

资料来源：长城汽车30周年品牌传播[EB/OL].（2020-09-18）[2023-03-31]. https：//www.17pr.com/news/detail/205213.html. 经2020年金旗奖年度品牌传播金奖得主保定市长城控股集团有限公司授权，有修改。

思考题：

1. 长城汽车在品牌市场周期中处于什么阶段？主要特点有哪些？
2. 长城汽车的"反常规"企业庆生宣传品牌传播策略有哪些创新点？
3. 社会化媒体传播策略对长城汽车30周年品牌传播起到了哪些作用？

本章小结

品牌的市场周期始于产品，却不一定终于产品。品牌初创期表现为多数消费者是潜在顾客或者处于顾客开发期。企业对消费者进行品牌传播的单位成本较高。伴随着品牌进入成长期，品牌具有一定知名度、获得一定的品质认知和联想后，消费者数量逐渐增多，处于顾客成长（维系）期的消费者占企业总体消费者的比例最大，大部分消费者进入顾客成长（维系）期或已进入顾客成熟期。到了品牌的成熟期，处于顾客成熟期的消费者数量达到最佳水平。由于种种原因，品牌可能步入衰退期，这一时期品牌特征表现为消费者亦逐步进入顾客衰退期直至顾客终止期。

复习思考题

一、名词解释

品牌的市场周期　　广告传播　　顾客生命周期　　销售促进传播

二、简答题

1. 如何建立品牌知名度？
2. 简述品牌市场周期的四个阶段。
3. 试分析初创品牌与品牌知名度的关系。
4. 试描绘产品生命周期与品牌市场周期图。
5. 简述顾客生命周期各个阶段的特征及表现。
6. 概述品质认知度的具体内涵。
7. 简述构建品牌联想的四大途径。
8. 试分析品牌忠诚度对成熟品牌的重要意义。
9. 简述品牌传播构建品牌忠诚度的五大手段。
10. 请为正处于品牌衰退期的品牌提出五条应对措施。

本章测试

第四章习题

第五章
品牌传播受众心理

本章要点

本章从品牌受众感知觉的相关概念开始,介绍品牌受众的知觉过程、感官营销、品牌受众情绪的构成及其影响、品牌受众态度的构成及与购买行为的关系等基本内容。除了理论知识外,本章还结合可口可乐、星巴克、迪士尼等案例进一步对品牌传播受众心理进行深度剖析。

可口可乐视觉营销：形状、色彩的魅力

朗朗上口的名称

可口可乐的视觉营销可以追溯到可口可乐的命名。当时，药剂师约翰·S. 彭伯顿（John S. Pemberon）试制出了一种糖浆，这种糖浆由两种成分组成，即古柯（Coca）和可乐（Cola）。"Coca"是可可树叶子提炼的香料，"Cola"是可可果中取出的成分。"可口可乐"的英文名字就是由彭伯顿当时的助手及合伙人、会计员罗宾逊命名的。罗宾逊是一个古典书法家，他认为两个大写C字会很好看，便亲笔用Spencer字体写出了"Coca-Cola"。

经典的品牌标志

可口可乐标志的设计采用了在红色的背景上印白色的字体，有一种悠然跳动之感，也流露出热情与喜庆的气氛。2003年年初，可口可乐推出了新标志。新标志保留了可口可乐视觉商标中的专有红色、用Spencer字体书写的白色英文商标、弧形瓶及波浪形飘带图案等基本元素，在红色背景中加入了暗红色弧形线，增加了红色的深度和动感，并产生了多维的透视效果。你或许不知道，穿着红白配色衣服的圣诞老人，其实就是在1931年由可口可乐公司聘请广告插画师海顿·珊布（Haddon Sundblom）创作而来的。在这之前，圣诞老人穿的是绿色的衣服。现在，世界各地的圣诞老人穿的都是可口可乐的招牌色。

独特的"曲线瓶"

现在我们可以看到，可口可乐公司产品的包装多种多样，包括易拉罐、塑料瓶、纸包装等。但是，最为世人所熟知的"曲线瓶"包装，却可称为可口可乐最经典的包装。

关于可口可乐最经典的曲线玻璃瓶包装有一则未经证实的传说：身为玻璃公司工人的山姆森（Samson），受女友穿套桶型连衣裙苗条身姿的启发，设计出仿若少女身形的曲线玻璃瓶。据说山姆森还把这个瓶子的容量设计成刚好一杯水的大小，即6.7盎司（1盎司约0.02957升）。最初，可口可乐和其他饮料一样，被装在通用的玻璃瓶中。当时正在苦心改换包装的可口可乐公司决策者坎德勒（Candler）发现该玻璃瓶设计巧妙、造型美观，当即决定采用这个设计，遂不惜花费600万美元将其专利买下，并投入生产，作为可口可乐饮料的包装用瓶。1915年，曲线瓶的采用，使可口可乐从品种繁多的饮料中脱颖而出，两年间销量翻了一番。

资料参考：李慧群. 百事可乐与可口可乐：全球两大饮料巨头的品牌营销与竞争策略［M］. 北京：中国物资出版社，2007. 有修改。

第一节 感知觉

一、感知觉和知觉过程

（一）感知觉概述

人类的一切知识都源自感官。感觉（Sensation）是指人体的感受器（眼、耳、鼻、口、手等，也称感官）对光、色、声、气味、味道和材质等基本刺激的直接反应。感觉是人们认识过程的开端，是一切心理和行为的基础，任何消费行为都始于消费者对消费对象的感觉。通过感官，消费者形成对企业、产品和品牌的认知。消费者的感知觉是消费者感觉和知觉的统称，是消费者认知的基础。感觉的产生离不开客观事物的直接作用。光直接作用于人的视觉器官，人才会产生各种视觉现象；声波直接作用于人的听觉器官，人才会产生听觉。没有客观事物的直接作用，就不可能有人的感觉现象。感觉所反映的是客观事物的个别属性，如颜色、声音、气味、味道、形状、质地等。视觉只反映颜色，听觉只反映声音，味觉只反映味道，等等。但应该注意的是，在现实生活中，事物的个别属性是不能脱离事物而单独存在的，它总是作为一个方面与整个事物同时被反映着。例如，我们看到红色时，总会将它与事物的形状、质地等其他属性联系起来，分辨出它是"红旗"的"红"，还是"红花"的"红"。因此，在一般情况下，脱离事物个别属性的感觉是不存在的。也就是说，客观事物总是以整体的形象作用于我们的感觉器官，这就涉及知觉。

知觉（Perception）是对感觉进行选择、组织和解释的过程（见图5-1）。知觉的产生离不开客观事物的直接作用。知觉反映的是客观事物的各种属性或整体形象。如苹果有颜色、形状、味道、软硬等许多个别属性。在对这些个别属性加以综合的基础上，我们就得到对一个苹果的映象，这就是知觉。也就是说，只有当事物的个别属性按事物的联系和关系被整合为一个完整的映象时，知觉才能产生。

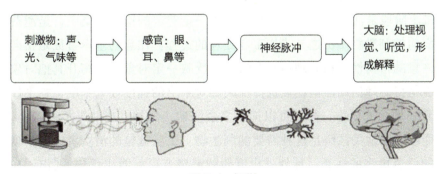

图 5-1　知觉

(二)消费者的知觉过程

消费者的知觉过程包括三个相互联系的阶段,即展露、注意和理解。在信息处理过程中,如果一则信息不能依次在这三个阶段保留下来,它就不能存储到消费者的记忆中,也就无法有效地影响消费者的行为。

第一个阶段是展露。外部刺激通过人体的五种感官进入大脑,便开始了大脑的"认知之旅"。环境中的刺激是大量的、多样的,但事实上只有一部分刺激会被注意到,这是由于知觉的选择性和人体知觉阈的限制。展露是指刺激物展现在消费者感官可以接收的范围内,使其感官有机会被激活的状态。因此,广告画面和文字应位于消费者能够看到的地方;产品广告应在消费者能够清晰听到的范围内播放;商店里的商品应开架陈列,使消费者可入内随意触摸。展露只需把刺激对象置于消费者相关环境之内,并不一定要求消费者接收到刺激信息。比如,电视里正在播放一则广告,而你正在和家人或朋友聊天而没有注意到。

对于消费者来说,展露并不完全是被动的,很多情况下是主动选择的结果。消费者有忽视他们不感兴趣的信息的倾向,即消费者对同时进入大脑的刺激:一部分会全神贯注,而另一部分却置之不理。消费者会主动寻找有助于实现自己目标的信息,在购买某些相对重要的商品时,消费者会主动、有意识地搜索、收集商品信息,如浏览网页、阅读报纸杂志、观看电视广告、去商店与营业员交谈、向朋友和熟人打听等。但有些来自环境的影响,消费者自己可能都没有意识到,威廉姆斯(Williams)和巴格(Bargh)研究发现身体对物理冷暖的感知会影响人们对人际关系中热情程度的感知,他们发现人们接触了热的物理刺激后会比接触冷的物理刺激后要偏向认为他人是热情友好的,而这一影响并没有被人们所意识到。在日常生活和工作环境中,人们往往无意识地、偶然地接触到展露的信息,比如在商店随意浏览、在路上看到路牌广告、在家中电视里看到广告、在单位与同事闲聊了解到品牌情况等。虽然无意中接触到的营销信息可能并未引起或仅仅低水平地引起了消费者的注意和理解,但是仍然能够极大地影响消费者行为。事实表明,在人流量大的地方做广告和在收视率高的电视剧播放时段做广告,都能极大地增加商品的销售量。

第二个阶段是注意。注意是心理活动对一定对象的指向和集中,是消费者对展露于其面前的刺激物做出进一步加工和处理的过程。注意的基本特征是指向性和集中性。注意的指向性是指心理活动有选择地反映一定对象,而离开其他对象。注意的集中性是指心理活动停留在被选择反映的对象上的强度或紧张度,它不仅使心理活动离开一切无关事物,而且可以抑制多余活动。例如,当处于某种需要状态时,消费者能够主动地关注满足这种需要的刺激物。饥肠辘辘的消费者会给予食品和有关食品的信息更多的注意;计划外出度假的消费者更可能注意与度假有关的广告;

喜欢户外运动的消费者，对有关运动器材的广告可能格外注意。因此，当消费者的某种需要被激发时，与满足该需要相联系的刺激物会备受注意。

最后一个阶段是理解。它是个体赋予刺激物以某种含义或意义的过程。理解涉及个体依据现有知识对刺激物进行组织、分类和描述。消费者的固有思维和经验、刺激的背景等都会对消费者的知觉结果产生影响。因此，对同样的刺激物，不同的消费者可能会有完全不同的理解。例如，对于孩子的吵闹，爷爷奶奶可能觉得是悦耳的音乐，但是陌生人却认为是刺耳的噪声。营销人员需激活消费者的正面经验，同时应当避免唤醒负面经验。例如，霸王洗发水曾将品牌延伸到凉茶这个领域，霸王洗发水其实在消费者心中已经建立了中药世家的形象，其品牌名称已在消费者心中留下了"洗发水"的印象，消费者把霸王凉茶知觉成"像洗发水一样"，觉得凉茶有洗发水味道，这一联想导致了霸王凉茶最终的失败。

理论：
注意力经济理论的发轫

二、感官营销与感觉影响

感官营销是指融入消费者的五种感官体验（触觉、视觉、味觉、嗅觉和听觉）并影响消费者的感知、判断和行为的营销方式。例如，在商场中，一些餐饮店会在店门口提供免费的试吃服务，还会将招牌菜品放在门口，使菜品的香味随风飘散，刺激消费者的味觉和嗅觉，以此招揽顾客；在步行街上，一些店铺播放音乐或宣传语，从听觉上刺激路过的消费者，起到营销的作用。这些都是感官营销在生活中的常见案例。

卓越的品牌应该在消费者心中烙下"感官印记"。营销者可以通过改变消费者的感官体验，使消费者不知不觉被影响。商品的颜色、气味、开启包装的声音、触摸的舒适感都可以改变消费者的认知，包括消费者对商品质量、新意或品牌个性的感知，以及消费者的行为。事实上，已经有一些国际知名品牌在实施感官营销上取得了成果。例如，新加坡航空公司专门为空姐和机舱开发了某种香水，并为这种香水申请了专利，以确保乘客对其品牌有独特的嗅觉印象；Intel公司长期实施广告赞助计划，几乎所有采用了Intel处理器的计算机品牌的广告结尾，都会出现四个音符的著名音乐片段，这一听觉营销手段已经使用了20多年，Intel公司也在全球消费者的心中形成了独特的声音识别。下面我们将探讨具体感官的行为效应。

1. 视觉

视觉是人类最重要的感觉，人体超过67%的感觉细胞位于眼部，人们接收到的外界信息83%以上是通过视觉获取的。无论是直接体验还是间接体验或是虚拟体验，视觉的参与都必不可少，它帮助人们捕获认知对象的色彩、光线、空间及运动状态等信息。视觉帮助消费者感知产品外在形式之间的对比和区别，如大小、亮暗、厚薄等。研究表明，视觉是与消费者购买行为高度相关的感觉因素，瑞典时装品牌吉娜织物（Gina Tricot）的创始人兼首席执行官乔根·爱普维斯特（Jorgen Appelqvist）坚信，人们70%~80%的购买决定是由视觉决定的。适宜的颜色有助于消费者识别品牌，很多世界知名品牌在其品牌战略中运用了色彩的识别效应。色彩在塑造品牌个性、熟悉度、喜爱度和购买意向等消费者认知方面，具有非常重要的作用。色彩线索与品牌LOGO设计线索相关联时能放大品牌熟悉度和喜爱度，而且色彩还是驱动品牌个性认知的一个非常重要的参考因素，如黑色和紫色色调能促进消费者对品牌精明（Sophistication）个性的认知，红色、黄色和橙色色调能促进消费者对品牌兴奋（Excitement）个性的认知等。埃尔德（Elder）和克里希纳（Krishna）的研究发现，当广告中的叉子是朝着人的习惯手而不是非习惯手的一方放置时，会激活消费者有关用叉子吃蛋糕的经验，感觉蛋糕看起来更诱人而表现出更高的购买意向。在网络消费情境下，由于部分感官体验的缺失，消费者会更多地依赖视觉体验来获取商品的关键特征并直接影响最终的购买决策。

案例 5-1

餐厅的明亮程度会影响人们的食物选择吗？

一项研究表明，当人们外出吃饭时，餐厅灯光明亮会刺激人们选择更健康的食物，因为明亮的房间会使人们变得更加警觉，从而刺激人们做出更加健康的决定。

研究人员先是在四家连锁餐厅调查了160名餐厅常客。研究结果显示，坐在明亮房间内的80名食客，更加倾向于选择健康的食物，如烤鱼、蔬菜及白肉等，而不是油炸食品或者甜食；而销售记录显示，坐在昏暗灯光下的食客选择的食物，其卡路里含量要多出39%。在另外四项实验研究中，有700名大学生参与了研究，研究结果与上述餐厅研究结果如出一辙。此外，实验研究还发现，当使用咖啡因或者小提示来提高人们的警觉时，那些坐在昏暗灯光下的食客同坐在明亮灯光下的食客一样，会做出更加健康的食物选择。南佛罗里达大学的蒂帕因·比斯瓦斯（Dipayan Biswas）教授表示，人们在明亮的房间内会变得更加警觉，这会刺激人们做出更加健康且有远见的决定。

此外，专家表示，昏暗灯光并非毫无用处，它可以让人们吃得更慢、吃得更少，帮助人们更好地享受食物。

资料来源：研究：餐厅明亮或刺激人们选择健康食物［EB/OL］.（2016-05-30）［2023-04-01］. http：//www.ylrb.com/2016/0530/325544.shtml.

2. 听觉

人们接收到的外界信息中，11%借助听觉获取。研究结果显示，音乐能影响个体的心情、感知和行为，还能缓解焦虑。例如，在服务场景中的美好动听的音乐能提升消费者的舒适程度，促使他们在商店里停留更长的时间，表现出更高的支付意愿，也更愿意把品牌推荐给他人；商店和餐厅中慢节奏的音乐比快节奏的音乐使消费者停留时间更长、花费更多。因此，超市里面的音乐节奏不适合过快；播放法国风格的音乐能够增加商店中法国红酒的销量，而在同一家商店里面播放德国风格的音乐会增加德国红酒的销量。广告音乐能够改善消费者的情绪，也能让消费者对广告更加注意，所以音乐能够增强广告的劝说效果。

当听到声音时，人们往往会赋予它一定的特征或意义。那些听上去与消费者期望更一致的品牌名字会引发更正面的品牌评价。商品声音还会影响消费者对商品的感知和评价。一项调查结果显示，不少消费者通过汽车关门的声音来判断汽车质量的好坏。赞皮尼（Zampini）等人发现对于有些食物种类而言，咀嚼食物的声音是影响味觉感知的非常重要的因素，影响消费者对食物质量的感知和判断。他们发现尽管消费者品尝的是相同的薯片，但当要求消费者戴上耳机吃薯片，并悄悄调整消费者听到的自己咀嚼薯片时发出的声音音量，听到较大音量的消费者会觉得薯片更加香脆可口。

3. 触觉

触觉从生理上而言是最早发育的身体感觉，触觉对人类的重要性在很多研究中都得到证实，触觉对增强消费者感知拥有感、情感反馈以及劝说性都有着积极影响，研究者还创造了触摸需求量表（Need-for-Touch Scale）来测量不同消费者对触摸的需求程度。人际触碰能提升消费者对店铺和商品的评价，对商品的触摸则能增强消费者的支付意愿。阿克曼（Ackerman）等人提出了触觉的具身效应，他们发现物品的触感会影响人们对与物品无关的人和情境的认知，如触摸粗糙的纸张会让人倾向于觉得纸张上文字描述中的两个人交流困难，难以成为朋友。米耶·李维（Meyers Levy）等人的研究发现，走在柔软的地毯上比走在坚硬的地板上更容易让消费者感觉愉悦，进而对购物环境产生更高的评价。触摸与感知拥有感保持着密切的关系，感知拥有是一种心理感受，它对促进消费者感知体验和实际购买有着积极作用。匹克（Peck）的系列研究证实，触摸无论是在传统消费情境中还是网络消费情境中，均具有禀赋效应，缺乏触摸信息会使有触摸需求的消费者在商品判断过程中不自信、产生挫折感。即便只是描述触摸的文字和图片也能在一定程度上增强触摸信息的获取，帮助消费者降低认知挫败感。乔布斯说："当你打开 iPhone 或者 iPad 的包装盒时，我们希望那种美妙的触觉体验可以为你在心中定下产品的基调。"营销人员可以从产品设计、产品包装、购物环境等角度重新思考消费者的触觉体验，在形状触感、温度触感、硬度触感、光滑度触感等方面实施改进。

4. 嗅觉

据国际品牌大师马丁·阿姆斯壮（Martin Armstrong）的研究指出，人的情绪有 75% 是由嗅觉产生的。人对照片的记忆，在三个月后只剩下 50%，但回忆气味的准确度高达 65%。嗅觉是唯一被证实与记忆直接相关的感觉，而且该记忆还带有情感性。嗅觉的编码信息通常会比其他感觉的编码信息持续更长时间，诺贝尔奖获得者巴克（Buck）和阿克塞尔（Axel）的研究表明，人类有 1000 多种不同的基因来编码不同的气味感受器，而视觉只有四种，人类能够识别近万种不同的气味，而且对不同气味的记忆和识别可以持续较长一段时间。嗅觉线索激活的记忆比其他感觉激活的记忆更具有情感性，蕴含情感价值的气味对于增强消费者品牌意识和建立持久品牌形象都具有重要意义。嗅觉对于消费者品牌认知而言也具有独特的作用，如有研究发现气味有助于消费者记忆和回想所见到的品牌，而且嗅觉刺激对品牌产品的识别和选择也具有积极的影响。神经科学方面的研究表明，绝大多数人能够将特定的气味和特别的记忆和体验联系在一起，合适的气味会使消费者产生更强烈的购买意愿并延长消费者对品牌的注意时间。

案例 5-2

星巴克咖啡为何如此吸引人？

试着回想一下你去星巴克的经验，你是否很喜欢待在店里品尝一杯咖啡呢？其实并非那边的装潢特别漂亮，或者店员特别亲切，很多人的答案是星巴克先在感官体验上让自己感到愉悦，自己才会多次惠顾。

星巴克建立起全球咖啡王国的主因之一，是店面保持永远一致的感受。除了音乐、高雅的摆设以及舒服的灯光之外，最重要的就是店内到店外皆充满了浓郁的咖啡香气。这种香气是星巴克实施"顾客感官管理"的结果。星巴克为了营造店内最佳的嗅觉体验做了大量工作，例如，尽可能地采用非开放空间以隔绝外界的气味，并提高店内咖啡香气的浓度；不供应热食；咖啡豆要烘焙出最佳香气；全店禁烟并禁止员工使用香水。美国摩内尔化学香气中心（Monell Chemical Senses Center）研究指出："消费者如果身处宜人气味的环境，像是充满了咖啡香或饼干香的空间，不但心情会变好，行为举止也可能更为迷人，甚至出现利他的友善表现。"

资料来源：嗅觉营销：人的情绪有75%是由嗅觉产生［EB/OL］.（2015-02-26）［2023-04-01］. https://www.digitaling.com/articles/13694.html.

5. 味觉

人类仅能区分五种单纯的味道——甜、咸、酸、苦和鲜香，很难区分复杂或微妙的口味。味觉并不纯粹，因为味觉体验的形成除了依赖味蕾外，还依赖嗅觉、触觉等其他感觉。味觉往往受闻气味、摸材质、看颜色甚至是听咀嚼声音的综合影响，个体品尝到的味道其实是多种感官体验交互作用的结果，因而有很多因素都对味觉感知产生影响，如物理属性（如尺寸大小）、品牌名字、营养成分等。其他感官是如何影响味觉感知的呢？这里列举一些研究：①视觉影响味觉。杜博斯（Dubose）等人发现，在掩盖了果汁的颜色或给出错误颜色的情况下，消费者识别水果口味的准确性大幅降低。如果给你喝一杯蓝色的橙汁，你会很难识别出这是橙汁。②听觉影响味觉。有研究显示，对薯条脆度和口味的评价会受到消费者听到的咀嚼音量的影响。如果你无法听到咀嚼薯片时那种嘎巴嘎巴的声音，你一定觉得这薯片没那么脆。

有学者研究发现，对食品健康性的感知会影响食品的口感，这种影响是在消费者不知不觉中自动发生的。味觉食品的消费通常并不直接与味道相关联，反而更多地与一些社会性心理因素相关联，如自我控制感、自我调节以及自尊等，而消费的多少则与包装的尺寸大小有关，如阿迪怒格鲁（Aydinoglu）和克里希纳的研究发现，食品尺寸标签会对消费者的尺寸判断和消费产生主要影响，这是因为消费者会从尺寸标签中整合语义信息，这使得他们对尺寸的感知产生偏差甚至逆转。味觉感知在很大程度上依赖其他感官，这个观点也获得了神经心理学领域实验的验证，所以味觉对消费者行为影响的研究极少单独出现，更多时候味觉与消费者的嗅觉、视觉等其他感官体验一同综合作用于人的行为。

案例 5-3

咖啡杯的颜色

日本三叶咖啡店有一次请了30名消费者喝咖啡。他们先后端出四杯浓度完全相同，而咖啡杯颜色不同的咖啡，请这30人试饮。试饮结果：当用咖啡色杯子喝时，有2/3的人评论"咖啡太浓了"；用青色杯子喝时，所有的人异口同声地说"咖啡太淡了"；当用黄色杯子喝时，大家都说"这次咖啡浓度正合适，好极了"；喝红色杯子盛的咖啡时，9/10 的人都认为"太浓了"。

根据这次试饮结果，三叶咖啡店将店内所有杯子一律改用红色，该店借助杯子颜色增加销量，既可省料、省成本，又能使大多数消费者感到满意。

资料来源：营销故事之咖啡杯的颜色［EB/OL］．（2020-11-03）［2023-04-01］．https：//zhuanlan.zhihu.com/p/272486379.

事实上，不仅仅是味觉，人类的五种感觉之间均存在相互影响、相互整合的现象。研究者最初认为人的感觉拥有各自独立的感觉通道和编码系统，处理认知对象的不同属性，如视觉区域处理认知对象的颜色、光泽等属性，而触觉区域处理认知对象的粗糙、软硬属性。随着研究的深入，研究者发现不同的感觉通道事实上在更高层面上对认知对象的属性进行交互处理，如视觉和触觉都在对认知对象的几何结构信息进行处理。这种多种感觉相互作用并整合的现象被称为多感觉整合（Multisensory Lntegration）。当不同的感觉通道提供相同属性的信息编码时会存在信息冗余，但这种冗余会使个体的认知反应更快也更准确，如在人群中寻找目标对象时，目标对象挥手并大声叫喊会使得搜寻任务更快完成。斯宾塞（Spence）关注了声音与形状之间的关联并将其应用于消费者品牌认知的研究中，他发现通过形状和声音来引导消费者潜意识中的感觉期望，可以增强喜爱品牌的可能性。这些研究表明，各个感觉通道不是独立存在的，不同感觉通道获得的信息会在一定程度上相互影响或加强，以整合的方式在人的认知过程中发挥效用。单一的刺激有时不足以提供足够多的认知信息，多个感觉交互合并为统一信息进行加工时，能增强消费者对产品的感知能力，而不同感觉之间的交互作用也会影响消费者的感知判断。克里希纳和埃尔德研究发现，包含了听觉、嗅觉、视觉以及触觉描述信息的多感觉广告与单纯表达味觉的广告相比，能够使消费者产生更良好的味觉体验。霍特（Haught）等人也明确将个体的感觉交互观点引入营销学研究中，他们认为消费者在认知引起视觉注意的产品信息时，如果同时通过其他感觉获取更多产品信息，就能增强对产品的判断和决策的信心。

案例：多感官营销成功案例——上海 K11 购物中心

第二节 情绪和情感

一、情绪和情感的含义

人有七情六欲，很多消费行为都是在满足这七情六欲。人们会在开心的时候购物，也会在伤心、痛苦的时候购物。企业深谙这一道理，通过各种营销策略激发消费者情绪，从而达到其目标。不论是在传统广告时代，还是在当下的移动互联网时代，成功的营销都是"走心"的。

案例 5-4

"用电话传递您的爱"

一天傍晚，一对老夫妇正在用餐，电话铃响，老夫人去另一个房间接电话。回来后，老先生问："谁的电话？"老夫人回答："女儿打来的。"老先生再问："有什么事？"老夫人回答："没事。"老先生惊奇地问："没事，她从几千里外打来电话？"老夫人呜咽道："她说她爱我们。"俩人顿时无言，激动不已。这时出现旁白："用电话传递您的爱吧！贝尔电话。"

资料来源：对客户"动之以情，晓之以理"［EB/OL］．［2023-04-01］．http：//www.chinazwx.com/viewJournal.asp？flowNo=7220.

情绪对消费者行为非常重要。情绪可以让消费者对一个品牌产生依恋，放弃其他品牌，甚至会冲动性购买自己不需要的东西。那么，什么是情绪？什么是情感？情绪和情感经常让人们感到困扰。通常，情绪被认为是个体对特定事件产生的情境性感情反应，如愤怒、快乐、悲伤等；情感被认为是个体随着心智的成熟和社会认知的发展而形成的具有社会意义的情感体验，如责任感、对亲人的爱等。具体而言，情绪与情感主要存在三个方面的显著差异。首先，情绪与情感在个体发展过程中出现的先后顺序不同。情绪多与个体的生理性需要相关，情感则多与个体的社会性需要有关，如个体从出生开始就能通过哭和笑表达自己开心或生气的情绪，但个体对亲人的爱与责任感以及对美的欣赏等则是在社会性交往和体验中形成的。可以说，个体的情绪出现在前，情感出现在后。其次，情绪具有情境性和暂时性，情感则具有稳定性和持久性。情绪是个体因所处情境的刺激而产生的在某一时间点或时间段内的感情反应，并会根据刺激的方向及强度而发生变化，因此我们经常会评价一个人的情绪"喜怒无常"。情感则是个体因多次的情绪体验或感受而发展出来的较为稳定且长期的感情状态，因此我们经常会祝福一对爱人"百年好合，地久天长"。情绪可被视为个体某一特定体验或感受反应的内在心理活动过程，情感则可被视为个体基于这一内在心理活动过程形成的稳定心理状态。最后，情绪是外显的，情感则是内隐的。在情绪的作用下，个体的行为有可能是失控的，如愤怒时暴跳如雷、高兴时手舞足蹈等，情绪常常能够通过行为反映出来；但由于情感是个体稳定且深沉的内在感情状态，个体往往具备较强的自控能力，不会轻易通过行为反映出来。虽然情绪与情感存在以上差异，但两者也是密不可分的。在经过多次情绪化过程之后，个体的情感状态会归于平静和稳定，此时的情绪开始转化为个体的内在情感；而情感一般会通过情绪表现出来，而且情绪表现还会受到已有情感的制约，如因与异性朋友在一起时的愉悦、轻松而慢慢爱上对方，而对恋人的爱又会因短暂的分离而表现出失落和忧伤等。此时，情感成为情绪的深化和本质，情绪则成为情感的基础和外在表现，两者融为一体。因此，情绪与情感在一般情况下会被混用。

在消费者行为学的相关研究中，受众的情绪和情感也同样经常被通用。韦斯特布鲁克和奥利弗（Westbrook 和 Oliver，1991）将受众情感定义为人们因产品使用或相关消费经历而产生的一系列内在感情反应，而受众情绪通常更为急迫和更有情境性。乔杜里（Chaudhuri，1997）认为，受众情感是消费者对相关消费情境的直接感受及主观体验，为消费者提供了与产品或服务相关的感觉性和体验性信息。耿黎辉和陈淑青（2006）指出，受众情感是消费者在购买、使用或消费产品或服务的消费过程中因企业相关内外部因素刺激而产生的一系列内在特定情绪反应。基于对情绪和情感概念的理解，可以将受众情感界定为受众在购买及使用产品过程中受到消费情境的刺激所引发的一系列特定情绪反应，且这种情绪反应会随着消费者与产品的不断互动而趋于稳定和深沉。

二、消费者情绪的构成

有关消费者情绪的研究通常会按照以下三种方式对消费者情绪的构成进行划分。第一种按照消费者情绪发展过程进行划分，认为消费者情绪是一个连续的发展过程，会由不愉快发展到愉快，消费者情绪构成应包括所有对情绪发展状态进行相应描述的形容词，且不对消费者情绪进行正向或负向划分。第二种按照消费者情绪的正负状态进行划分，认为消费情绪可分为正面情绪和负面情绪两种独立的状态，且两者应分开研究，如正面情绪包括快乐、愉悦、满足等，负面情绪包括郁闷、烦恼、愤怒等。第三种按照消费的过程进行划分，认为消费者情绪可划分为消费前情绪和消费后情绪，且随着消费的发展和情绪的变化，消费前情绪通常会对消费后情绪产生重要影响。目前消费者情绪研究多采用第二种划分方式，将消费者情绪分为正面情绪和负面情绪两种，取其中的一种或两种进行研究。

消费者在购买和使用品牌时同样会产生十分丰富的情绪，如购买和使用能突显身份的品牌产品，会让消费者感到自信和尊贵；使用新颖和具有创新特性的品牌产品，则会让消费者感到激动和快乐；品质较差的品牌产品则会让消费者感到失望、烦恼和愤怒。按照品牌情绪的定义，品牌情绪的构成也可按照消费者情绪划分方式被分为正面品牌情绪和负面品牌情绪。何佳讯（2008）对中国文化背景下的品牌情绪构成进行了研究，认为品牌情绪应包括"真有之情"和"应有之情"两个维度，其中"真有之情"是消费者在品牌使用中因对品牌的喜爱而形成的对品牌的无法自控的正面情绪反应，包括被吸引、高兴、愉悦等；"应有之情"则指消费者因受到文化规范（如爱国主义、传统文化、风俗礼仪等）的影响而对品牌形成的义务上的感情。

案例：
如何让消费者爱
上你的品牌

三、情绪对消费行为的影响

美国著名市场营销专家菲力普·科特勒将消费者的消费理念分为三个阶段：一是量的消费阶段，即消费买得到的商品；二是质的消费阶段，消费者追求质量高的品牌；三是感性消费阶段，消费者注重购物时的情感体验。消费者对情绪价值的重视开始超越对使用价值的重视。下面将探讨两种常见情绪（快乐和悲伤）对消费行为的影响。

（一）快乐

近年来，在消费者行为学研究领域，学者们已经认识到快乐（Happiness）这一概念的重要性。快乐最初是哲学研究的范畴，随着时间的推移，快乐逐渐突破了哲学领域，开始成为心理学、社会学、经济学、管理学和营销学等学科的重要概念，并对社会生活产生了深远影响。人们决策和行为本质上是为了让自己获得快乐。根据品牌经济学原理，消费者选择品牌的目的是获得快乐最大化。所谓快乐，是指个体从产品（包括有形产品和无形产品）消费中获得的满足感之和大于零的状态。快乐是一种积极的、实实在在的情感，其来源于消费者从产品中获得的物质利益和情感利益。

研究发现，在贫穷国家，收入的确带来快乐的增加。由于穷人收入水平低，从消费中获得的物质利益有限，较难感受到快乐；而拥有更多财富和高收入的富人，能从消费中获得更高的物质利益，从而更容易感到快乐。但富人并没有比穷人更快乐。当物质消费达到一定程度，尤其是在获得的物质利益充分满足生理需求之后，人们将产生更多的精神需求。因此，在物质利益不变的条件下，只有增加情感利益才能让人们觉得更快乐。若情感缺失，即使物质富足，人们也仍然不快乐；反之，物质的贫乏可以由情感利益的提高来弥补。由此可见，情感利益对消费者选择消费行为的影响更重要。尤其是在物质产品丰富但同质化严重的市场中，消费者更加偏好能够为自己带来更多情感利益的产品，因此，情感消费越来越成为趋势主流。能够为消费者带来快乐的品牌更能激起消费者的购买欲望，更具有难以逾越的竞争优势。

案例 5-5

迪士尼：打造"欢乐"的企业文化

每个民族都有自己的特色文化，每个企业品牌的成功创立都需要有特色的文化氛围，而迪士尼的企业理念（或者称为企业精神）是"欢乐"。

有了欢乐，企业才能在社会上生存和发展，欢乐等于财富。任何一个在迪士尼工作过的人都必须要学会创造欢乐和带给别人欢乐。可以说，米老鼠这一个品牌形象的出现为迪士尼的起步创造了一个契机；"欢乐等于财富"的理念则成为迪士尼各品牌得以发展的基础。

迪士尼以欢乐为企业理念，自从米老鼠诞生之后慢慢在当地树立起自己的企业形象，通过有效实行的一系列其他任务或者建立的动物形象，把欢乐的理念慢慢地渗透进人们的心中，之后不断地丰富公司所拥有的动物形象和人物形象相关品牌资源。我们不难发现迪士尼很多作品的人物都出自《格林童话》，如《白雪公主》《灰姑娘》《小仙人》《睡美人》。之后迪士尼还创造了很多类似的故事，如《真假公主》《公主日记》《星银岛》等。最后的结局都是美好的，故事中充满了友爱、热情、梦幻、快乐等，每个故事都表现了人类社会中最美好的东西。社会环境不断变化，都市人生活节奏快，人们都希望能过得更欢乐、更童真一些，经历社会的洗礼和各种沧桑之后，有些人希望回到从前，有些人感到迷失，过着痛苦的生活。迪士尼恰恰听见了人们的心声，很好地把"欢乐"的理念融入并形成企业精神。为了能更好地表达出企业精神，迪士尼把企业精神融入企业的战略、日常工作等，把企业精神发挥得淋漓尽致，凭此幻化出各种各样的动画人物。迪士尼还进行纵向一体化，利用品牌价值创造出主题公园、手机挂件、电影等。

快乐，不必拘泥于任何形式，可以通过多种形式来打造、传播并触达消费者。从开始的电影、卡通形象到后来的主题公园和玩偶商品，迪士尼从"体验快乐"的品牌定位出发，寻找各种各样能够承载并传播"快乐"元素的品牌及媒介，通过多元化渠道，在把"快乐"带给消费者的同时，把成就与收益留给了自己。

资料来源：Disney 企业文化［EB/OL］.［2023-04-01］. https://wenku.baidu.com/view/e04d98814228915f804d2b160b4e767f5acf80eb.html.

（二）悲伤

悲伤是人类很早就开始认识的一种情绪。一般认为，悲伤是由分离、丧失和失败引起的情绪反应。悲伤与消费决策之间的关系受到不少学者的关注，许多研究显示，悲伤会导致个体消费增加，悲伤的个体愿意花费更多的金钱来获得一件商品，研究者将这种现象称为"悲伤消费效应"（Sad-Spending Effect）。

悲伤消费效应是指消费者在悲伤情绪下不但消费的种类更多，而且消费的数量也更多，如购买更多商品、消耗更多享乐性食品等。研究发现，较之中性情绪个体，怀有悲伤情绪的个体愿意多花 30% 的金钱来获得一件商品。在尼蒂卡（Nitika）的实验中，被试者被分为两组，并且都观看喜剧和悲剧电影，但是各组观看的顺序不同。实验测量被试者在观看电影过程中对爆米花的消耗量，结果很有趣：观看悲剧电影时爆米花的消耗量比观看喜剧电影时多 28%，差异显著。为什么悲伤情绪会导致消费的增加？研究者认为，怀有悲伤情绪的个体有改变现有情绪状态的强烈需要，他们会有意或无意地实施某些行为来达到改善情绪的目的，而在现实生活中，消费是个体最常采用的一种情绪修复行为。

悲伤情绪容易促使个体购物，然而购物对个体产生的影响有积极、有利的一面，也有消极、不利的一面。从有利方面来看，很多研究表明，悲伤消费效应有助于消费者悲伤情绪的缓解。从某种意义上说，金钱或许买不到爱情，但却能买到幸福。研究发现，给自己买些便宜的东西，如咖啡或者外卖食品，就足够让自己感到开心。受访者中约 20% 认为，在不愉快的日子中，花钱给自己购买一件小礼物，可以振奋精神。超过半数受访者认为，买小礼物可以使生活变得更有价值。为了达到改善当前情绪的目的，悲伤的个体会出现购物倾向，期望通过购物来修复自己的情绪。悲伤的个体通过增加消费，有效减轻悲伤程度，消费活动有利于个体情绪的恢复。阿塔莱（Atalay）等人（2011）通过一系列实验研究发现，心情不好的个体更容易为自己购买一些不在购物计划之内的商品，他们将这些商品称为"自我酬劳"（Self-Treat）品，个体在购买"自我酬劳"品后情绪状态显著好转，悲伤情绪显著减轻，因此"自我酬劳"品可以产生改善个体情绪的效果。

悲伤消费效应也有不利的一面，主要是导致消费者的消极情绪。有悲伤情绪的个体容易过度消费，这种过度消费在短期内能够使个体的情绪得到改善，而长期来看则会使个体产生焦虑和内疚情绪。情绪低落会使得个体更多地聚焦于用来摆脱负面情绪的近期目标，因此更容易出现冲动行为。个体为了达到改善当前情绪的目的，会不自觉地沉溺于食物，而这种沉溺是缺乏控制的。这种对食物的沉溺会使个体日后产生消极情绪，如后悔、焦虑和内疚等。可见，悲伤消费效应对于缓解悲伤情绪或许是有效的，但会使个体陷入其他消极情绪。

第三节　消费者的态度

一、态度的界定

在消费者研究领域，态度是学者们非常重视的一个概念。态度是人们对事物的一组内部评价（正向的和负向的），并且态度具有针对性，如品牌态度、消费态度等。也可以说，态度是个体通过学习获得的心理偏向，是个体对其他个体或事物的持久性评价。态度构成了一个持久的系统，系统中包括人们对自身周围环境各个方面独特的情感、动机、直觉和识别，系统运行的结果会形成人们对其他事物喜恶的反应倾向。态度作为潜在的心理状态，会对个体的行为方式造成一定影响。大多数学者认为态度是由情感成分（感觉）、意动成分（反应倾向）、认知成分（信念）三个部分组成的，即 ABC 模型（Affect、Behavior、Cognitive），该模型又被称作三维态度模型（见图 5-2）。情感成分是指个体对某个事物的情感或情绪性反应；意动成分是指个体对某事物做出特定反应的倾向，可以通过观察个体对某一对象所表现出来的行为而获得；认知成分是指个体对于事物的具体或整体的信念。这三种成分共同决定了消费者对某事物的态度。例如，我们喜欢某种食物可能是因为我们认为其含有对健康有利的成分（认知成分），或者喜欢它的味道（情感成分），或者经常购

图 5-2　三维态度模型

买这种食物（意动成分）。通常情况下，认知、情感、意动三种成分的作用方向是协调一致的，消费者的态度表现为三者的统一。当出现不协调时，情感占有重要地位，情感决定行为倾向。

二、消费者的态度和购买行为的关系

在早期的研究中，许多学者认为，消费者一般先形成关于产品的某些信念或对产品形成某种态度，然后在信念和态度的影响下，决定是否购买该产品。然而，随着研究的深入，学者逐渐发现，态度与行为之间并不必然是一种指示与被指示的关系，两者的关系远比人们想象的要复杂。

20世纪30年代，美国社会心理学家R. T. 拉皮尔（R. T. LaPiere）做过一项实验。拉皮尔与一对年轻的中国留学生夫妇在美国西海岸旅行，住宿于旅店，在餐馆用餐，并受到很好的接待。当时，美国普遍存在对黑人和亚洲人的歧视，拉皮尔的此次旅行使这对中国留学生夫妇颇感意外。六个月后，拉皮尔将上述光顾过的餐馆、旅店作为实验组，将未光顾过的一些餐馆、旅店作为对照组，分别向它们寄送内容类似的调查问卷，以了解它们是否愿意接待华人顾客。结果，在光顾过的约250家餐馆和旅馆中收回了128份答卷，其中回答不愿接待的有118家，占总数的92.2%。而且这一结果与对照组的结果没有显著差别。然而，这与拉皮尔实际旅行情况不符，他们在光顾的旅店和餐馆都受到很好的接待。由此可见，行为与态度之间的关系并不像人们通常想象的那样简单。虽然如此，态度与行为之间确实又存在密切的联系。在西方的政府选举中，民意测验往往成为某个政党候选人能否当选的有效预示器，而且民意测验日与选举日越接近，民意测验的预示效果越准确。所以，通过态度测量来了解人心向背，在不少情况下对预示行为具有特殊的价值。

一般而言，消费者的态度对购买行为的影响，主要通过以下三个方面体现出来。

（一）态度影响消费者的判断与评价

哈斯托夫（Hastorf）和坎特里尔（Cantril）将普林斯顿大学和达特茅斯学院两校校队足球赛录像分别放给两校学生看，结果普林斯顿大学的学生发现达特茅斯学院球队犯规次数比裁判实际判处的多两倍，达特茅斯学院的学生则恰好相反，更多地指出普林斯顿大学球队犯规而未遭处罚的次数。显然，这是两校学生维护各自学校荣誉的立场和期望本校球队获胜的积极态度造成的认识判断上的偏差。对于某事件的发生，人们并不是单纯地对其做出反应，人们的行为总是与其先入为主的态度或观念保持一致。这种现象在消费者选择、购买产品时也会经常出现。例如，品质相同的国产品牌和外国品牌，消费者会选择购买国产品牌。

(二)态度影响消费者的学习效果

态度在学习中起着过滤作用。学习者对某些事件所持的态度,常常影响其对有关事件信息的筛选,学习者有选择地掌握某些信息会产生不同的学习效果。琼斯(Jones)等人做过一个实验。他们选择对"白人与黑人分校学习"有不同态度的两组大学生作为被试者,第一组为反对分校者,第二组为赞成分校者。两组被试者被要求分别阅读一篇关于"反对黑人与白人分校学习"的文章,然后被要求将所阅读的文章内容尽量完整地写出来。结果发现,第一组被试者所记忆的材料数量远多于第二组,也就是说与被试者态度相吻合的材料,易被吸收、存储和提取,而与被试者态度不一致的材料,则更容易被忽视、曲解。显然,态度影响着人们对信息的关注与选择,是影响学习效果的一个重要因素。大脑不是一面镜子,如实地反射世界,而是由态度组成的摄像机,人们看到的多是自己想看到的东西。同样,消费者在接触各种来源的产品信息时,也会因对品牌、产品的不同态度,产生先入为主的见解;这些见解影响消费者对这些信息的注意和理解。

(三)态度通过影响消费者购买意向来影响购买行为

在市场营销领域中,一些学者们用实证研究证明,消费者对品牌的态度对于其购买意向会产生积极影响。黄(Hwang)等人(2011)对饭店网站进行研究,发现消费者的正向态度能正向影响消费者购买意向。佩里(Perry)研究发现,态度与消费者购买意图存在直接联系:抱有最善意态度的消费者怀有明确的购买意图,抱有最恶意态度的消费者完全没有购买意图,漠不关心的消费者则对将来是否购买持观望和不确定意图。可见,意图与态度有直接关系,即态度能够在很大程度上预测意图。不过,费希本(Fishbein)和阿杰恩(Ajzen)认为,消费者是否对某一对象采取特定的行动,不能根据其对这一对象的态度来预测,因为特定的行动是由其意图所决定的。要预测消费者行为,就必须了解消费者的意图,而消费者态度只不过是决定其意图的因素之一。

案例:
老字号品牌故事与消费者品牌态度

案例 5-6

从线上到线下的集体"野性消费"

在鸿星尔克的官方微博上,曾置顶的内容是"鸿星尔克心系灾区,鸿星尔克通过郑州慈善总会、壹基金紧急捐赠 5000 万元物资，驰援河南灾区"。截至 2021 年 7 月 22 日，"鸿星尔克的评论好心酸"占据微博热搜榜首。随后，网友们纷纷冲进其直播间下单。根据灰豚数据，2021 年 7 月 22 日晚鸿星尔克官方旗舰店淘宝直播间单场观看次数暴涨，同时单场直播带货的销售额超 1022 万元，是之前一周均值的 168 倍。即使在 2021 年 "6·18" 大促当天，其淘宝直播间的直播带货销售额也仅有 96.6 万元，不及 2021 年 7 月 22 日直播的 1/10。

几位品牌营销资深人士均认为，本次鸿星尔克的品牌传播是一次"意外的品牌传播"。从直播间里主播与消费者的互动中能够直接观察消费者情绪，鸿星尔克据此树立了一个为消费者思考的形象，品牌热度从线上传递到线下。

品牌营销资深人士娄峻峰表示：此次河南灾情是消费者对鸿星尔克产生共情的出发点，先引发品牌情感的共情，再达到情感上的共鸣，在品牌传播上实现了水到渠成的超级传播效果。

在此次事件中，重点是情绪点的引爆。蒋美兰表示："新媒体的引爆有两点——成图率和情绪点。成图率主要涉及参与打卡、拍照上传；情绪点则意味着话题一定要引发情绪，让情绪不断发酵。在群体接力中，细节逐渐丰满，为鸿星尔克树立了一个爱国本分、善良救灾的人设，这就是汹涌情绪的起源。"

根据各社交平台的信息，二三线城市多处鸿星尔克门店排起长队，出现商品断码、店铺售空等情况。面对众多消费者突如其来的"爱意"，鸿星尔克迅速做出反应，集团总裁亲临直播间表达感谢、亲自回应评论。48 小时内，鸿星尔克登上了微博、抖音、头条、知乎、百度、哔哩哔哩等各个平台的热搜或热门话题。

一位呼和浩特的消费者表示："有个人直接购买了 45 件商品，试衣间根本排不上，在我和朋友犹豫到底要哪个号的一瞬间，店里就只剩我俩手里的两件了，结完账后，我看到模特身上的衣服也被扒下来卖了。"

北京东四环奥特莱斯商场内鸿星尔克门店的员工表示，从 2021 年 7 月 24 日起门店一改之前的清冷状态，销量"一路飙升"。

相关人士认为，形象的反差也成为引起网友心理反应的重要因素。"公司经营亏损 2.2 亿元"与"捐 5000 万元物资"的反差，"企业要求低调"与"网友自发充会员费"的反差，"商家呼吁理性消费"与"观众坚持野性消费"的反差，都在不断点燃消费者"为灾区做慈善""振兴国潮"的情绪。

资料来源："野性消费"之后，鸿星尔克情绪营销下的冷思考［EB/OL］．［2023-04-01］．https：//baijiahao.baidu.com/s？id=1706751763201073931&wfr=spider&for=pc．

思考题： 情绪对消费者行为产生哪些影响？商家在引发消费者情绪的过程中需要注意什么？

案例 5-7

金旗奖获奖精选案例：
农夫山泉赞助《忘不了餐厅 第 2 季》，用遗忘唤醒守候

一、项目目标

在天然矿泉水品类细分的大趋势下，农夫山泉将中老年消费人群作为目标受众，其"锂水"同时填补了含锂水品类和中老年细分市场的空白。农夫山泉始终关注饮水健康，希望人们更好地理解水、理解生命，也理解银发危机，通过赞助《忘不了餐厅 第 2 季》，在自身品牌与认知障碍人群之间建立起一种情感联系，呼吁年轻人群体关注中老年人群体和边缘群体，凸显品牌社会责任感，并将品牌价值观、品牌理念潜移默化地植入节目，从消费者教育开始培育市场。

农夫山泉希望利用场景植入等营销方式撬动健康化、高端化和年轻化群体，从内容、价值、变现等层面建立老年人群体沟通渠道，提高农夫山泉全系列产品曝光率及渗透率，将全系列产品自然融入节目内容，同时提升产品温度。

二、项目调研

1）年轻一代主力消费人群需求更为立体化，不会轻易被产品品质打动，多维度的产品价值作用凸显。传统的营销方式缺少情感深度，消费转化不足，产生共鸣的营销方式更容易获得关注。

2）《忘不了餐厅》是国内屈指可数的一档关注中老年人群体的综艺节目，第一季播出后受到了持续而广泛的关注，豆瓣上评分高达 9.2 分，位居 2019 年度综艺节目第 5。

3）《忘不了餐厅》数据显示，17~29 岁观众占比 76.72%，高知用户占比 54.22%。第一季节目的成功说明，年轻一代观众并没有迷失在娱乐消费的快餐文化中，而是自觉地追寻具有文化内涵及社会意义的综艺节目，引起消费者情感共鸣的深度营销能进一步为品牌赋能。

三、项目策划

1）"让位"合作，品效合一：采用"以退为进"的合作方式。作为节目的赞助商，农夫山泉没有与节目内容做争抢，而是隐藏在幕后，默默为店员们营业期间的健康用水和营养补充提供保障，从而给节目的无剧本创作留出更多空间。农夫山泉各品类产品也以一种温情的方式，陪伴在阿尔茨海默病老人们的左右，最终实现更好的节目效果及品牌植入效果。

2）明星效应：综艺节目需要趣味性和话题性。新一季节目由"店长""副店长"以及飞行嘉宾加盟，持续打造话题热度，组成覆盖多圈层的长效吸睛组合，产出新"忘不了"故事。

3）创新理念："锂元素对中老年人身体好。"通过邀请专家录制第三方证言科普视频，证明"锂元素有益于脑健康"，将产品与节目深度结合。

四、项目执行

1）植入时长占比95%，正片平均每期露出时长56分钟。

2）各类权益贯穿节目，多款产品摆放露出，品牌元素无处不在。

3）每期两款产品供使用，全系列产品自然融入节目内容。

4）每期五秒品牌定制时刻，场景深度关联，传递品牌温度。定位节目高光时刻以强势曝光，借情绪高点给观众留下深刻印象，与节目内容深度关联传递品牌温度，提升品牌形象。节目突出农夫山泉LOGO及农夫山泉产品，植入形式新颖，深度关联场景与节目主旨。

5）整季节目三次互动植入，花式口播强化产品优势和特点。

6）收官时锂水的使用和科普视频，将产品与节目深度结合。节目收官集播出锂水科普视频，先借专家科学论证锂元素对阿尔茨海默病的预防作用，再紧跟农夫山泉锂水标版，强化产品印象。

五、项目评估

1）网络端：腾讯视频总播放量约72811.8万次，正片集平均播放量约7000万次，同时段卫视综艺节目收视第一，全频道同时段综艺节目收视第二。

2）电视端：男女比例相对均衡，30~40岁中青年及50岁以上中老年人群为第一人群。

3）揽获69个微博热搜，微博主话题阅读量达34亿次，引导观众对社会情感话题的探讨。

4）官方发起"忘不了云餐厅"微博任务，互动量约80.4万次，超预期目标八倍。

5）抖音官方话题播放量达2.3亿次，权威媒体点赞彰显公益属性。

6）各大主流报纸杂志、头部权威媒体热力追踪，实时点评夸赞餐厅。

7）联合五家权威健康医疗媒体全网科普阿尔茨海默病。

8）百家媒体支持，头部媒体"自来水"流量实现超10万次阅读量。网媒发布节目相关稿件365篇；客户端发布相关稿件68篇；图文和焦点图推荐400篇；推荐率高达92%。

六、项目亮点

亮点一，"让位"合作，品效合一，助力品牌实现最好温情植入。

农夫山泉通过场景营销，将全线产品设计适用于节目中出现的不同场合，潜移默化的植入实现了深度内容绑定。产品通过场景化演绎，得到了恰到好处的效果延伸，同时可以使消费者主动接受品牌理念、价值观。

亮点二，场景深度关联，传递品牌温度。

打造"忘不了时刻"，定位高光时刻以强势曝光，借情绪高点给观众留下深刻印象，与节目内容深度关联以传递品牌温度，提升品牌形象。

亮点三，品牌超高的植入时长占比，实现品牌与节目内容深度结合。

农夫山泉节目植入时长占比95%，无论是从节目内容还是从制作理念上看都实现了深度融合，实现了品牌与节目内容的共赢。

资料来源：由众成就（海南）融媒体科技有限公司提供，经公司授权。

本章小结

本章围绕什么是品牌传播受众的感知觉、情绪和情感、态度，以及感官体验、情绪和态度是如何影响受众消费行为的等问题展开。本章主要包括三个方面的内容：首先，介绍了什么是感知觉以及知觉过程，介绍了消费者的五种感官体验（触觉、视觉、味觉、嗅觉和听觉）及其对消费者的感知、判断和行为的影响，通过案例探讨卓越的品牌如何在消费者心中烙下"感官印记"。其次，介绍了情绪和情感的含义，情绪对消费行为的影响，着重探讨了两种常见情绪（快乐和悲伤）对消费行为的影响。最后，系统描述了消费者态度的构成，消费者态度和购买行为的关系。

复习思考题

一、名词解释

感觉和知觉　　知觉过程　　感官营销　　态度

二、简答题

1. 消费者的感觉和知觉是什么？二者有什么区别和联系？
2. 消费者知觉过程包括哪几个阶段？
3. 什么是感官营销？
4. 五种感官体验是如何影响消费者行为的？
5. 什么是情绪和情感？
6. 情绪对消费行为产生什么影响？
7. 什么是态度？态度包含哪些成分？
8. 消费者的态度和购买行为之间有什么关系？

本章测试

第五章习题

第六章
品牌传播媒介

本章要点

本章主要分为两个部分。第一部分主要介绍品牌传播媒介的含义和类型,根据品牌主对传播媒介的运用和管理方式可将品牌传播媒介划分为三类,即公共媒介、自有媒介和非媒体媒介,品牌可以根据传播目的和需求选择单一或多个媒介进行品牌传播活动。第二部分主要介绍品牌传播媒介策略的内涵(包括制定媒介策略需要考虑的因素)和选择媒介的三大原则,这一部分还简单介绍了如何制作媒介排期。

雅诗兰黛"小棕瓶"的全渠道销售模式

了解美妆护肤产品的人应该对"小黑瓶""大红瓶""红腰子"这样的昵称非常熟悉,这类护肤品的包装往往保持单一颜色,瓶身和包装多年来沿用统一风格,不会随意更换包装设计,消费者一眼就可以辨认出产品品牌,开辟这种做法先河的就是雅诗兰黛的"小棕瓶"系列产品。据说每隔15秒,全球就会售出一瓶小棕瓶眼霜。从1982年雅诗兰黛推出了第一款精华素到第七代小棕瓶于2020年7月29日上市,雅诗兰黛一直在寻求通过更多元、更精准的传播媒介触达目标消费人群。第七代小棕瓶上市当天,雅诗兰黛在微信朋友圈发布了这款新品的信息流广告。利用微信朋友圈广告,快速触达潜在顾客,推广新品信息,已经成为雅诗兰黛的日常营销方式之一。目前小棕瓶系列已经成为雅诗兰黛旗下的主推产品,占据了雅诗兰黛约1/3的营销资源,雅诗兰黛微信官方公众号在2019年的44次中推送中,涉及小棕瓶系列的共16次。同年,雅诗兰黛官方微博近100条产品宣传中,有32条是关于小棕瓶系列的;在小红书中以"雅诗兰黛"为关键字的笔记共70万余条,其中以"小棕瓶"为关键字的笔记达24万余条;雅诗兰黛抖音账号产品宣传视频共187条,其中推广"小棕瓶"系列的话题播放量超过2亿次。当数字化程度更深的年轻一代正在成为化妆品消费的主力群体,雅诗兰黛希望消费者在微博、抖音等社交平台上发现雅诗兰黛的产品,阅读评论并在社交平台上分享评论,然后去电商平台或品牌旗舰店购买。雅诗兰黛在营销过程中将经典款与新品交叉推广,不同价位的产品搭配在一起,鼓励消费者在社交媒体上分享产品使用心得,形成了极具吸引力的卖点。

资料来源:齐赟."小棕瓶"爆款化妆品昵称是如何叫出圈的?[EB/OL].(2021-05-28)[2023-04-01]. https://mp.weixin.qq.com/s/CxpWwUOB3B-ss80TQiGqVw.

第一节 品牌传播媒介的含义和类型

一、品牌传播媒介的含义

"媒介"一词在汉语中最早见于《旧唐书·张行成传》:"观古今用人,必因媒介。"媒介意为使双方发生关系的人或物。"媒"原指媒人,《说文解字》中提到"媒,谋也,谋合二姓",可以引申为事情发生的诱因;"介"在甲骨文中指铠甲,后引申为居于两者之间、留存或骨气等意。在英语中,媒介 media 是拉丁语单词 medium 的复数形式。单数形式 medium 很早就有"介入的手段或工具"的意思,并于约 200 年前用于报纸。

广义的媒介包括一切能使人与人、人与物、物与物之间发生关系的物质。"媒介"一词在日常生活中十分常见,特别是在大众传播和广告活动中,在传播学的学术研究中,一些学者也倾向于从广义的视角研究媒介的含义和其对社会的影响,并把媒介的两端和内容都包含在媒介中。例如,哈罗德·亚当斯·伊尼斯(Harold Adams Innis)认为,媒介是人类思维的延伸,他在著作《帝国与传播》和《传播的偏向》中分析了媒介与垄断的关系,认为媒介具有时间和空间偏向。时间偏向的媒介如石头、羊皮等能长久保存,体现了传播者对媒介的垄断,这样的权力中心只能在小范围内实现统治;空间偏向的媒介如报纸具有便于运送的特点,不能长久保存,但更利于帝国扩张和文化传播。伊尼斯的学生马歇尔·麦克卢汉(Marshall McLuhan)则认为媒介是人的延伸,媒介既是讯息,也是环境,"媒介是我们人类生理与精神系统的延伸,它构成了一种系列化交互作用的世界"。这类视角被称为媒介环境学派,主要研究媒介传播技术、媒介内在符号和物质结构对文化产生的影响。媒介环境学派创始人是尼尔·波兹曼(Neil Postman)。

狭义的媒介,其定义在各类传播学著作中的表述不尽相同,批判学派和经验学派都倾向于把媒介放在传播过程中来审视。品牌传播是传播学的一个分支,品牌传播过程可以参考传播学的传播基本要素和传播过程范式,最具代表性的是传播学四大奠基人之一哈罗德·拉斯韦尔(Harold Lasswell)提出的"5W"传播模式,即传播过程是谁(Who)、说了什么(Say What)、通过什么渠道(In Which Channel)、对谁说(To Whom)、产生什么效果(With What Effect),如图 6-1 所示。"5W"传播模式奠定了传播学研究的五大基本主题:控制分析、内容分析、媒介分析、受众分析和效果分析。

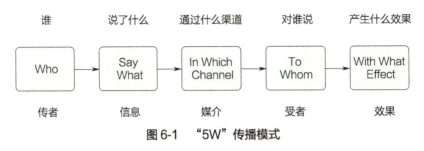

图 6-1 "5W"传播模式

如果把经典"5W"传播模式应用于品牌传播过程，接受者（即受者）对品牌信息的反馈是品牌主制定新一轮品牌战略的依据，如图 6-2 所示。传统的营销传播活动中，广告居于重要地位，品牌传播媒介可以看作是发布广告的大众媒体，如报纸、广播、电视等。随着时代的发展、数字营销技术的普及，大量新型媒介工具得到广泛应用，品牌营销者在选择媒介时必须考虑偏好不同媒介的接受者之间的差异，以及各类媒介对品牌传播活动的影响的差异，以便能够完全展现品牌信息，延续品牌形象，增强品牌势能，并时刻注重接受者的反馈信息。本书认为在品牌传播过程中，品牌和消费者的任何接触点都可以称为品牌传播媒介。

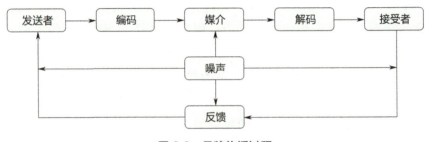

图 6-2 品牌传播过程

二、品牌传播媒介的类型

品牌传播媒介的选择和应用依照品牌传播的目的和需要而定，媒介的类型和数量包罗万象，根据品牌主对传播媒介的运用和管理方式可将品牌传播媒介划分为三类：公共媒介、自有媒介和非媒体媒介。

（一）公共媒介

公共媒介，是品牌传播的主战场，许多品牌每年花费的巨额品牌营销费用中公共媒介平台花费往往占比最高。公共媒介是具有大众传播效果，企业或品牌需要租用或购买其时段、版面发布信息，并不拥有完全自主权的媒介。根据品牌传播手段，公共媒介可分为商业广告、公关营销、销售促进等媒介方式。根据媒介形态，公共媒介可分为传统媒介和网络媒介两种形式，其中传统媒介包括报纸、杂志、广播、电视、车载广告、站牌广告等媒介方式,网络新媒体包括网站、电子邮件、搜索引擎和论坛、视频网站、微信微博、社交媒体平台等媒介方式。

1. 根据品牌传播手段划分

(1)商业广告。19世纪的西方社会认为广告是有关商品或服务的新闻。广告的内涵从单指一则广告,到包含所有类型的广告活动,随着世界经济的发展而逐渐丰富。美国广告代理商协会对广告的定义是:广告是付费的大众传播,其最终目的是传递情报,改变人们对广告商品的态度,诱发其行动而使广告主得到利益。《简明大不列颠百科全书》(第15版)认为:广告是传播信息的一种方式,其目的在于推销商品和劳务服务、取得政治支持、推进一种事业或引起刊登广告者所希望的其他反映。广告信息通过各种宣传工具,传递给它所想要吸引的观众或听众。广告不同于其他传递信息的形式,它必须由刊登广告者付给传播媒介以一定的报酬。《中华人民共和国广告法》对"广告"的定义是:商品经营者或者服务提供者承担费用,通过一定媒介和形式直接或者间接地介绍自己所推销的商品或者所提供的服务的商业广告。

广告的类型有很多,如感性诉求广告、理性诉求广告、展示型广告、文案型广告、幽默诉求广告、温情型广告、恐怖诉求广告、悬念型广告、证言型广告、娱乐型广告、互动型广告、洗脑式广告等。优秀的广告作品能在特定场景下将品牌定位与消费者联系起来,创作故事传递信息,使消费者形成关于品牌的积极印象。广告应凸显和强化品牌最突出的特征、产品最核心的卖点或价值,品牌广告可以以多种形式出现在消费者面前,借助高端媒介形成背书,有助于树立品牌形象和品牌个性。例如,从墨西哥走向全球的科罗娜啤酒,名列全球啤酒品牌销售排行榜第四位,其广告通常以年轻人聚会、沙滩派对、度假为场景,画面清爽怡人,与其他啤酒醇厚优雅的形象截然不同。科罗娜啤酒广告传递出时尚、浪漫、轻松、愉快的品牌联想,它独创的瓶口插柠檬的饮法让饮用更有仪式感,在与《速度与激情》系列电影的合作中,饮用科罗娜啤酒的动作和台词穿插在激烈的飞车、爆破情节中,为影片带来了张弛有度的节奏,令许多观众印象深刻。

广告的表现形式丰富多样,效果鲜明,一些娱乐性较强的广告还能引发消费者的二次传播,但随着传播渠道和传播手段的日益丰富,消费者的信息接触面越来越广,消费行为日益理性,企业对媒体广告宣传的倚重程度正在降低。

案例:
脑洞狂魔——
彩虹糖

（2）公关营销。公关即公共关系。1906年，美国新闻记者艾维·李（Ivy Lee）发表了著名的《原则宣言》，全面阐述了公关活动的宗旨。根据爱德华·伯尼斯（Edward Bernays）的定义，公关是一项管理功能——制定政策及程序来获得公众的谅解和接纳。公关是社会组织同构成其生存环境、影响其生存与发展的那部分公众的一种社会关系。公关也是社会组织为了生存发展，通过传播沟通来塑造形象、平衡利益、协调关系、优化社会心理环境、影响公众的一门科学与艺术。美国营销学专家菲利普·科特勒认为，公关是指在各种印刷品和广播媒介上获得报道版面，以促销或推广某个产品、服务、创意、个人和组织，并在此基础上达到协助新品牌上市、成熟品牌再定位、提高品牌态度、缓解品牌危机与建立品牌形象的目的。

公关的种类也有很多，如交际型公关、服务型公关、宣传型公关、社会型公关、危机型公关、建设型公关、维系型公关、进攻型公关、防御型公关等。公关在品牌传播中的主要作用是提高品牌知名度和美誉度，通过发布权威真实的信息，获取消费者对品牌的积极态度。2020年，罗永浩在直播间为某品牌鲜花带货，消费者发微博@罗永浩称自己收到的玫瑰花全都枯萎了，罗永浩在5日后发微博道歉并回复该消费者，表示将根据协约要求品牌方给大家一个交代，同时在直播间给予额外补偿。罗永浩的回应及时且诚恳，站在消费者立场去做危机公关，把带货翻车变成了个人品牌的一次信任机遇。

相对于付费广告，公关营销的传播成本相对较低，能够潜移默化地影响品牌在消费者心目中的形象。但是，公关活动的传播效果往往难以有效衡量，许多品牌平时对消费者舆情监测不足，不能准确了解消费者的品牌预期和品牌认知，一旦爆发危机事件，一些品牌方反应迟缓或推卸责任，不能及时组织有效的公关活动挽回声誉，就会导致品牌遭受严重打击。

（3）销售促进。终端传播中的销售促进是指品牌给予消费者某种形式的奖励、回报、折扣或承诺，鼓励消费者购买商品或实现品牌传播目的。销售促进的方式分为货币性和非货币性两种：货币性销售促进，包括折扣、优惠券、退换货款等方式；非货币性销售促进，包括赠品样品派发、竞赛、抽奖、积分兑换、产品展示等方式。终端场所是消费者最直接感受到品牌文化的接触点，品牌的店面设计、商品陈列、人员服务，能够让消费者感知品牌、认同品牌，实现品牌传播的最终目的。无论是线上还是线下，商品都是销售终端传播的第一要素，品牌通过商品和终端广告直接接触消费者，通过购物环境和购买动机影响消费者的购买行为，是非常关键的决策瞬间。

销售促进是企业常用的品牌传播方式，但企业要谨慎使用这种方式，注意销售促进要和品牌形象保持一致，不能为短期吸引关注或促进销量而盲目使用。销售促进要与其他类型的品牌传播活动配合进行,促销的额度和频次要合理,以免损害正价购入的消费者的权益,降低消费者对品牌的忠诚度。长期依靠销售促进的品牌有时会给人廉价、滞销的印象,一些奢侈品品牌宁可在季末将卖不出去的商品销毁,也不会轻易减价销售。

2. 根据媒介形态划分

(1)传统媒介。传统媒介包括:印刷媒介,如报纸和杂志;电子媒介,如广播和电视;户外媒介,如车载广告和站牌广告等。

1)印刷媒介。印刷媒介是以文字和图像符号在信息载体上通过印刷的方式传播信息的媒介。印刷媒介最主要的是报纸和杂志,除此之外还有海报、传单、宣传册及其他印刷品。报纸和杂志是企业最早作为公共媒介进行品牌传播的介质,德国人约翰·古腾堡(Johannes Gensfleisch zur Laden zum Gutenberg)在15世纪发明了铅活字和手压印刷机,并印刷了42行《圣经》,自此铅字印刷术开始在世界范围内扩散。1833年,美国印刷工人本杰明·戴伊(Benjamin Dye)创办《纽约太阳报》,大众化报纸开始成为人们最重要的传播媒介之一。早期的报纸和杂志样式差不多,随着商品经济的发展,人们对各类信息的需求越来越多,报纸逐渐变成"新闻纸",杂志则刊登各类绘画、照片和娱乐性文章。在形式上,报纸的版面越来越大,一般不装订,多页对折发售,纸张质量往往较差,只有收益较好的报社才会使用质地精良的纸张印刷,即使是现代报纸的印刷质量和纸张质量也远远赶不上杂志和宣传册的;杂志则装帧精美,封面有大幅图片装饰。卡尔·马克思(Karl Marx)在《新莱茵报·政治经济评论》出版启事中指出:与报纸相比,杂志的优点是能够更广泛地研究各种事件,只谈最主要的问题,杂志可以详细、科学地研究作为整个政治运动的基础的经济关系。

在过去很长一段时间里,报纸和杂志都是品牌传播的重要工具。以报纸为例,其发行周期较短,有日报、周报、月报等多种形式,品牌可以根据需求购买版面。报纸的内容往往是通俗性大众内容,读者范围较广,一些受欢迎的报纸可能被多人传阅。利用报纸进行品牌传播的成本相对较低。许多人养成了长期读报的习惯,品牌可以在报纸上连续发布相同或系列广告以传播品牌信息,还可以根据市场反馈,如读者来信、来电等及时获知消费者的需求,进而及时调整在报纸上刊登的品牌传播信息。一些报纸是区域性的,品牌可以针对当地消费者的风俗习惯进行品牌的本土化营销。报纸具有新闻性,无形中增强了品牌传播信息的公信力和可信度。阅读过程中人们愿意进行理性、连贯的思考,报纸上刊登的广告也可以创作得更有文化气息,或者刊登较为详细的说明性材料,让品牌形象更丰富、更有人情味。

随着人们接触媒介习惯的改变,看报、看杂志的人越来越少,很多报纸、杂志经营无以为继，影响力也大不如前，品牌刊登在报纸、杂志上的信息，其传播效果和影响力日益式微。报纸和杂志由于其印刷媒体的特性，制作、排版周期都较长，内容一旦付印便不能更改，信息传播缺乏灵活性和实效性。视频网站和社交媒体的普及，使人们不再愿意阅读长篇累牍的文章，转而喜欢从视频、音频等表现方式更为丰富的媒介获取信息，报纸和杂志的受众正在不断减少。

2）电子媒介。电子媒介是指存储与传递信息时使用的电子技术信息载体，最典型的电子媒介是广播和电视，除此之外还有电报、电话、传真、电影等多种形式。1906年圣诞节前夜，美国的雷金纳德·奥布里·费森登（Reginald Aubrey Fessenden）在纽约附近进行了有史以来第一次无线广播。广播的内容是两段笑话、一支歌曲和一支小提琴独奏曲。这一次无线广播被当时分散的人们清晰地收听到了。世界上第一个领有执照的电台是美国匹兹堡KDKA广播电台，它于1920年11月2日正式开播。我国的广播事业也紧随世界潮流，我国第一个广播电台建于1923年1月。我国人民广播事业第一个电台是1940年创办的延安新华广播电台。广播传播迅速，覆盖面可根据发射频率调整，内容可重复播放，对听众的文化水平要求不高，但如果语言不通就无法进行信息传播。广告通过言语、音乐和各类音效，编辑成各类节目，熟练的广播员能根据当地听众所处的气候、环境、心情及时修改内容，各类广告灵活穿插于谈话节目、音乐欣赏、新闻节目中。听众收听广播的限制不多，只要有一台接收设备，在发射频率内的节目都可以收听到。到了互联网移动终端高度普及的现在，打开车载收音机在拥堵的城市收听一段广播，仍是很多人的日常生活习惯。品牌营销者可以结合节目听众的偏好和品牌目标消费人群，合理规划品牌信息传播。广播的缺点是传播内容通过听觉传达，听众很难长时间集中精力收听，许多听众只是把广播当作解闷的背景音，广播内容容易被各类噪声干扰。广播的低成本优势让很多区域型品牌有了更多的选择，品牌可以通过广播对某一地区的潜在目标消费人群发布信息，但如果想成为全国知名品牌、扩大影响力，则需要更为丰富多样的媒介组合方案。

电视是以视觉和听觉为主的传播媒介，随着电视节目制作水平的提升，各类精彩纷呈的声音、画面、特效都能通过电视节目呈现，因此电视节目容易给观众现场感。电视节目对观众的文化水平要求不高，观众手握遥控器查看数百个电视频道总能找到自己喜欢的节目。一些国家级的电视频道信誉度高，信息真实、内容丰富，受众基础好，例如以中央电视台为代表的国家级媒介总能吸引各大品牌斥巨资发布广告，以《新闻联播》到《焦点访谈》节目时段为例，就开辟了"新闻联播提示收看""新闻联播报时组合""新闻联播后标板""天气预报中插广告+背景板广告""焦点访谈前广告""焦点访谈提要后广告""焦点访谈后广告"等多组标的物作为黄金资源向企业竞标。一些有影响力的省级卫视的热播节目广告资源也让品牌营销者青眼相加。

电视的覆盖面广，媒介到达率高，但不同时段之间的传播价值相差很大，这主要与观众日常的生活作息密切相关。近年来互联网移动终端普及，越来越多的人开始在手机上收看各类节目，电视节目的受众多数为老年人或网络信号覆盖不全的地区，这让电视节目的观众和品牌的目标消费人群之间的差异越来越大。许多品牌开始冠名或赞助综艺节目、植入影视剧广告，将品牌信息和电视节目内容相结合，在各大视频平台和各大电视台的网络平台上进行品牌传播。此外，电视节目制作成本较高，对广告的要求也较高，品牌在制作电视广告和购买电视媒介资源时花费不菲，而且广告刊播费用通常比广告制作费用更高，有时要高达几倍之多，对许多资本不充足的小企业来说，电视媒介上的品牌传播并不适合。

3）户外媒介。户外媒介是指在外露天搭设的传递品牌信息的各类设施，户外媒介种类繁多：有固定不变的，如商场外的霓虹灯和招牌、公园运动设施上的广告牌或广告语，也有依托各类交通工具的，如车载广告、站牌广告等。户外媒介的生命周期长，到达率高，可以按照不同人群的活动轨迹投放户外广告，如针对经常出差的商务人士，机场广告牌、机场巴士广告、候机大厅广告和酒店广告就能较为精准地触达他们，而针对忙于通勤、没有太多休闲甚至生活时间的人群，公交站广告、地铁站广告、办公楼电梯附近的分众广告就十分适合，在他们乘车等待的碎片化时间就能实现品牌信息的传播。户外广告是整合营销传播方案中的重要组成部分，针对特定地区、特定人群的户外广告往往收效不错。随着时代的发展，科技为户外广告注入活力，数码展示技术、无线通信技术、感应技术、二维码、基于位置的服务（LBS）、快速反应（QR）等技术的运用，使户外广告能够融合装置艺术的魅力，实现与消费者更有趣的互动。2017年，芬兰赫尔辛基警局开展的一系列户外活动，旨在提高大家对家庭暴力的认知，广告牌可以根据警局电话数据而触发，广告平时是一位女士的自拍照片，如果有人拨打警局电话报告家庭暴力，那么这个海报就会变成女士被打后受伤的照片，广告语是"你不能隐藏暴力的痕迹"。

案例：
饿了么包下80城四万块广告牌投放户外广告

（2）网络媒介。网络媒介通过互联网或移动通信网络传播信息，是通过计算机、手机、平板计算机等终端接收信息的一种数字化多媒体传播媒介。网络媒介用户数量巨大，可以同时传递海量信息，网络社群通常个性鲜明，品牌营销者更容易锁定目标消费人群，特别是近年来社交媒体平台快速发展，品牌营销者能够即时获取消费者意见反馈，从产品设计、品牌形象、品牌调性、营销活动安排、品牌代言人等多个方面调整品牌战略。随着大数据技术、云计算、物联网和 5G 技术的发展，网络媒介应用场景日益广泛，特别是在最近两年，实体经济搭载互联网技术，网络医疗、在线办公、远程教育、电商直播等方面发展迅猛，为我国经济注入新的活力。根据 2023 年 3 月 2 日发布的第 51 次《中国互联网发展状况统计报告》，截至 2022 年 12 月，我国网民规模达 10.67 亿，较 2021 年 12 月增长 3549 万，互联网普及率达 75.6%，较 2021 年 12 月提升 2.6 个百分点。数字技术为形成新的经济增长点提供了重要的支撑，如 5G、工业互联网等数字技术为数字经济提供了底层基础。借助数字技术，大规模匹配算法和高速网络（可传输到云端），使信息传输得更快、能量耗散得更少，推动数字经济成为"低熵经济"。网络购物为推动经济内循环提供了新动力。早在 2020 年 6 月，生鲜电商、农产品电商、跨境电商、二手电商等电商新模式的用户规模就分别达到 2.57 亿人、2.48 亿人、1.38 亿人和 6143 万人，在推动农产品上行、带动消费回流和促进闲置经济发展方面发挥了积极作用。截至 2022 年 12 月，我国网络购物用户规模达 8.45 亿人，较 2021 年 12 月增长 319 万人，占网民整体的 79.2%。以远程办公等为代表的数字服务正在形成新的服务业态。截至 2020 年 6 月，在线教育、在线医疗、远程办公的用户规模分别达 3.81 亿人、2.76 亿人和 1.99 亿人，并保持了继续增长势头，成为极具发展潜力的互联网应用。

网络媒介具有数字化特征，融合了报纸、杂志、广播、电视等传统媒介的优势和功能，实现了文字、图片、声音、视频等多种信息的融合，大数据技术的应用，使得网络媒介可以根据用户浏览习惯和点击动作自动生成和调整媒介内容，极大地提高了品牌传播的针对性和有效性。网络媒介给予消费者更多与品牌直接沟通的途径，品牌主应对消费者舆情保持关注，及时了解消费者需求反馈和建议，第一时间对品牌危机做出应对，建立和牢固品牌声誉。

网络媒介应用于企业品牌传播的类型很多，如品牌官方网站，移动应用 App，微信和支付宝小程序，各类网络广告如 App 开屏广告、视频播放前广告、视频植入和中插广告、频道和栏目的原生广告、旗帜广告、搜索引擎广告、电商广告、品牌图形广告等，微信、微博和抖音等社交媒体平台官方账号，信息流广告，电子邮件，等等。网络媒介发展初期，只有少数人群使用网络媒介，网络用户的人口统计学特征相对单一，网络媒介功能也较为有限，基本上是传统传播形式和内容的网络版本。随着互联网技术的发展和移动终端的普及，网络媒介成为人们日常获取信息和交流的主要媒介，传统媒介退居其次，一些传统媒介甚至仅保留内容和编辑特点，各种传播方式也逐步网络化。此时，网络用户自发结成了各类亚文化社群，现实社会中人们的行为方式、思维模式、价值观、行动和偏好也都逐步在网络世界中构建，甚至发生异化。品牌信息的传播一方面更为便捷、有序，另一方面要应对比传统媒介传播更加复杂的环境。品牌信息在网络上的传播往往很难做到解码和编码的一致，任何社会、经济、文化甚至外交领域的大事件、小插曲都会对品牌产生意想不到的影响，同一信息在不同社群和亚文化圈层的网络用户那里会形成各自的解码，品牌在发声时要更加多维考虑消费者的心理需求。

（二）自有媒介

自有媒介是指品牌管理者对其拥有自主权并具有媒体性质的媒介，包括企业的官方网站和官方微博、微信、抖音等社会化媒介。广义的自有媒介是企业自主拥有的、为品牌和企业发声的平台，是企业长期对外联络的窗口，不需要再向大众媒介额外支付费用，因而其发布内容的数量、时段和频率都能根据品牌需要灵活调整。

1. 企业官方网站、官方 App 和微信小程序

企业官方网站是一个企业的门面，许多企业都会设立自己的官方网站，但网站的浏览量却并不理想。随着人们的网络接触习惯逐渐向移动端转移，许多企业都着手建设官方 App 或微信小程序，作为与消费者互动、发布企业品牌信息、上市新品和组织各类营销活动的平台。例如，星巴克就通过点单、积分换购等手段鼓励消费者下载星巴克的 App，一些星巴克门店甚至会将 App 点单的海报架立在大堂，根据 LBS 技术标明门店所在位置，方便消费者下单时填写，鼓励消费者在线上点单。一些奢侈品品牌如迪奥、香奈儿、LV 近年来非常注重我国市场，纷纷在微信小程序上开设官方账号，根据大数据锁定消费者的消费习惯，通过点击微信朋友圈广告和公众号下拉广告的方式导入消费者，消费者可以足不出户在手机上通过浏览小程序挑选商品下单购买，在没有开设品牌专柜的地区，物流公司也能够按时送货上门。

官方网站主要分为基本信息型网站、在线业务型网站和综合门户型网站。随着时代的发展和互联网技术的进步，App 或微信小程序整合了以前企业官方网站的功能，结合人们的手机使用习惯不断迭代出更为符合消费者需求的客户端。官方网站应在视觉上彰显品牌特色，内容上融合品牌文化、品牌理念和品牌精神，功能设计上与时俱进、注重与消费者不断变化的浏览习惯相结合，同时注重互动性方面的设计，增强娱乐性和趣味性，及时收集消费者意见并做出反馈。

2. 企业官方微博、微信公众号（服务号）和抖音等社会化媒介

对于品牌传播而言，社会化媒介是目前最能展现品牌形象、传达品牌价值和品牌精神内涵的传播方式。品牌因在社交媒介上的发言而更有人情味，方便拉近与消

费者距离,检测品牌舆情,化解品牌危机。一些活跃的品牌账号之间的互动,能丰富品牌个性,吸引与品牌调性相符的消费者关注,同时能以较低成本制造话题,使品牌传播活动更加丰富、活跃。

目前活跃度最高的社会化媒介主要有"双微一抖",即微博、微信和抖音。除此之外,还有多种类型的社会化媒介可供品牌选择:网络百科全书,如百度百科、维基百科;内容社区,如豆瓣、小红书、哔哩哔哩;视频网站,如爱奇艺、优酷和腾讯等;社交网站,如美国的 Facebook 和 X(原 Twitter);虚拟游戏世界,如王者荣耀等。品牌在社会化媒介传播活动过程中要注意观察消费者群体中的意见领袖并与之合作,社会化媒介上的意见领袖往往拥有一大批忠实的粉丝,意见领袖的观点更容易被社群里的其他人信任和转发。同时,社会化媒介上的品牌官方账号必须保证长期稳定发布优质内容,让关注者感到这是一个开朗有趣、个性鲜明的"朋友",为此品牌需要深入目标消费者的内心世界和生活场景,挖掘他们有共鸣的话题和状态,创作高质量、有个性的内容。

案例 6-1

融媒体力量推动"科技冬奥"品牌传播

人民网人民体育推出《人民冰雪·冰雪科技谈》大型科普融媒体节目,聚焦"冰雪运动科技",这在中国体育传播领域是一个开拓性创举,成功拓展了体育传播领域的边界,借力北京冬奥会这项重大和特殊的传播任务,实现了"体育传播"与"科技传播"的成功跨界。《人民冰雪·冰雪科技谈》一共有 25 期科普访谈视频,每集 8 分钟左右,从 2022 年 1 月 25 日开始,于北京冬奥会举办的前后时间,在人民网全媒体矩阵(人民网 PC 端、"人民网+"客户端、人民网微博、人民网微信、人民网第三方平台的各种账号)、人民体育全媒体矩阵(人民体育微博、人民体育微信等账号)陆续播出的同时,还通过更多媒体包括 CCTV 奥林匹克频道、中国科协的"科普中国"融媒体矩阵(科普中国自有平台、合作电视台、合作有线电视台和 IPTV、新媒体端),以及参与展播的各大媒体等近百家体育类、科技类、综合类媒体平台及相关新媒体同步播出。它成功借助全社会对"冬奥科技"的关注,成为各展播平台的推荐热点。

节目策划了主题歌曲《为冰雪加油》。歌词由资深音乐人崔轼玄携手彭元元、蒋京逾共同创作,"95 后"青年原创歌手尚士达倾情献唱,以青春激情唱响"用科技,为冰雪加油"。用歌声记录"科技冬奥"的精彩,讲述中国冰雪运动发展和科技创新的新时代故事;用音乐向中国的科技工作者致敬!节目组将这首主题歌曲制作成 MV,配上了大量"科技冬奥"项目中的珍贵视频。这首《为冰雪加油》歌曲的中英文字幕MV，还被人民日报英文客户端、人民日报（繁体中文）Facebook和X（原Twitter）账号、人民日报体育（英文）Facebook和X（原Twitter）账号、人民日报（英文）YouTube账号向全球发布，用MV作品浪漫和饱满的情感，润物无声地向全世界传播"科技冬奥"的精彩，展现了北京冬奥会的迷人魅力和新时代中国发展的现代化成果。

为了充分发挥社交媒体的传播优势，方便社会大众在社交媒体中传播"科技冬奥"的成果，《人民冰雪·冰雪科技谈》项目组为参与"科技冬奥"的中国科技工作者定制了社交媒体传播素材，采用极富职业和个性特点的嘉宾本人肖像照，加上《人民冰雪·冰雪科技谈》栏目的完整形象识别要素，设计了精美的社交媒体传播海报，强化科技工作者和受众之间的互动感，让科技工作者的专业形象更加亲切、生动、鲜活，如同明星一样，魅力四射、光彩照人。在海报一角还加上了嘉宾访谈人民网视频地址的二维码，在传播中，任何对海报内容感兴趣的受众只需要长按海报图片，通过扫描二维码即可观看人民网的当期视频。借冬奥热度，通过媒体、嘉宾本身所在系统，以及所有热心参与和支持"科技冬奥"的相关机构与人群的共同推动，形成广泛的圈层互动，实现了在中国社交媒体领域的广泛传播与扩散，大大增强了主流媒体的吸引力、感染力，起到了很好的传播效果。

2022年3月4日，《人民冰雪·冰雪科技谈》清华附中合作学校校园展播启动仪式在清华附中永丰学校举行。本次校园展播是大型科普融媒体项目《人民冰雪·冰雪科技谈》系列推广活动之一，通过各学校官方微信公众号连载节目视频，以及各学校统一组织学生按班级在各自教室分别观看视频，或按年级在学校礼堂集中观看视频，极大地推动冰雪运动知识普及，带动更多师生参与冰雪运动，同时激发学生学习科学的热情，点燃科学创新的梦想。

要点分析：北京冬奥会的筹办，为中国冰雪运动发展提供了良好契机。科技创新，成为中国冰雪运动前进道路上的嘹亮号角。"科技冬奥"在各大媒体上成为"现象级"热潮，充分彰显了科技创新的魅力，点燃了全社会对科技和冰雪运动的热情。在北京冬奥会的宣传报道中，人民网人民体育推出的大型科普融媒体节目《人民冰雪·冰雪科技谈》，充分利用人民日报社内丰富的融媒体资源与融媒体矩阵，与各兄弟单位及伙伴单位积极协作，充分利用"网、端、微、报纸、杂志、书籍"等各种资源，实现优质内容的全网、全媒体传播。北京冬奥会的筹办过程，既是中国兑现承诺、不断自我升华、快速发展的过程，也是向全世界提供中国方案、中国智慧、中国贡献的过程。人民网人民体育积极履行党媒职责与使命，抓住北京冬奥会这个历史性机遇，通过对"科技冬奥"的立体深度传播，展现新时代的国家形象，强化民族自信、振奋民族精神，其系统性、专业性、观赏性受到广泛关注，成为助推北京冬奥会科技热潮的重要力量。

资料来源：金台资讯. 用融媒体力量传播"科技冬奥"的精彩 [EB/OL].（2022-06-09）[2022-04-01]. https://baijiahao.baidu.com/s？id=1735143354895801654&wfr=spider&for=pc. 有修改。

（三）非媒体媒介

非媒体媒介是指本身并非作为媒体使用的信息载体，但其在品牌传播过程中发挥着重要的媒介作用，如产品包装（包括超市货架和产品陈列效果）、企业领导者、员工、企业办公设备等。

1. 产品包装

随着经济社会的发展，产品包装从简单的标识、卫生、便于存储和运输等实用功能发展出多种营销层面的功能。产品包装能够带给消费者最直接的视觉体验，陈述产品信息和主要卖点，帮助消费者建立品牌联想。产品包装在设计过程中要考虑商超陈列效果，能够方便零售商和销售人员摆放商品、介绍商品信息；引人瞩目的产品包装和精巧的包装设计能够让消费者在商品种类繁多、信息冗杂的消费环境里迅速锁定目标。产品包装的费用是品牌必须承担的。产品包装是品牌信息传播的免费载体，品牌营销者如果能够充分利用包装的品牌传播媒介功能，能为品牌节省一大笔开支，还有可能收获意想不到的效果，如获取私域流量，使品牌产品成为消费者拍照上传社交媒体平台的爆款。

产品包装的视觉要素包括商标、文字、图像和包装造型等，产品包装的总体风格要在一定时间和地域内保持一致，方便消费者识别和购买。消费者不一定看过品牌耗资巨大的广告或参与过品牌在特定时间、地点举办的营销活动，其第一印象可能就来自产品包装。产品包装要符合品牌形象，能够有效传达品牌价值，准确传递产品特点和信息，同时重视消费者体验，考虑消费者购买动机和使用场景的差别。

2. 企业领导者

大多数企业领导者往往隐居幕后，不为公众所了解，但随着"互联网+传统行业"热潮的到来，人们很容易在网上搜索到企业和品牌的各类相关信息，企业领导者的个人形象、言行举止、个性和品德都会通过社会活动传递到大众面前。消费者很难严格区分企业领导者的个人形象和企业品牌形象，所以企业领导者在社会活动中要注意自己的个人形象，企业领导者良好的个人形象能提高大众对品牌的积极态度。例如，2021年夏季河南因遭遇台风"烟花"而发生水灾，鸿星尔克通过郑州慈善总会、壹基金紧急捐赠5000万元物资，驰援河南灾区，一时间得到广大网友的认可,消费者纷纷抢购鸿星尔克的产品。鸿星尔克董事局主席兼总裁吴荣光在鸿星尔克抖音直播间感谢大家的支持,并提醒大家理性消费,网友对其热心公益、勇于承担企业社会责任的行为大加赞赏。这次鸿星尔克董事局主席兼总裁吴荣光的言行就为品牌积累了很好的声誉。

企业领导者的品牌传播方式包括新闻报道、广告代言、事件营销、社会化媒介和公共关系营销等。企业领导者要综合考虑个人特质和企业品牌定位,以区别其他企业家;企业领导者要积极履行社会责任,经常向公众发声,关注业界和社会热点;企业领导者要有战略眼光,将个人品牌的塑造和企业品牌的塑造有机统一。

3. 员工

在零售业和服务业,企业员工负责直接和消费者接触,为消费者提供商品或服务,向消费者传达品牌价值。企业员工的精神状态、仪表衣着、言行举止能直接被消费者感知,影响消费者对品牌形象的认知和好恶。

品牌化的初始受众是企业员工,企业员工要认可自己的品牌,才能同心协力将品牌核心价值在日常工作中践行。企业要注重对员工的品牌化教育,为员工制定统一的行为标准,方便员工执行。在社交媒体时代,企业通过发布反映员工风貌的广告、发布展现员工风采的新闻报道、开设员工社交媒体账号,从员工角度出发,走进员工的精神世界,通过榜样的力量激发员工动力,提升员工的总体形象。

4. 企业办公设备

企业办公设备涵盖很广,包括办公场所和办公用品,如办公室、销售门店、公务礼品、交通工具等。一些酒店在办理入住时为客人提供温水、糖果或饼干,方便旅途劳累的客人取用,营造出一种宾至如归的氛围;一些超市为了方便消费者购物,提供免费大巴,方便远途消费者乘坐,定期向会员投递折扣宣传单,方便会员及时获知商品价格信息;一些奢侈品品牌甚至为会员提供香槟和精美的下午茶,以备会员挑选、试穿时小憩和交流。企业办公设备的设计往往从使用角度出发,但也要注意立足于品牌定位,在兼顾实用性的同时能够展示品牌形象,方便消费者识别和记忆。

案例:
2020年金旗奖全场大奖
"一叶子×张新成《冰糖炖雪梨》"媒介创新案例

第二节 品牌传播媒介策略

一、品牌传播媒介策略的内涵

媒介策略是品牌为了实现传播目的,分析、选择和投资媒介资源的过程。品牌传播媒介策略(简称品牌媒介策略)由媒介策划人员和媒介购买人员共同完成:媒介策划人员负责与创意人员及客户合作,制定一个可供执行的品牌信息媒介投放计划;媒介购买人员负责根据媒介投放计划购买合适的媒介资源。品牌媒介策略是否能满足品牌营销传播任务的需求,主要看接触媒介的人群与品牌目标消费人群是否一致,即可能产生购买意愿并付诸购买行为的潜在目标消费者是否通过媒介了解了品牌信息。

制定品牌媒介策略需要考虑以下五个因素。一是营销目标,即根据品牌营销现状和产品生命周期具体分析并制定切实可行的营销目标,包括销售、品牌和产品定位、市场份额、渠道和分销策略等目标。二是目标消费者偏好和特征,许多品牌喜欢以年龄作为划分潜在消费群体的标准,如18~24岁的"Z世代"年轻群体、60岁以上的老年群体。事实上,由于收入不同、居住地域不同、受教育程度和消费观念不同,即使年龄相同,两个人的媒介接触习惯和生活方式也可能大相径庭,这需要品牌营销人员充分利用大数据技术,做好品牌目标消费群体的人口统计学画像,在消费者所熟悉的生活场景里植入营销信息。三是信息策略和创意方式,优秀的广告创意和引人入胜的营销活动需要在策划阶段就考虑到媒介因素,合适的媒介投放能将吸引来的潜在消费者顺利引流到销售环节,而配合不当的媒介投放只会把慕名而来的人群聚在一起围观,很难将其引流到销售环节。四是媒介本身的特性,如权威性、覆盖率、地域性、连续性等,也需要被考虑在内,特别是要考虑媒介信息在被收听和收看的过程中,能否做到使品牌营销信息引人注意、重复多次传播、便于在受众间相互传播和保存等。五是预算,预算往往是决定品牌信息传播效能的最直接的因素,不同媒介产品价格不同,不同价格媒介的覆盖率、影响力不同,最终使得品牌传播活动的效果不同。品牌媒介策略最终通过媒介投放计划实现,媒介投放计划通常包括媒介类型和组合、排期、投放频率、投放地点及传播范围、价格等要素。

二、选择媒介的原则

制定媒介策略和媒介投放计划的目的是合理使用经费,以最少的经费获得最好的品牌传播效果,达成品牌建设目标,促进销售,提升品牌知名度、忠诚度和美誉度。媒介策略的背后是品牌战略、市场战略以及对目标客户的认知和了解,只有品牌战略和市场战略清晰,才有可能制定正确、清晰的媒介策略。品牌的媒介策略主要受到市场、竞争、资源和产品四个因素制约,具体包括市场需求中的市场规模、市场构成、需求动向、目标消费者构成、媒介接触习惯,不同市场地位的竞争者占位,企业自身的物质资源和组织能力,产品属性、品牌成长周期等。制订一份可供执行的媒介投放计划要以了解多方信息为基础。媒介选择关键词见表6-1。

表6-1 媒介选择关键词

关键词	释义
广告规格	广告的时长或所占版面/网页的大小
到达率	在单个周期内,至少接触过一次媒介信息的人(或家庭)占所有传播对象的百分比
收视率	某一时段收看某一电视节目的人(或家庭)占电视观众总人数的百分比
总收视点	一个投放周期内每次广告收视率的和
千人成本	信息通过特定媒介到达1000个人(或家庭)的成本计算单位
收视点成本	每得到一个收视百分点,品牌所花费的成本
点击率	互联网或移动终端上某一内容被点击的次数与显示次数的百分比
媒介覆盖率	在某一区域,特定媒介可能接触到的受众人数占该区域全体人口的百分比
页面浏览量	Page Views,即网页的访问数量,是用户检测网站特定内容流量趋势的重要指标
网站排名	搜索引擎对各类网站显示的先后次序
接触关注度	消费者接触媒体时的专注程度
编辑环境	媒体内容与品牌信息或广告创意的匹配度

媒介组合的选择要坚持以下三项原则:媒介数量1+1>2原则,品牌营销内容适当重复原则和媒介组合经济原则。

(1)媒介数量1+1>2原则。有人说,即使是可口可乐这样的品牌,三年不做广告也会被人淡忘。品牌信息传播是一个长期过程,品牌形象需要长期稳定地出现在媒体上。从受众方面来看,多数品牌的潜在消费者的媒介接触习惯不是单一的;从媒介覆盖面来看,单一媒介的覆盖人数是有限的,且一段时间内基本保持稳定,很难满足品牌营销力图吸引更多消费者的需求。为了更好地实现品牌传播效果,品牌信息的创意方式要结合媒介的不同特性,品牌只有深谙各类媒介的传播特点和优劣，才能在制定媒介策略时有的放矢。在品牌的整合营销方案中，媒介组合往往要根据实际情况来确定，有时以一种媒介为主、其他媒介作为补充，实现线上线下联动；有时根据品牌传播目标，分阶段选择不同的媒介组合。根据不同媒介特点确定多种媒介的组合，其传播效果往往优于单一媒介传播效果的总和，实现 $1+1>2$ 的效果。

（2）品牌营销内容适当重复原则。人脑由于保护机制，在面对海量信息时通常会忽略绝大多数"无用"的信息，对每天都看到的事物也常常视而不见，这就需要不同媒介发布的品牌信息有相同和互补的部分，以保障消费者在进入消费场景时能够想起该品牌或产品的卖点。品牌营销内容要经过相当长的时间才能到达消费者，因此需要多次重复和特殊的契机以便在消费者心智中形成印象，只有当足够多的消费者听说过某一品牌时，他们中的一部分才有可能形成购买意愿，所以品牌主不能轻易更换品牌形象和品牌价值观，以防消费者来不及记住，更别提传播了。

（3）媒介组合经济原则。品牌选择媒介组合最重要的一点就是量力而行，根据自己的品牌建设水平、产能和运输能力、保持高品质产品和服务的能力，选择价格合适、效果最优的媒介组合，不要盲目扩大市场份额，过度的营销支出将挤占品牌研发和再生产的预算。品牌可以充分利用自有媒介和非媒体媒介资源发布品牌营销信息，充分利用包装、货架、门店和客服等一切因销售而与消费者发生连接的接触点，发布富有吸引力和感染力的品牌营销信息，同时将有限的预算投放在能力较强、影响范围较广、权威性较高的媒介平台上，并坚持固定位置或时段投放，日积月累才能形成品牌效能。

三、媒介排期

媒介排期是指品牌传播的媒介投放计划中购买的各媒介时长和位置，品牌营销活动必须按照排期的时间表和广告规格投放广告、组织营销活动。按照品牌营销信息投放的频次，媒介排期可分为先多后少式、滚雪球式、细水长流式、狂轰滥炸式和波浪式等。先多后少式又称为虎头蛇尾式，即品牌营销活动和广告在前期大量投放，短时间内形成强大的信息攻势，当商品享有一定知名度后逐渐减少营销信息投放频次。滚雪球式是一种循序渐进的媒介投放方式，前期小规模、少量多次、散点式制造品牌存在感，此后逐步加大力度，使品牌媒介投放达到一个顶峰。细水长流式比较适合较为成熟的产品和品牌，以相对固定的时间间隔进行媒介投放，目的是提醒消费者不要忘记该产品和品牌，以保持消费者购买和关注习惯。狂轰滥炸式和波浪式有相似的地方，它们都是按照特定频率，定时、集中、大规模进行媒介投放，形成使消费者短时间内被品牌信息包围的态势，时间一到，投放就减弱或停止，等待下一个焦点时刻的到来。

对于传统媒体如电视节目而言，节目收视率可以根据过去三个月的情况进行预估，特别是新闻节目和综艺节目这类固定节目，以赛季或年为周期播放的体育新闻也可根据上一单元的收视率进行预估，新上映的电视剧则可根据包括各种类型电视剧收视率的数据库进行预估。网络媒体如社交媒体账号的流量，可根据近期以往同类型内容的点击率、关注度、点赞数量进行预估，还可以参考社交媒体每日热搜榜主题热度。

以电视媒介为例，媒介排期首先要注意品牌特性与节目的匹配度，其次节目的播放时间和收视率要相对稳定，还要分析目标消费人群一天当中的媒介接触习惯。一天当中可以划分出若干"黄金时间"和"垃圾时间"。"黄金时间"如清晨醒来至上班途中、工作时间、午休时间、下午茶歇时间、下班途中、晚饭期间和晚饭后、睡前、周末、特殊的日期（如重大体育赛事日）或节假日等。"垃圾时间"如深夜和凌晨。许多电视台下午时段的广告费较便宜，一些地方性品牌会在这个时段滚动播放时间较长的广告。随着媒介形态和种类的发展，不同媒介的"黄金时间"不尽相同，甚至同一类媒介由于受欢迎程度不同、受众定位不同，"黄金时间"也不同。媒介策划人员要对各类媒介资源有详尽的了解，以电视剧为例，要了解电视剧类型、演员阵容、故事情节、每集详尽内容、首播还是重播等信息，目前许多电视剧和综艺节目的首播放在视频媒体平台上，分布在一周的中午或晚上且时间不等，品牌营销信息的植入要根据实际情况确定，有时在电视剧拍摄阶段就要跟进，和编剧、导演共同商议剧集的植入广告和中插广告，力图让品牌营销信息与内容有机结合。在制定自家品牌媒介投放策略和计划的同时，媒介策划人员也要关注竞争对手的媒介投放策略和计划，针对竞争对手展开防御和反击。

案例 6-2

忍不住就哼唱的"蜜雪冰城"广告歌

蜜雪冰城2021年6月3日发布《你爱我，我爱你，蜜雪冰城甜蜜蜜》主题曲MV，并收获了超过1282万次的播放、65万次的点赞。蜜雪冰城一时间成为网络刷屏的热门品牌，人们对这个品牌的爆火褒贬不一，但对其为河南水灾捐款的行为给予了广泛的称赞。

现制饮料近年来在国内爆火，涌现了诸多知名品牌。在和消费者互动营销方面，蜜雪冰城可以说是其中最突出的品牌之一。许多人知道蜜雪冰城这个品牌，是从2021年夏季社交媒体上"魔性"洗脑主题曲开始的。蜜雪冰城于2021年6月3日发布主题曲MV《你爱我，我爱你，蜜雪冰城甜蜜蜜》后，又上传了该主题曲的中英双语版。哔哩哔哩上的"UP主"们，纷纷在主题曲的基础上进行二次创作，一时间各大社交媒体平台上都出现了这首歌的改编版，连央视网都推出了一条模仿蜜雪冰城主题曲的视频。后又有消息传出，去门店唱主题曲可以获得冰淇淋免单，许多年轻人纷纷去门店打卡，话题热度从线上延续到线下。许多人发现主题曲很耳熟，其旋律来自民谣oh, Susanna，这是一首由斯蒂芬·福斯特1847年写的乡村民谣，流传至今已有170多年历史，许多人都能哼唱。此后蜜雪冰城收获了"#难怪蜜雪冰城歌曲这么耳熟#""#蜜雪冰城社死现场#""#蜜雪冰城主题曲#"等多个热搜。截至2021年6月25日，相关微博话题阅读量超过10亿次，抖音话题下也有13.8亿次的播放。蜜雪冰城的吉祥物"雪王"也成为短视频平台的常客，许多短视频中都能看到这个头戴王冠、手持权杖的胖雪人出没。

在蜜雪冰城爆火了一个月后，河南突遭恶劣暴雨天气。尽管总部设在郑州的蜜雪冰城也有不小的损失，但它仍然为郑州捐款2200万元，后又追加了400万元的捐款。由于其低廉的利润、身处灾区之中还能捐款，许多人纷纷涌入蜜雪冰城门店消费。一时间，买一杯蜜雪冰城成为年轻人最时髦、最正能量的消费行为；许多人不仅购买蜜雪冰城的商品，还热衷于拍摄照片上传到自己的社交媒体账号，从而形成了一股模仿的潮流，甚至多地爆出"蜜雪冰城捐款后销量暴增，店员累瘫，呼吁大家理性消费"的新闻。

在这场营销盛宴中，品牌在年轻人喜爱的社交媒体平台发布主题曲并收到极大反响，从而获得了品牌传播的到达率；歌曲旋律来自人们熟悉的民谣，歌词简单、容易上口，听过的人几乎都能哼唱，这就为年轻人广泛模仿和改编提供了品牌传播的素材，多种版本层出不穷乃至国家级媒体都下场"与民同乐"，从而获得了令人可喜的传达率。蜜雪冰城推出"唱主题曲免单冰淇淋"活动是本次品牌传播活动最关键的一环，把线上的爆红话题成功转化成门店的客流量。关于主题曲的翻唱，蜜雪冰城在2022年推出了新的玩法，在原来的风格上用说唱的方式鼓励大众录制视频上传社交媒体，相关话题在抖音上收获192万次播放量。河南灾情之后，蜜雪冰城出于社会责任感的义捐，尽管也可以看作是企业的公益营销行为，但在品牌传播理论框架中，可看作是为消费者提供了极好的消费仪式感：购买一杯蜜雪冰城不仅可以在社交媒体平台发一组"薅羊毛"（因为与其他奶茶品牌相比，蜜雪冰城定价低廉）的照片，还会被其他人解读为是自己"紧跟时事、关心灾情、支持国货崛起、弘扬正能量"的表现。这为消费者提供了最有含金量的社交工具。至此，一次成功的品牌传播完成，蜜雪冰城收获了曝光量、品牌美誉度和销售量。

2022年，蜜雪冰城继续延续极高的人气，在儿童节推出了品牌吉祥物雪王同款造型的"吨吨桶"，官方售价19.8元/两个，700毫升容量、装满牛奶的"吨吨桶"就是一个迷你版的雪王，许多年轻人纷纷在自媒体账号上晒出了这款蜜雪冰城周边。随后大家发现，蜜雪冰城官方账号上的雪王头像变成了黑色，这一不同寻常的信号在网络自发形成了一波话题，网友纷纷评论留言，询问雪王"黑化"原因。蜜雪冰城顺势推出新品"芝芝桑葚"和"桑葚莓莓"，并回答"雪王因为去采摘桑葚才变黑"，网友的好奇心被点燃，据说要排队 20 分钟才能喝到一杯新品。蜜雪冰城的品牌吉祥物雪王正在通过各类营销事件逐渐成为大众所熟知的品牌形象。蜜雪冰城品牌通过亲民的品牌定位成为同类品牌中独特的存在。

资料来源：

[1] 蜜雪冰城的幕后推手，原来是他俩……[EB/OL].（2021-06-25）[2023-04-01]. https：//baijiahao.baidu.com/s?id=1703536559786603338&wfr=spider&for=pc.

[2] 月销量 60000+，蜜雪冰城靠它又火了，不是奶茶和咖啡 [EB/OL].（2022-07-04）[2023-04-01]. https：//36kr.com/p/1812695981278601.

思考题：从媒介角度分析蜜雪冰城品牌传播成功的原因。

本章小结

本章从品牌传播媒介的含义和类型入手，介绍了品牌传播过程中可供选择的媒介。根据品牌主对传播媒介的运用和管理方式可将品牌传播媒介划分为三类：非媒体媒介、自有媒介和公共媒介。其中，非媒体媒介包括产品包装、企业领导者、员工、企业办公设备等。自有媒介包括企业的官方网站、官方 App 和微信小程序，企业官方微博、微信、抖音等社会化媒介。公共媒介根据品牌传播手段，可分为商业广告、公关营销、销售促进等方式；根据媒介形态，可分为传统媒介和网络媒介两种，其中传统媒介包括印刷媒介（如报纸、杂志）、电子媒介（如广播、电视）、户外媒介（如车载广告和站牌广告）等，网络媒介包括网站、电子邮件、搜索引擎和论坛、视频网站、微信微博、社交媒体平台等形式。本章还介绍了品牌传播媒介策略的内涵，总结了选择媒介的三项原则和媒介排期的注意事项。

复习思考题

一、名词解释

自有媒介　　千人成本　　到达率　　接触关注度　　媒介覆盖率

二、简答题

1. 品牌传播媒介中最容易被品牌忽略的通常有哪些媒介？
2. 在互联网时代，品牌是否应该把营销信息传播的主战场全部放在互联网媒介平台上？
3. 企业领导者在品牌信息传播过程中有哪些优势和风险？

4. 和社交媒体平台关键意见领袖（KOL）带货相比，品牌自播有哪些优势和劣势？
5. 媒介数量1+1＞2原则的内涵是什么？
6. 品牌信息在传播过程中为什么要遵循品牌营销内容适当重复原则？
7. 当预算有限时，品牌传播的首选媒介是什么？请说明原因。

本章测试

第六章习题

第七章
品牌传播策略

本章要点

本章从品牌传播策略的概念开始,介绍品牌传播策略的含义、特性和基础,传播学视角下品牌传播策略的基本内涵,接着介绍了品牌传播策略的导向。在理论知识基础之上,本章结合小米、荣耀等品牌案例对品牌传播策略进行深刻阐释,揭示品牌传播策略的实质。

> 导入案例

小米的用户培育与社群营销

小米之所以能够取得成功，每次产品发布都能引起热烈反响，它的社群营销模式是重要因素。小米的标识如图 7-1 所示。在创业初期，小米与用户互动交流，共同开发产品。这是将受众逐渐培育成为目标客户乃至忠实客户的成功案例。

图 7-1　小米的标识

小米的社群营销模式成功的关键在于三个方面。首先，精准聚焦用户。小米利用微博获取新用户，利用论坛维护用户活跃度。微博可以为小米吸引更多的新用户以及提升对产品的关注度：由于微博的浏览量大，在其中发布信息，可以获得很多的浏览量，其中不乏对产品感兴趣的浏览者购买了产品，成为新用户。这种零投资、效果显著的宣传模式，值得借鉴。在论坛中，用户可以讨论产品功能以及使用事项，还实现了小米与用户的交流沟通，从而维护了用户的活跃度。小米的设计人员还可以从论坛中获得新思路，进行更好的设计。小米在管理中机智地选择了用户量大的平台进行免费宣传，事实证明这种选择是正确的。其次，重视用户诉求。在进行新产品设计时，小米会积极发布设计信息，与用户在微博、微信等平台进行讨论，增强用户的参与感。除此之外，小米还举办各种活动使用户拥有主人翁意识，更加积极地参与到小米的设计中，这也为小米的宣传打下了很好的基础。最后，小米强调交流沟通。无论是小米的管理人员还是设计人员，都时刻保持与用户的对话沟通，人人都是客服，这使得小米在亲民方面拥有更多优势。很多人愿意支持小米在很大程度上就是因为小米在服务及营销模式上的优势。这一点是很多大型企业难以做到的。

小米社群和用户建立起连接，并通过讨论的形式，让用户拥有参与感，在讨论的同时，也使用户更加了解产品，从而为后续的转化铺路。这就是小米成功的重要原因。

资料来源：雷军. 小米发布全新 LOGO，开启新十年！[EB/OL].（2021-03-31）[2023-04-01]. https: //m.mi.com/discover/article/1090328/2？spmref=MiShop_M.cms_19880.3840886.1&scmref=cms. 有修改。

第一节　品牌传播策略的概念

一、品牌传播策略的含义

首先，什么是策略？其基本释义是指计策、谋略，包含三个方面：①可以实现目标的方案集合；②根据形势发展而制定的行动方针；③有斗争艺术，能注意方式方法。策略一词原本为军事用语，随着社会的发展，被广泛用于其他领域，其基本含义也发生了变化。如今，策略通常是指为了实现某一个目标，预先根据可能出现的问题制定若干对应的方案，并在实现目标的过程中，根据形势的发展和变化来制定新的方案，最终实现该目标。将策略的思想和原则用于品牌传播活动，能够使品牌传播活动合理有序进行，有效达成传播目标。

从策略的定义可以看出，品牌传播策略是指对品牌传播活动从整体战略到具体实施方案的预先谋划，它涉及确定传播目标和目标受众，制定精心策划的广告和促销方案，配合其他传播工具的运用，以获得理想的受众反应。越来越多的营销人员和品牌管理者将传播目标视为建立和维护公司品牌与消费者之间的长期关系。在理解品牌传播策略时，需要注意以下三个方面的问题。

首先，品牌传播策略是针对传播方式而言的，虽然"营销"与"传播"越来越相互交织、难以区分，实践过程中两者呈现整合趋势，传播策略被纳入整体营销策略中，但是营销与传播依然存在本质的区别：从内容和工具上看，品牌营销以"4P"理论为基本出发点（见图7-2），而品牌传播以信息的传和受为出发点（见第六章图6-1）。因此，可以说品牌传播策略要基于整体营销策略，并为营销服务，然而其核心的内容依然是信息的沟通，以及通过信息沟通构建和维系品牌与消费者的关系。品牌传播策略的制定既要基于品牌发展整体策略，又不能和品牌发展整体策略的其他方面混为一谈。品牌建设和品牌管理工作中会面临许多方面的问题，如新产品导入和品牌延伸、品牌强化与激活等，相关要素和活动与品牌传播策略的制定息息相关，同时彼此独立，在品

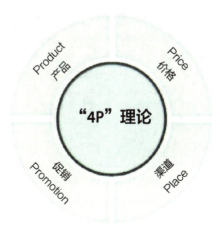

图7-2　"4P"理论

牌发展中完成各自的使命和任务。

其次，品牌传播策略是一个指导性程序，需要执行人员进行具体的实施。策略在本质上是一种运用脑力理性思考的结果，基本上所有策略都是指向未来的事物，也就是说，策略是针对未来要发生的事情做当前的决策。它是对所有传播活动步骤和思想的一个总体规划，是一份具有可操作性和艺术性的指南。策略的指导性还体现在考虑包括广告、促销、公共关系营销、事件营销等所有的传播方式和传播工具，所有传播活动应该基于统一的策略，相互配合、共同发生作用。

案例 7-1

红旗的品牌传承与开拓

红旗是中国汽车的标志性品牌，也是国人的骄傲。1956年，第一批由新中国制造的解放牌载货汽车驶下一汽总装线，正式结束了新中国不能制造汽车的历史。1958年，由一汽生产的小轿车横空出世，并被命名为"东风CA71"（见图7-3a），这也是红旗汽车的前身，此后一汽生产的每一款车型，从东风CA71到红旗CA773，都体现了老"红旗人"艰苦创业、为国争光的精神，每一款车型背后也都有一段承载了荣光与梦想的难忘故事，这也承载了红旗品牌最高光的时刻。2018年1月8日，红旗在北京人民大会堂举行全新产品（见图7-3b）发布会，自此开始红旗对于自身使命与理想有了全新的描绘，那就是为国人实现"美妙出行、美好生活"的愿景目标。从此，红旗的理想就与亿万国人的梦想，紧密联系在了一起。

要点分析：红旗品牌的创立与发展，体现了从中国制造到中国智造的蜕变，也彰显了中国品牌的设计与品质。从红旗品牌的发展历程中，我们更应该看到的是国人对红旗品牌的情感对该品牌传播与推广的作用。

a）1958年第一辆红旗汽车

b）2018年红旗汽车

图7-3 红旗汽车

资料来源：http：//hongqi-l.faw.cn/cn/history.html.

最后，品牌传播策略不是单向的，要注意与消费者之间的互动。不同消费者之间具有差异，品牌需要为特定的细分市场甚至个人制订相应的沟通计划。品牌不仅需要回答"我们怎样才能到达消费者"，而且要回答"如何让消费者到达我们"。于是，品牌传播过程应该从审视目标消费者与品牌的所有可能接触点开始，例如打算购买新手机的消费者可能与其他人交谈，看电视或者杂志广告，访问各种网站搜寻价格或使用者评价，并且到国美、苏宁、移动或联通的门店去考察产品等。品牌营销者需要评价在购买过程的不同阶段，影响每一种沟通体验的重要因素，这样做有助于更有效地分配传播预算。除了目标消费者与品牌之间的互动外，还有目标消费者之间的互动，后者是互联网时代品牌传播不可忽略的重要力量。成功的品牌常常能够通过营销传播建立起足够的忠实粉丝群体，这些忠实粉丝群体可以引发口碑传播效应。

二、品牌传播策略的特性

品牌传播是一项系统性工程，同时要体现创造性和创意性。从前文可以看出，品牌传播活动不仅需要付出高昂的人力和财力成本，其成功与否还直接影响品牌建设的进程。尤其是在网络传播时代，受众的作用越来越重要，传播活动如果没有科学合理的策略作为指导，不但不能有效达成传播目标，而且会产生严重的负面影响。品牌传播策略需要具有一定的特性。

第一，目标性。目标通常能为传播活动提供方向和力量，"如果你不知道你要到哪儿去，通常你哪儿也去不了"。品牌传播策略的核心部分是制定阶段性的品牌传播目标。常见的目标包括促进短期销量、建立品牌知名度、塑造企业形象、解决某些营销问题、增强消费者的忠诚度等。无论何种目标，都必须明确、可分解、可量化、可操作。只有先明确企业及其品牌的现状问题和传播目标，接下来传播方式和传播路径的选择才会更有针对性、解决方案才能更多元化，也更有价值。任何品牌传播策略都是基于一定目标的，否则品牌传播必将成为无根之木，不会产生任何实际的效用。

第二，系统性。这里的系统性包含三个层面。首先，传播策略是企业整体营销策略的有机组成部分，因此必须服从和服务于整个营销系统，使营销组合中的各项策略相互协调，以发挥最大的效用。其次，系统性是指品牌传播的各种手段和工具必须保持一致。品牌传播的手段和工具多种多样，如今的品牌传播通常都需要整合运用多种传播手段和工具，如以广告为核心，配合线下的促销活动，或者配合赞助和公关等共同发挥作用。在传播活动开始前或者活动进行中，要从营销系统的规划出发，以统一的策略来指导各种传播手段、工具和各个传播环节，使之具有关联性，向消费者传达统一而连贯的品牌信息。最后，系统性还要求传播策略要与企业和品牌整体发展战略一致,从品牌及企业的历史传统、现状及未来走向等多维度制定品牌传播策略。

第三,创意性。品牌传播过程中的创意最早体现为广告作品的创意,这里的创意性除了是指具体方案或作品的创意性外,还指能统领整体传播活动的"大创意",即要求传播策略坚持创新,想他人所未想,以创造性和创意性思维来生成传播内容、选择传播方式和传播渠道,从而吸引消费者注意,并影响消费者的认知和行为。传播策略的创意性重点体现为整个传播过程都要有新意,无论是在战略全局规划上,还是策略细节设计上,都要有创造意识和创新意识。

案例:
苹果公司的产品发布会

三、品牌传播策略的基础

品牌定位是品牌传播策略的基础。品牌定位的概念是美国著名营销专家里斯和特劳特于20世纪70代早期提出的,后被广泛应用于营销传播领域,成为该领域流行的理论和术语之一。品牌定位的主要思想就是"在消费者心中占据一个有利的位置"。品牌定位作为品牌识别的一部分,具有较高的稳定性,是一定时期内品牌传播的主题和基础。同时,品牌定位作为传播的概念,需要能够随着时代的变化而变化。但无论怎么变化,品牌定位都不能脱离品牌的基本价值和精神。品牌定位是品牌传播策略的基础,它规定着品牌传播的方向,也是连接品牌核心价值和传播工具的纽带。企业通过品牌定位传达其价值观和预示品牌发展的前景,同时规定了品牌传播的主题、着力点。品牌定位必须依赖于品牌传播工具的运用,只有这样才能实现在目标消费者心目中占据一个独特、有利的位置。

品牌传播工具植根于品牌定位,没有品牌整体形象的预先设定,品牌传播难免缺乏一致性,甚至会出现传播信息自相矛盾的情况。因此,品牌定位在品牌传播战略中占据非常重要的位置。那么,如何实现品牌定位?有很多种方式和方法,"STP"理论就是其中一种。"STP"理论是指品牌定位必经的以下过程:市场细分(Segmenting),目标市场选择(Targeting),市场定位(Positioning)。三个过程紧密相连。

(1)市场细分。市场细分是品牌定位的根本前提,也是企业选择目标市场的前期步骤。企业不可能满足所有消费者的全部需求,只有将总体市场划分为若干有特定市场需求的细分市场,从中选择能提供有效服务的、最有吸引力的细分市场作为自己的目标市场,将自己的品牌及产品依据目标市场的特征进行科学而准确的定位,以便在满足该市场需求时区别于竞争者并实现最后的胜出。品牌定位针对特定的目标市场，而选择目标市场的前提是必须将市场进行区隔和细分。市场细分能使企业发现市场机会，从而使企业在设计和塑造自己的独特产品和品牌个性时有客观依据，因此市场细分是品牌定位的基本前提。市场细分是根据一些标准来对市场进行区隔和细分的，每个细分市场都应该有其自己的特点，每个细分市场中的消费者都应有一种或以上的共性，并在一定时期内保持相对的稳定性。更重要的是，细分市场必须是品牌可以进入的。市场细分的方法一般有：根据地理标准细分，即按照消费者所在地理位置以及其他地理变量（包括城市或农村、地形、气候、交通运输等）来细分消费者市场；根据人口标准细分，即按照人口变量（包括年龄、性别、收入、职业、教育水平、家庭规模、家庭生命周期、宗教、种族、国籍等）来细分消费者市场；根据心理标准细分，即按照消费者的生活方式、个性等心理变量来细分消费者市场；根据行为标准细分，即按照消费者购买或使用某种产品的时机、消费者所追求的利益、使用者情况、消费者对某种产品的使用率、消费者对品牌（或商店）的忠诚度、消费者待购时机判断和消费者对产品的态度等行为变量来细分消费者市场。

（2）目标市场选择。市场细分的目的在于有效地选择并进入目标市场。目标市场也就是企业决定要进入的那个细分市场，换言之是企业拟投其所好、为之服务的那个消费者群体。企业的一切市场营销行为都必须围绕目标市场展开。同样，作为企业营销活动的基础，品牌定位也是依托于目标市场的选择而展开的。作为品牌定位出发点的目标市场，应该具备以下特征：①有适当规模的需求和潜在需求。有需求才有消费的动力，有潜在需求才有发展的可能。②品牌产品能够满足这种需求。如不能满足，则需要继续细分市场或转向其他市场。③品牌在该市场上能够长期立足。品牌在该市场上应该具有竞争优势，不一定是全面的但至少应该有某一方面的优势，否则无法掌握市场主动权，品牌定位就无从谈起，也就失去了根基。品牌在进入目标市场之前，应该综合考虑企业的资源条件、产品的同质性、产品所处生命周期的阶段、竞争对手情况、传播策略等。

（3）市场定位。市场定位是品牌定位的实质性阶段。企业一旦决定进入某个细分市场，就要着手考虑如何与竞争品牌相区分，在市场中塑造目标消费者认同的品牌差异化形象。定位就是这种差异化的基础。品牌定位是市场定位的集中表现。因为品牌是企业整合所有资源的最主要驱动力，是企业进行市场竞争的出发点和归宿。如何进行市场定位？市场定位就是要在品牌与生俱来的性质中找出一个与众不同的主张，这个主张必须对目标消费者有强大吸引力。可以通过回答一系列问题来找出这个主张：品牌识别中哪些元素应该成为市场定位的元素？哪些部分可以引起消费者的共鸣？品牌的主要目标对象是谁？品牌传播的目标是什么？目前的品牌形象需要被放大强化、开发，还是应该被缓和或者消除？品牌的优势有哪些？

对消费者而言，市场定位必须是其能切身感受到的，如果不能让消费者认知和评定品质标准,市场定位便失去意义。市场定位一定要以品牌产品或品牌的真正优点为基础。如果品牌信息与实际情况不一致,消费者不但会怀疑,甚至会不再购买。市场定位要能凸显本品牌的竞争优势,提出与竞争对手不同的定位。市场定位要清楚、明白,如果过于复杂就不易被消费者接受。在进行市场定位之前,企业应对市场状况做透彻的分析和洞察,如对竞争品牌的个性、定位与形象的分析,对目标消费者需求偏好的洞察等。只有对市场的总体情况有了深刻的了解和把握,企业才能够有根据地判断品牌的市场定位是否能与竞争品牌相区隔,消费者能否认同这一定位。因为品牌定位不是企业一厢情愿的事情,它是在消费者心目中的印象,所以定位准确、成功与否,决定权在于消费者,市场才能给出最终的答案。

第二节 品牌传播策略的内涵

有效的品牌传播策略,其内涵主要包括以下几个方面:确定目标受众;明确传播目标;设计传播信息;选择传播途径。

一、目标受众

品牌传播开始于确定目标受众,目标受众会极大地影响营销传播人员的多项重要决策,包括说什么、怎么说、何时说、在哪里说,以及由谁来说等,目标受众是制定整体传播策略的基础。目标受众应该是品牌当前或者潜在的消费者,或者是制定购买决策的人及影响购买决策的人。这里的消费者和人泛指个人或群体、特定公众或者一般公众。要达到理想的传播效果,就必须根据目标市场来确定传播对象。以性别为例,男性和女性因为生理和心理特性的不同,常常购买不同的产品,即便他们所购买的某些产品相似,在功能上也可能会有一些不同的特性。

宝洁公司深谙品牌传播之道,旗下多个针对女性市场的品牌在进行传播时,都体现了上述传播策略。例如,飘柔洗发水一直在广告中宣传品牌产品能帮助女性拥有柔顺的秀发,女性会因此更美丽、自信,更受社会欢迎;玉兰油品牌则宣传针对所有女性皮肤护理,告诉女性消费者玉兰油品牌想要帮助她们拥有美丽的肌肤和美好的人生。性别可作为将品牌产品与广泛消费者群体相匹配的最直接的标准。

营销传播通常面向一定年龄层的消费者,如儿童、青年、中年人和老年人。年龄常常会和其他人口特征一起考虑,如性别:老年女性通常是某些保健品牌的目标对象，有孩子的年轻女性通常更关注婴幼儿用品和家居便利品的宣传信息。一个特别有吸引力的市场是12岁以下儿童的细分市场，在世界各国的人口结构中，儿童所占比例都相当高，消费市场十分广阔。我国多数家庭是独生子女，儿童的消费活动依赖家长，然而家长会尽量满足他们的消费需求。而且有研究发现，三岁的儿童就可以认知品牌标识，并开始具备品牌意识了，如果能在消费者很小的时候就培养品牌忠诚，那么这些消费者可能成为品牌的终身客户。

老年人市场也发生了很大变化。通常60岁以上的公民被称为老年人，但是很多营销传播人员发现，已经很难将老年人市场看作一个统一的市场，年龄已经不能准确地划分这个群体，因为这个市场包含很多更小的有差异的群体，受经济收入、社会地位以及生活方式等因素的影响，有些老年人身体虚弱、生活孤单，有些老年人则仍然拥有健康的体魄和丰富的退休生活。因此，要避免在广告中出现刻板的老年人形象，广告要强调一些老年人更看重的友谊、家庭的天伦之乐、参与感、积极的兴趣爱好等内容。

此外，还有一些其他因素也会影响目标受众的确定。例如，由于不同消费者创新精神的差异，人们尝试新产品的意愿有很大差异，因此某些创新型、技术性产品推向市场时，通常要遵循创新扩散的规律，即某些"消费先锋"和早期采用者会是新产品最初的使用者，在传播中需要将他们作为重要的目标受众，让他们发挥意见领袖的作用，以影响更多人对新产品的认知。

特定的传播目标也会影响目标受众的确定，比如某些公益性传播活动会将特定群体或者普通民众作为目标受众，还有一些企业形象和公关类传播活动会将其他品牌利益相关人如媒介、政府组织、投资人及公司员工等作为目标受众。

二、传播目标

在确定目标受众之后，营销传播人员就必须明确希望通过传播活动得到的反应，即明确传播目标。最直接的反应通常是消费者的购买行为，但购买行为只是消费者购买决策过程的最终结果，传播策略的制定者需要知道目标受众现在处于什么阶段，以及需要发展到什么阶段。通常购买决策过程包括知晓、了解、喜欢、偏好、信服、购买六个阶段。营销传播活动要达成的传播目标基本上可以归结为告知、说服、强化、提醒四种，结合购买准备阶段的特性，可以对传播目标做进一步细化。例如，在目标受众可能对传播推广的产品或品牌一无所知或知之甚少时，营销传播人员必须为品牌建立知名度，以求让目标受众对品牌有更多的了解和知晓。

王老吉的新年吉字营销就是通过传播活动得到预期反应的案例。王老吉在新春时节，通过品牌策划活动，让更多消费者参与互动，提升品牌知名度，引导消费者购买。2022年年夜饭的饭桌上，如果你拿到一个写着自己姓氏的凉茶饮料，比如"李老吉""张老吉""赵老吉""牛老吉"，不要怀疑它是山寨，它是来自王老吉的定制款——"姓氏罐"。王老吉推出了定制服务，人们打开微信上王老吉官方小程序，就可以使用模板定制一个属于自己的"姓氏罐"，还可以设置字体，查看预览效果。本质上来说，定制是基于产品思维的营销方式，利用信息结构的互动性进行传播。经过定制设计的产品包装，作为消费者最直接接触到的媒介，能提供给消费者更个性化的消费体验，提升品牌新鲜感和期待感，还能引起消费者的社交分享和讨论。对于品牌而言，自己的产品是最好的营销渠道。通过创意设计产品包装，比如推出定制款、合作款，能够吸引消费者的更多关注，增强品牌互动性和期待值。

上述对传播目标和传播过程的描述其实更多地属于公司或品牌营销层面，传播目标来源于整体营销目标，并且要为达成整体营销目标服务。整体营销目标通常比较概括，因为它是针对整个公司制定的，常见的营销目标通常从销售量、市场份额、投资回报等方面来设定。传播计划则需要强调一个具体的传播目标，有时候品牌传播并不指向短期的营销目标，而是指向品牌发展的形象或关系等长期方面。传播目标通常如下：建立品牌知名度，鼓励顾客重复购买，维持顾客对品牌的忠诚度，提升公司形象，满足顾客对品类的需求，提高市场份额，改变顾客的信念或者态度，提高销量，促进购买行为，强化购买决策，等等。

大型公司会为每个品牌分别设立传播目标，但一般来讲，单个品牌的某一个传播计划通常聚焦在一个传播目标上，传播目标太多往往会使品牌迷失方向。有些传播活动可能会设置一个以上的传播目标，这种情况通常发生在这些传播目标可以有机结合在一起的情况下。例如，同一个传播活动既能建立品牌知名度，又可以提高销量。特别是在整合营销传播策略下，不同的传播方式可能达成不同的传播目标，关键是传播目标与媒介选择及信息策略相匹配。

三、传播信息

确定传播目标之后，营销传播策略的制定者就应开始思考如何设计有效的信息。理想的信息应该能够引起注意（Attention）、产生兴趣（Interesting）、激发欲望（Desire）和促进行动（Action），这就是"AIDA"模型。实际上，很少有信息能够完成所有环节并将消费者导向购买阶段，但是"AIDA"模型提出了理想情况下一则好的信息需要达到的标准。在组织信息时，需要解决说什么（信息内容）和怎样说（信息结构）的问题。

1. 信息内容

信息内容主要指信息诉求或信息主题。信息诉求主要有三类：理性诉求、情感诉求和道德诉求。理性诉求与受众利益相关，展示产品将使受众了解预期利益，涉及产品的质量、经济性、性能等方面的信息。这种信息诉求可以做正面表现，即在信息中告诉受众如果购买某种产品或接受某种服务会获得什么样的利益，也可以做反面表现，即在信息中告诉受众不购买产品或不接受服务会对自身产生什么样的负面影响。如在"白加黑"感冒药的电视广告中，五彩缤纷的电视画面突然消失了，屏幕上一半黑一半白，此画面一下子引起你的注意："怎么了，电视机出毛病了？"正当你着急的时候，突然看到屏幕上出现一行字："感冒了，怎么办？你可选择白加黑呀！"紧张的神经这才松弛下来，而下面的广告信息已经乘机钻进你的大脑里：白天吃白色药片，不打瞌睡；晚上吃黑色药片，可以睡得香。情感诉求旨在激起受众消极的或者积极的情绪，从而刺激购买。常见的情感诉求包括爱、欢乐、恐惧和安全感等。情感信息的提倡者认为，情感诉求可以吸引更多的注意，为广告主和品牌赢得信任。若消费者在思考之前就产生情感，则能使整个传播说服工作都具有情感性。道德诉求一般会体现在公益广告中，以宣扬公共道德、优良品德为广告的主旨。例如，给妈妈洗脚的公益广告就是通过孩子给妈妈洗脚这一动作，来唤起人们对孝和关爱的道德观念。

2. 信息结构

信息结构是指信息的说服方式，体现为以下三个问题的答案：第一，应该直接给出结论，还是让受众自己判断？研究表明，在许多情况下，营销传播策略制定者最好只是提出问题，让消费者自己得出结论。第二，应该在开始还是在最后提出强有力的论点？如果一开始就抛出强有力的论点，虽然可以引起强烈的注意，但是也可能导致虎头蛇尾。第三，应该提供单方面的论点，如只提产品优势，还是两方面的论点，如在宣扬产品优势的同时，也承认其不足之处？通常，单方面的论点在销售展示中更加有效，除非消费者受教育程度很高，或者可能听过相反的意见，或者品牌本身就有需要克服的负面联想。例如，亨氏番茄酱的广告语传达这样的信息："亨氏番茄酱因为质量好，所以流出慢。"李施德林漱口水则宣传："每天两次李施德林的坏味道。"在这种情况下，正反两方面信息的展示更能提高品牌的可信度。信息结构还包括设计环节中对标题、文案、插图和色彩等内容和元素的编排策略。如果信息通过包装来传递，传播策略还必须关注包装的质地、结构、气味、色彩、大小或者形状等元素。

四、传播途径

传播途径是指品牌与消费者沟通品牌信息的主要方式。传播途径也称传播渠道，具体是指信息通过什么媒介渠道到达消费者，品牌传播活动需要根据目标受众的差异及传播目标的不同而选择不同的媒介渠道。媒介渠道可以分为两类：人际沟通渠道和非人际沟通渠道。

1. 人际沟通渠道

在人际沟通渠道中，两个及两个以上的人彼此直接沟通，具体方式包括面对面谈话、打电话、通信、电子邮件，以及使用网络工具进行网上聊天等。人际沟通渠道有时候会被忽略，但是传播效果却非常好，因为人们可以直接沟通和及时反馈，而且人际沟通常常以沟通者之间的信任为基础。有些人际沟通渠道由公司直接控制，如公司的销售人员与目标消费者接触；有些人际沟通渠道则以其他方式到达消费者，如专家或权威（消费者权益组织、网上购物指南），或者目标消费者与家人、朋友、邻居以及同事的交谈，这也称为"口碑传播"。一项研究发现，在任何地方亲戚或者朋友的推荐对消费者来说都是最有影响力的因素：50%以上的消费者表示亲朋好友是影响他们知晓和购买的首要因素。另有研究发现：90%以上的消费者信任熟人的推荐，而70%的消费者信任网上其他消费者发布的评论。如今在各种购物网站上，消费者通常首先查看其他顾客的购买和消费评论，再做出购买决定，特别是大件商品的购买，许多消费者会因为其他顾客的差评而放弃购买。许多公司会采取措施来制造对自己有利的人际沟通，比如为品牌培养意见领袖，这些人的观点会受到其他人的追随，公司会将品牌产品以优惠的条件提供给他们，甚至邀请他们参加有关企业和品牌的培训，以便他们能够向消费者提供更详细、更深入的品牌信息。

2. 非人际沟通渠道

非人际沟通渠道是没有人际接触的信息传播渠道，主要指各种大众媒体渠道，包括印刷媒体（报纸、杂志）、广播媒体、电视媒体、户外媒体（户外广告牌、海报）以及网络媒体。我们常说的品牌传播媒介，主要是指非人际沟通渠道。运用大众媒体常常能在特定的传播时段影响更多的大众消费者，但其传播过程通常也需要借助人际沟通来发挥作用。信息传播首先从电视、杂志和其他大众媒体传达到意见领袖或者对媒介信息更敏感的受众，然后从他们传递给其他人。在广告和促销活动中引入消费者或名人等意见领袖代言的方式，其实也是利用非人际沟通渠道来刺激人际沟通渠道的产生。品牌传播策略的制定将直接影响信息能否准确到达目标受众，是连接信息与目标受众的重要桥梁。

第三节 品牌传播策略的内容

一、品牌创意传播策略

品牌充斥在现代生活和商业社会的每一个角落。随着经济的持续增长，市场竞争日益激烈，品牌的商业广告也从以前的"媒体战""价格战"上升到"创意战"。

品牌的创意更多地体现在品牌广告创意中。所谓广告创意，是使广告达到目标的创造性想法；在商业广告中，广告创意是能使广告达到促销目标的独特主意。创意是决定广告设计水准的关键环节，创意相关策略有以下几种。

1. 扩大痛苦或快乐策略

人有两种基本模式，一种是逃避模式，另一种是追求模式。逃避模式的人大都拒绝困难，害怕痛苦，而追求模式的人的人正好相反。人之所以采取行动：对于逃避模式的人来说，是因为如果不行动，痛苦将会大于快乐；对于追求模式的人来说，则是因为采取行动后，快乐将大于痛苦。消费者之所以购买某种产品，是因为他相信它能够给他解除某种痛苦或者带来某种快乐。如果我们将这种痛苦或快乐戏剧性地夸大，用于品牌产品的广告创意策略中，就能给广告受众留下较为深刻的印象，促使其采取购买行动。海飞丝洗发水的一句广告语是："你不会有第二次机会给人留下第一印象。"此话听起来悦耳，实际上暗藏杀机：谁要是不去消灭他的头屑，就可能给人留下不好的第一印象，而且没机会改变。

2. 价值承诺策略

如果品牌传播策略巧妙地从产品的产生、发展到使用等情景中提炼出一个特别的特征、量化的指标，或创意出积极的情景作用、极端的夸张场面，消费者就会从中得出产品质量优异的结论。以娃哈哈 AD 钙奶为例，"喝了娃哈哈，吃饭就是香"的广告语，使人有耐心地围在电视机旁欣赏一帮小家伙狼吞虎咽的情景；而"妈妈，我要！"的童音更是为娃哈哈产品激活一片积极的市场情景。要避免用陈旧的方式来表达希望引导的价值承诺，对购买特性来说，价值承诺的独特性表现得越成功，这一策略也就越成功。

3．分类分级策略

消费者在认知产品的时候，都存在一定的认知定式，他们会不自觉地把产品按照自己的逻辑与"同类"产品进行比较。如果品牌通过创意，把自己的产品从消费者习以为常的"概念抽屉"中取出来，划归到另一个"类别"或"等级"中去，就会避免与现有竞争产品的激烈竞争。七喜饮料投放市场后，效果一直不理想，因为当时美国的饮料市场被可口可乐占领了。后来，七喜饮料采用分类分级定位的方法获取了市场位置。七喜饮料在广告中宣称：饮料分为两大类，一类是"可乐饮料"，另一类是"非可乐饮料"，市场上最好的"可乐饮料"是可口可乐，最好的"非可乐饮料"是七喜饮料。

4．树立新敌策略

这种策略是指品牌在推广时树立一个令人意外的、可以替代的新"对手"，用品牌自身优点与"对手"的弱点相比较。以箭牌口香糖为例，在20世纪90年代初，箭牌口香糖的销量开始徘徊不前。经过策划，它出人意料地将香烟作为自己的竞争对手。它引导消费者在不能吸烟的场合用咀嚼口香糖来代替吸烟。箭牌口香糖在广告宣传中戏剧性地展现了禁止或不宜吸烟场合，如在办公室、会议或者前去拜访岳父岳母等。采用这种树立新敌策略后，箭牌口香糖的销量重新回到上升轨道。

5．消除不安策略

每个人对自己都有一些期望，期望自己是对家人、朋友、社会有责任感、义务感的人，当他发现自己的作为与期望不符时，就会感到良心"不安"。如果品牌通过广告创意来刺激他的"不安"，并帮其消除"内疚"，就能促成其采取购买行动。婴儿纸尿裤品牌"帮宝适"刚刚面市时市场效果很不好，后来其广告内容诉求点变为："帮宝适"能够使您的孩子肌肤更加干爽。有哪一位母亲不愿意使自己的孩子干爽舒适呢，"帮宝适"品牌迅速扩张了市场，之后"帮宝适"通过一贯呵护宝宝自由天性的诉求，制造话题、引发关注、触达消费者，引爆品牌传播。

6．展示个性策略

有些品牌的功能看似对消费者无害，但是如果通过与自然界的某些事物相类比，将问题直观形象地展示出来，就可以出现戏剧性效果。以急支糖浆的广告为例，一头豹子在追羚羊的途中，突然转向追一位穿着白色衣服的美女，最后在这位美女手中拿到急支糖浆——太极集团的急支糖浆。这个广告运用得特别巧妙。广告创意通过自然界原野上的猎豹追逐展现紧迫感，猎豹在跑起来的时候会急喘，就和人的哮喘急喘是差不多的，这个时候就需要急支糖浆这种药物去缓解，看似简单又有点天马行空的创意，给消费者留下了极深的印象。

二、品牌情感传播策略

什么是情感传播？情感传播就是以情感为手段的营销传播。品牌通过心理的沟通和情感的交流，赢得消费者的信赖和偏爱，进而扩大市场份额，取得竞争优势。品牌把消费者个人情感差异和需求，作为企业品牌营销战略核心，借助情感设计、情感包装、情感商标、情感广告、情感公关、情感服务等激发消费者潜在的购买欲望，以实现企业的经营目标。

1．情感设计

现在人们购买商品时，不再满足于吃饱穿暖等低层次的需求，还需要商品能够更多地满足自己的情感需求。这就要求生产企业必须迎合现代消费者的心理，多设计开发个性化、情感化商品，增加商品的文化附加值。

2. 情感包装

包装除了满足保护商品、便于携带、便于使用、美化商品、促进销售的基本作用之外，还赋予商品不同的风格和丰富的内涵，引起消费者不同的情感，博得其好感和心理认同。例如，在某些节假日时，可口可乐会在其瓶身写上特殊的文字，赋予特殊的意义，以吸引消费者购买。

3. 情感商标

一件商品若想吸引消费者，并在消费者心目中留下印象，就必须有一个醒目而感人的标识和响亮的名字，这一点越来越被企业领导者所重视。旺旺品牌的商标设计采用了鲜明的卡通人物形象作为主题，契合了产品年轻、低龄的特性和活力、积极的情感特质，没有过多的修饰和笔画，简单易记，深入人心。产品以红色作为主色调，配合上品牌名，符合中国人红红火火的愿望期许。旺旺独特却深入人心的品牌商标设计带有强烈的情感上的亲近感，默默为其品牌传播提供了视觉上的支撑。

4. 情感广告

在广告中融入亲情、爱情、友情、爱国之情等情感，不仅赋予了商品富有生命力和人性化的特点，而且容易激发消费者怀旧或向往的情感共鸣，从而诱发消费者对商品的购买动机。这里就涉及不同的情感类型了。

亲情。亲情是任何东西都无法代替也无法相比的。海飞丝的一则父亲节广告，以幽默搞笑的喜剧风格，让人真情实感地感受到父爱，没有过分催泪煽情，也没有夸夸其谈说教，"头皮有问题，就找海飞丝"的品牌主题诉求，也得以巧妙传达。这种情感令人动容，海飞丝并没有站在情感制高点刻意撩拨，而是从父亲的头发这样一个小细节着手，展现了在女儿成长过程中父亲的陪伴、守护和付出。这种以小见大的方式，会让情感的传达更加细腻，也更容易让消费者产生代入感，和广告想要传达的品牌主题诉求产生强烈的内心共鸣。

爱情。广告史上有很多以爱情为品牌主题诉求的案例。在感性消费的现代社会中，广告更是把爱情主题作为宠儿。景田百岁山矿泉水就是以笛卡儿与公主的爱情传说为创意点进行广告叙事的。

友情。友情也是人生命的重要部分。贵州青酒的"喝杯青酒，交个朋友"，将品牌定位于男人间的朋友情义，"好兄弟，讲情意""千金易得，知己难求"，可以想象，当朋友久别重逢或相约聚会之际，"喝杯青酒"便已表达了朋友心中所有的激动与情感。贵州青酒让消费者产生的联想，很大程度地提升了顾客忠诚度。

爱国之情。好的爱国诉求能激发出埋藏在消费者心中的爱国"火种"。广告受众可以通过广告传达的品牌主题诉求感受到一种自豪感、一种民族尊严。国潮品牌的兴起就与爱国之情息息相关。

5. 情感公关

公关在企业营销中的作用已被越来越多企业所认识；通过公关树立企业及品牌形象，已经成为企业营销战略的重点。情感公关要求企业要设身处地为消费者着想，设法加强与消费者的感情交流，通过调查问卷等形式，使消费者参与到企业的营销活动中来，让消费者对企业及其品牌、产品从认识升华到情感，最后做出购买行动。通过公关活动，用有效的手段强化和渲染企业及其品牌所特有的情感色彩，可以把企业的特殊情感和反哺之义传达给社会公众，在社会上树立良好的企业和品牌形象，塑造企业和品牌亲和力，以迅速打开消费者的心扉，赢得消费者的欢心，为企业和品牌确立市场优势地位打下坚实基础。通过公关活动，还可以协调好企业方方面面的情感关系，协调企业内部上下级之间的关系，为企业顺利经营创造和谐、融洽的内外环境。

6. 情感服务

在商品服务领域存在"二次竞争"，第一次竞争的战场是在销售点，第二次竞争的战场便是在售后服务。生产企业力图用最具诱惑力、竞争力的承诺来劝说消费者购买，并通过及时、足量兑现承诺来塑造企业及品牌形象，提高消费者的忠诚度，使本企业与竞争对手形成明显的服务差异，增强企业的营销效果，获得差异化竞争优势。一项研究报告指出："再次光临的顾客比初次登门的顾客，可为企业带来25%~85%的利润，而吸引他们再来的因素中，首先是服务质量的好坏，其次是产品本身，最后才是价格。"

情感传播把品牌与情感相关联，创造品牌与顾客的良好关系，以"情"感动消费者，以"情"赢得市场，越来越受到现代企业的重视。心理学研究认为，情感因素是人们接收信息的"阀门"，只有情感能叩开消费者的心扉，引起他们的注意。以消费者情感差异和需求为核心的情感营销已成为营销观念发展的新趋势，情感营销不仅是消费需求多元化和人性化的必然结果，也是品牌建设的必要课题。一个成功的品牌一定有自己独特的情感标签，情感营销就是要塑造品牌的情感诉求，并通过持续的营销事件强化情感诉求。

在情感营销的市场中，品牌运用合理的、恰当的传播策略，能使自身深入人心、代表一种精神和文化，有利于企业在市场竞争中获胜。

三、品牌接触点传播策略

所谓接触点就是品牌与消费者发生信息接触的地方，或者是传播品牌信息的载体。接触点可以是广播、电视、报纸、杂志、户外、互联网等媒介，也可以是产品本身、销售人员、店面布置、产品网站、交流产品体验的朋友等；只要能成为传播品牌信息的载体，就可以视为接触点。消费者了解品牌的渠道非常多样，影响其做出购买行为的因素也很复杂。从产生意向到决定购买，消费者在每一个环节都与品牌进行信息接触。消费者的品牌接触点可以被看作让品牌得以建立认知优势及植入消费者心智的，所有品牌接触及体验过程的总和。品牌在完成定位之后需要系统地部署品牌的接触点，并且需要在品牌的所有接触点提供一致的品牌印记及一致的品牌体验，形成一个统一的价值点并传达给消费者，让消费者认同品牌价值的合力。

对于接触点的分类，目前还没有一个统一的标准。按照接触对象，品牌接触点可以分为媒介接触点、人际接触点和体验接触点三类。媒介接触点即通过媒介，采用文字、图案、声音、画面等语言符号表达并传播品牌价值、品牌内涵、品牌承诺等信息的场所。例如公共媒介，无论是电视、报纸、广播、海报等，都是符号信息的传递媒介。人际接触点即企业的人员和企业的行为传递品牌内涵的场所。例如：终端的营业员与消费者接触，他的行为就影响品牌；企业的领导者与别人交往的场所；企业的公共行为、公益活动等。体验接触点是向消费者提供体验的场所，如提供产品和服务的试用体验等的场所。此外，也可以按照不同品牌价值对接触点分类：功能性接触点，即不同类型的产品提供不同的功能；利益性接触点，即产品的性能、质量、安全、价格带有不同的利益；便利性接触点，即方便消费者购买的便利程度；文化性接触点，即品牌形象代言或传递特定的文化等。

品牌接触点管理要做好以下几个方面的工作。一是确认与消费者的接触点，凡是带有企业或品牌信息并可能被消费者接触到的，列出清单：不但有销售、服务人员，还有财务、行政、工程人员；不但有人，还有广告、包装、产品、建筑等。二是根据各接触点的潜在影响力决定其优先顺序，每个接触点都有自身的特殊性，对消费者造成的影响是不同的，因而要排出优先顺序。三是判断哪些接触点最能得到消费者的反馈，在这些接触点上重点收集消费者的反馈。四是控制信息的成本，计算每个接触点收集消费者反馈的成本，以便形成经营决策。五是决定哪些接触点可以传达额外的品牌信息、建立和巩固与消费者的关系，精心设计信息并与消费者进行积极的互动对话。也有一些企业，例如电通（一家日本广告与传播企业）对接触点的管理理念是让每一个接触点都发挥最大效用。六是用合适的媒介，通过恰当的手段，在正确的时间与消费者进行品牌沟通。这其中值得考虑的问题包括使消费者做出购买决策（可以是决定购买，也可以是放弃购买）的关键时刻是何时，消费者在任何时间接触到产品或服务全部内容的任何方面，都有潜在的可能性去注意、评估和解释品牌信息；还要考虑在消费者接触品牌的途径中，以及品牌与消费者的具体接触中，对于现有和潜在消费者来说，哪些是最相关和最有意义的。

案例：
海底捞的服务

案例 7-2

星巴克的细节

星巴克的成功离不开其在品牌接触点上做出的努力，星巴克在每个顾客认为重要的接触点上为顾客打造近乎完美的体验。星巴克的董事长霍华德·舒尔茨（Howard Schultz）认为"每个员工都是品牌的形象代言人"，因此他要求必须让光顾星巴克的每个顾客都能从舒适的环境以及星巴克员工的微笑中获得良好的体验。当顾客走进星巴克时，所有服务员都只有一个表情，那就是微笑。不管有多少顾客在排队等候，甚至面对顾客的怒容，星巴克的服务员也永远面带微笑，并且轻声细语地对顾客说话。无论何时，星巴克的门店里都绝对不会响起大嗓门的叫喊，店内最大的声音就是轻柔的音乐。星巴克教导员工不要去惊醒那些已经沉浸在家与公司之外"第三空间"中的顾客。在一次星巴克的高层会议上，讨论到了降低成本的问题，有人提出将现在门店桌上的纸巾换成一种价格便宜些的，提出者认为虽然价格便宜些的纸巾质量略差些，但是这对于顾客来说并不重要，甚至顾客可能根本就不会介意。当时，这个提议遭到了时任星巴克全球营销副总裁、品牌专家斯科特·贝德伯里（Scott Bedbury）的强烈反对。斯科特·贝德伯里认为，许多来星巴克的顾客都是具有自身独特个性的、对生活细节非常重视的人，许多时候他们会因一些被品牌忽视的细节而不满，于是他们就会得出一个结论——这个品牌不尊重他们。

通过星巴克对品牌接触点管理的重视，我们应该能够体会品牌接触点的重要性与价值。

资料来源：李海龙. 小处不可随便！星巴克为何对接触点倍加珍视 [EB/OL].（2005-07-18）[2023-04-01]. http://www.emkt.com.cn/article/218/21878.html.

四、品牌整合传播策略

20 世纪 90 年代，广告学专家舒尔茨（Schultz）等人提出的整合营销传播（Integrated Marketing Communication）理论。整合营销传播一方面把广告、促销、公关、直销、企业形象识别、包装、新闻媒体等一切传播活动都涵盖到营销活动的范围之内，另一方面则使企业能够将统一的传播资讯传达给消费者。所以，整合营销传播也被称为用一个声音说话，即营销传播的一元化策略。整合营销传播是指企业在经营活动过程中，以由外而内的战略观点为基础，为了与利害关系者进行有效的沟通，以营销传播管理者为主体所展开的传播。也就是说，为了对消费者、从业人员、投资者、竞争对手等直接利害关系者，以及社区、大众媒体、政府、各种社会团体等间接利害关系者进行密切、有机的传播活动，营销传播管理者应该了解他们的需求，并反映到企业经营战略中，持续、一贯地提出合适的对策。为此，企业营销传播管理者应该决定适合企业实情的各种传播手段和方法的优先次序，通过计划、调整、控制等管理过程，有效地、阶段性地整合诸多企业传播活动。

整合营销传播主要具有以下特征：①以现有消费者和潜在消费者为中心，注重与传播对象的沟通。整合营销传播强调要依据消费者的需要，量身打造合适的沟通模式，营销传播要从消费者的视角出发，而非营销者本身。②整合多种传播手段，让消费者更多地接触信息。整合营销传播强调将各种传播手段有机地结合起来，将广告、公关、促销、企业形象识别、包装等多种传播手段进行最佳组合，以达到最有效的传播效果。③突出信息一致性。整合营销传播强调所有营销传播的技术和工具（广告、公共关系、促销活动和事件营销等）都采用相同声音、相同概念进行传播，与消费者交流，使消费者获得单一、明确的信息，为建立强大的企业或品牌形象服务。④重视宣传活动的系统性。市场传播一体化是一项复杂的系统工程。整合营销传播强调市场信息传播的系统性，以及传播过程中各要素之间的协同行动，以发挥联合、统一作用。营销传播管理者需要关注更多的程序和层次。

整合营销传播是以消费者为中心的，它的内涵具体表现在以下四个方面：①以消费者资料库为运作基础，消费者资料库是整合营销传播活动的起点，也是关系营销中双向交流的保证。现代技术的发展使测量消费者行为成为可能，测量消费者行为具有比测量态度更高的准确性。消费者资料库的信息，使得企业及品牌可以充分掌握现有消费者、潜在消费者使用产品的历史，了解他们的价值观、生活方式、消费习惯、接触信息的时间和方式等，分析、预测他们的需求，由此确定传播的目标、渠道、信息等，真正做到针对不同的消费群体采取适合的策略。②整合各种传播手段，塑造一致性，这是由消费者处理信息的方式决定的。由于每天需要接收、处理大量信息，消费者形成了"浅尝"式信息处理方式。他们依赖认知，把搜集的信息限制到在最小的范围内，并据此做判断与决定。对于消费者来说，无论正确与否，他们认知到的就是"事实"。这就要求生产者提供的产品或服务信息必须清晰、一致而且易于理解，从而在消费者心中形成高一致性的形象。要做到这一点，生产者必须充分认识消费者对产品或服务信息的各种接触渠道：既包括广告、公关、促销、人员销售、产品包装、在货架上的位置、售后服务等纳入计划的接触渠道，也包括新闻报道、相关机构的评价、消费者口碑、办公环境等未纳入计划甚至无法控制的接触渠道。理想的整合营销传播是把消费者的接触渠道全部纳入计划之中,同时把这些接触渠道传递的信息整合起来。这种整合不是信息的简单叠加,而是发挥不同渠道的优势,使信息传播形成合力,从而形成鲜明的品牌个性。③以关系营销为目的,整合营销传播的核心是使消费者对品牌萌生信任,并且维系这种信任,使其长久存在于消费者心中。然而,这种信任不能仅靠产品本身建立,因为许多产品具有同质性,只有与消费者建立和谐、共鸣、沟通的关系,产品才能脱颖而出。尽管营销并没有改变其根本目标——销售,但达到目标的途径却因以消费者为中心的营销理论而发生了改变。如果说以往的生产者只要通过大量广告、公关、传播活动等就可以形成产品的差异化,那么今天的生产者远没有那么幸运:由于产品、价格乃至销售渠道的相似,消费者对公共媒介的不敏感,生产者只有与消费者建立长期良好的关系,才能形成产品的差异化。整合营销传播正是实现关系营销的有力武器。④以循环为本质,以消费者为中心的营销理念决定了生产者不能以满足消费者一次性需求为最终目的,只有随着消费者的变化调整自己的生产经营与销售,生产者才能生存和发展。消费者资料库是整个关系营销以及整合营销传播的基础与起点,因而不断更新、完善资料库成为一种必需。现代计算机技术以及多种接触控制,实现了生产者与消费者之间的双向沟通,生产者由此可以掌握消费者态度与行为的变化情况。

案例 7-3

涅槃崛起,科技与艺术融合的品牌传播策略——荣耀 30 系列 2021 年度策划

基于对消费者爱好和需求的洞察以及 2021 年最大热点洞察,荣耀 30 系列联合世界自然基金会(WWF)、中国国家天文台、新浪科技、《智族 GQ》等权威机构与行业领先媒体,在智能手机影像与产品 ID 设计层面,打造多个系列的整合事件营销,全周期持续释放营销能量,递进式体现产品实力。

一、荣耀 30 系列和 WWF "保持距离,更加亲近"影像活动:用长焦守护地球的朋友

自 2020 年以来,人类经历了一场来自地球的考验,保护野生动物成为全民关注的议题。荣耀 30 系列在大环境背景下提出生物多样性保护的倡议,通过影像传达保护野生动物的理念,既承担了品牌的社会责任,又体现了产品的影像能力。在产品发布会之前,荣耀 30 系列便率先推出一组"#神奇动物镜头#"海报,借助卖点可视化演绎手法,将长焦、夜拍与疾速对焦功能类比为不同动物的强大功能,引发消费者关注和自传播。产品发布会时,现场官宣与 WWF 的合作,并联动品牌俱乐部会员"花粉"开启"花粉随手拍"活动,全网拍摄野生动物。随后在 2020 年 4 月 22 日世界地球日联动权威媒体资源——人民日报,打造公益视频为话题背书。该公益视频也是中国首部手机拍摄的野生动物短片,强势展示了荣耀 30 系列产品的影像实力与高端品牌力。多位明星自发参与,破圈助力自传播。随后,重磅头部媒体新浪

加盟，纪录青年野生动物摄影师保护野生动物的故事，体现产品长焦影像力，引发消费者共鸣。同时，借势生物安全法律热点，联合新闻媒体拍摄被保护区救助的野生动物，以新闻叙事的形式传达用科技赋能生物多样性保护的主题，引发共鸣，体现手机长焦影像力。在"两会"期间，与《中国新闻周刊》、"英国报姐"、数英网等行业媒体合作，定调背书荣耀30系列影像力，通过影像传达保护生物多样性的理念，助力品牌营销活动。荣耀以实际行动践行社会责任，向年轻人传达正确价值观。

二、荣耀30系列、中国国家天文、新浪科技合作：天文跨界营销

区别于行业内普遍且常见的天文摄影图，荣耀30系列以全新且契合年轻人兴趣的摄影玩法展现产品卖点，打造出"手机+天文"摄影的全新组合，并在释放节奏、呈现方式与曝光内容方面环环紧扣，在展示产品影像能力的同时吸引消费者目光。荣耀30系列联动中国国家天文，以时间为线索发布"十二星座定妆照"，定位"星座艺术家"，并与顶级星空摄影师多博兹合作，共同发布星空物料，如星座样张、微观银河样张、深空银河样张、星空延时视频等，集中打造产品力，从视觉上直击目标受众。同时基于渠道固有特点多方联动，与各渠道大号合作进行专业解读与创意解读，实现破圈传播。随后，品牌又将荣耀30系列拍摄到的星空图片及视频，落地于国内最具人气的艺术主题公园之一——北京梵高星空艺术馆，利用投影仪技术复刻梵高经典名画《罗纳河畔上的星空》，创造沉浸式体验，打造高阶质感的立体化营销。在十年一遇的"超级日环食"天文现象日前后，品牌再次联合新浪科技等媒介，共同开启荣耀30系列"逐日之旅"。首先与新浪摄影团队合作，提前探营最佳日环食观测地西藏阿里地区，释放探营样张，剧透观测地环境及直播搭建场景，吊足观众胃口。由专业摄影师研发如何用荣耀30系列拍摄日环食的教程，发布于新浪科学探索微博，同时推荐至新浪App科技首页焦点图以及新浪日环食专题页。日环食当天，与新浪科技在西藏阿里地区、厦门、上海、北京、重庆五大最佳观测地共同现场直播，并借助"#2020超级日环食#"话题扩散，打造超级声量，其中金环日食样张实现全网扩散。

三、荣耀30系列钛空银爆款色整合营销

产品ID设计成为在影像之后最受手机厂商关注的焦点，而产品配色又是产品ID设计中最重要的一环，荣耀30系列联合行业顶尖时尚媒体，通过时尚视觉、潮流明星上手等方式，强力提升产品销量及品牌年轻时尚度。

在产品预热期，品牌在海外先行发布多组高阶创意物料，引导消费者关注荣耀30系列即将发布的钛空银配色手机，为该手机的发布聚集声量。发布会当天，荣耀特地为钛空银配色手机举办了一场"#2020荣耀春夏秀#"，跨界INXX、Cherry、木九十、密扇四大潮牌，定制银色主题色周边，助力"#2020荣耀春夏秀#"，并通过时尚代表（国际超模）、其他时尚关键意见领袖及流量艺人打造"#明星同款手机#"，将明星流量转为产品销量。同时合作四家头部潮流媒体先后拍摄潮流图赏，多种角

度诠释堪称"#银色尤物#"的钛空银配色手机，使其更立体。随后品牌跨界顶级时尚媒体《智族GQ》，打造行业深度时尚媒体合作，用大胆创意性的故事包装"#银色尤物#"。在微博上，《智族GQ》以"突发新闻"的形式发布"#银色尤物#"系列视频，并接管荣耀手机官方微博，通过魔幻摩斯密码和时尚坠落大片共同演绎太空人追寻"#银色尤物#"降临地球的过程。"智族GQ实验室"公众号同步发布超过10万次阅读量的创意长图漫画一篇，引发全网关注。为拓展品牌的无限可能性，荣耀30系列还合作了国际时尚品牌Todd Hessert，打造"追光的银，一瞬倾心"线下后现代主义艺术展，积极探索科技与时尚艺术的融合趋势，设计了以钛空银为灵感的代号为"HONOR 30"的工服，以及其他银色创意装置，为广大消费者奉献了一场视觉盛宴。

资料来源：智者同行品牌管理顾问（北京）股份有限公司，经企业授权。

本章小结

本章介绍了品牌传播策略的概念、内涵，同时介绍了四类品牌传播策略的内容。首先，本章从含义、特性和基础三个层面介绍了品牌传播策略的概念。其次，较为详细地介绍了品牌传播策略内涵的四个方面：目标受众，传播目标，传播信息，传播途径。最后，本章从创意传播策略、情感传播策略、接触点传播策略和整合营销传播策略四个方面介绍了品牌传播策略的内容。

复习思考题

一、名词解释

品牌传播策略　　传播途径　　情感传播　　整合营销传播策略

二、简答题

1. 品牌传播策略有哪些特性？
2. 品牌目标受众的内涵是什么？
3. 品牌传播信息有哪些方面？
4. 整合营销传播的概念及特征是什么？

本章测试

第七章习题

第八章
品牌国际化传播

本章要点

本章介绍了品牌国际化传播的定义和品牌国际化传播的衡量标准,进一步说明了品牌国际化传播的意义。随着全球化竞争的加剧,品牌在国际化传播过程中会遇到政治、经济、文化等因素的阻碍,本章对这些影响因素进行了分析。本章还介绍了品牌国际化传播的两种模式:标准化模式和本土化模式。

华为引领中国品牌出海

在经济全球化、世界经济一体化的背景下,各国经济均已经踏入国际化征程,经济国际化从微观层面上讲就是企业品牌国际化。市场竞争的本质其实就是企业品牌的竞争。华为是我国较早国际化的企业,目前已经在全球多个国家或地区取得了业务上的突破性增长,海外市场份额逐年提高。华为业务的增长离不开其品牌价值在国际上的传递。近年来,华为不仅在海外销售收入、市场份额方面有明显增长,自 2017 年 5 月首登《福布斯》全球品牌价值榜单后,其品牌价值、品牌影响力也在连年提升,当之无愧地成为我国企业进军海外市场的典范。

近年来,华为在塑造品牌形象、提升品牌影响力等方面成绩斐然,先后在全球各大最具价值品牌榜单上脱颖而出。Interbrand(国际品牌集团)品牌咨询机构发布的"2020 年全球最具价值品牌 100 强排行榜"上,华为位列第 80 名,是唯一上榜的中国企业;华为在由 WPP 集团发布的"2020 Brand Z 全球最具价值品牌 100 强排行榜"上位列第 45 名,这已经是华为连续六年入选该榜单了。在 2020 年 8 月,《财富》杂志公布的世界 500 强排行榜中,华为位列第 49 位。华为的销售市场遍布亚洲、欧洲、美洲等地区,并在 170 多个国家提供产品和服务,服务全球 30 多亿人口。2018 年—2020 年华为销售收入主要来源国家和地区见表 8-1。

表 8-1 2018 年—2020 年华为销售收入主要来源国家和地区

单位:亿元

国家和地区	2018 年	2019 年	2020 年
中国	3722	5067	5849
欧洲、中东、非洲	2045	2060	1808
亚太	819	705	644
美洲	479	525	396
其他	147	231	216
总计	7212	8588	8913

数据来源:2018 年—2020 年华为年报。

第一节 品牌国际化传播概述

一、品牌国际化传播的概念、特点和作用

在过去的几十年里，消费市场发生了根本性变化。推动这一变化的一个重要力量是市场的全球化，它启动了从多个独立国家市场向单一互联市场的转变。市场全球化的一个重要后果是全球品牌的出现，这给本土企业带来了巨大的竞争压力。世界各地的消费者欢迎这些全球品牌，因为他们认为品牌在全球范围内的可用性是对更高功能价值和象征性好处的承诺。众多品牌尝试走国际化道路，不断提高自身品牌价值与影响力，以谋求全球化发展。

（一）品牌国际化与品牌国际化传播的概念

品牌国际化通常被理解为品牌在多个地区或国家享有较高知名度，并且被各个市场中的消费者认同和接受。这些品牌在不同的市场上保持一致的或相似的品牌定位、品牌个性与市场营销策略。从全球各大商业街、购物中心和媒体的国际化兴起与变迁中不难看出，世界各区域市场已经将品牌国际化推向了舞台的中心。目前学术界对品牌国际化的研究已经迈入了深层次阶段，杰瑞尔（Jeryl）和费尔南多（Fernando）认为所谓品牌国际化，是指企业在进行跨国品牌运作时面临的国际营销挑战，具体涉及品牌名称、品牌视觉（如品牌标识、颜色）、声音要素（如广告语、广告曲）、品牌个性等。学者苏勇、张明认为品牌国际化是一个隐含时间与空间的动态营销和品牌输出的过程，该过程将品牌推向国际市场并期望达到广泛认可和企业特定的利益。该定义从时间与空间维度阐释了品牌国际化是一个企业获利的动态过程。学者宋永高认为："当一个企业用相同的品牌名称和图案标志，进入一个对本企业来说全新的国家，开展品牌营销，就是品牌国际化。通常，品牌国际化的目的是在异国他乡建立本品牌的强势地位。"因此，简单地说品牌国际化就是品牌的跨国营销。

品牌国际化传播是指品牌在进行跨国生产经营的活动中开拓世界市场，从国内区域品牌成长为具有世界级影响力的国际品牌的过程。

品牌国际化的主体内容大致分为两类：一类是内功层面，即企业自身实力的打造；另一类是外功层面，即塑造国际化品牌形象。品牌的国际化传播显然属于外功层面，主要在品牌的形象构筑及品牌传播策略方面贡献价值，涉及的是品牌传播实践方面的内容。

（二）品牌国际化传播的特点

品牌国际化传播相比品牌本土化传播，既存在传播手段与传播目的的共性，又有自身特定的内涵与超越本土化传播的特殊性。

首先，品牌国际化传播是跨地域、跨文化的传播。不同的地域有各自独特的文化传统与社会背景，各个地域的受众对事物的审美标准与判断标准不同，这种跨文化的特征使得不同地域的受众对相同的品牌信息可能产生不同的认知与联想。因而，企业在输出品牌信息时，必须权衡不同的国情及敏感的文化诉求，适应各个国家或地区的风俗习惯与价值理念，采取有针对性、高度适应性的品牌传播策略。

其次，品牌国际化传播还存在国家制度方面的差异，即具有跨体制的特征。这就对品牌国际化传播提出了更高要求。如何规避文化偏见、规避意识形态因素的阻挠与影响，与不同国家、不同文化背景下的消费者建立密切的关系，是品牌国际化传播的最大任务与挑战。

（三）品牌国际化传播的作用

品牌国际化传播在不同领域发挥着多样的作用。在经济领域，国际化传播的品牌形象使得消费者更容易接受高昂的价格。在消费心理领域，国际化传播的品牌形象使得消费者将品牌看作在全球范围内创造独特身份和价值的象征。在政治领域，国际化传播的品牌形象也代表着品牌归属国的国际地位与国家形象。例如，随着国际化品牌的影响力不断增强，诸多学者开始关注品牌国际化与国家形象之间的关系。

二、品牌国际化传播的衡量

目前对品牌国际化传播程度衡量的研究不多。以应用为导向的研究机构，如尼尔森和《商业周刊》，它们采用客观的标准来衡量品牌国际化传播。这些标准包括品牌的国际市场数量、来自国外市场的销售额占品牌总销售额的百分比、在全球市场中获得的最低收入水平。尼尔森的研究报告显示，在国际化品牌营业收入的构成中，至少有5%来自国外市场，并且总收入大于10亿美元。Interbrand认为，真正的国际化品牌会超越地域和文化的差异，在全球范围内扩张，进入和即将进入主要的国际市场。具体来讲，Interbrand用下述标准衡量和评价国际化品牌：

1）至少有30%的收入来自国外市场，并且来自每个大洲的收入不应超过该品牌总收入的50%。

2）该品牌必须涉足多于三个大洲的市场，并且要覆盖发展中和具有发展潜力的市场。

3）该品牌在财务绩效方面，必须提供显著的、公开途径可以得到的数据。

4）在面对运营成本和财政开支时，该品牌的经济收益必须为正。

5）该品牌必须在本国以及国际市场上具有公开的档案和知名度。

菲利普·科特勒认为，国际化品牌至少包含六个方面的内容：属性、利益、价值、用户、文化及个性。

韦福祥认为，品牌国际化程度可以从产品的外销比重、品牌的国际认知度、品牌的地区分布、资源的国际化程度和人才的国际化程度五个维度进行衡量。

世界品牌实验室（World Brand Lab）按照品牌影响力（Brand Influence）的三项关键指标，即市场占有率（Share of Market）、品牌忠诚度（Brand Loyalty）和国际领导力（Global Leadership）对世界级品牌进行评分。

参考各个衡量标准，本书认为品牌传播国际化程度可以用以下四个标准进行衡量。

1. 品牌的国际知名度和忠诚度

品牌的国际知名度和忠诚度是品牌传播国际化程度的重要外在体现。目标市场上，品牌的知名度、忠诚度反映着该品牌传播国际化的程度。对品牌的知名度和忠诚度进行市场调研，就可以确定该品牌在目标市场的地位。

2. 品牌的评估价值

品牌在实施国际化前后评估价值的变化，可以反映品牌传播国际化的效果及进展。在品牌价值评估时，《商业周刊》等机构发布的国际品牌排名有很大的参考价值。

3. 品牌输出的区域范围和市场份额

品牌传播国际化具有很强的区域性质，只有在较大的市场上与其他国际化品牌展开竞争，该品牌才能得到检验和发展，才能获得较高的国际认同。品牌输出的区域越大，市场占有率越高，品牌传播国际化的程度也就越高。

4. 品牌输出方式和国际化比重

国际化品牌输出一般有三种方式：伴随国际贸易（产品或服务）的品牌国际输出，伴随资本输出的品牌国际输出，以品牌特许等作为手段的品牌直接输出。在品牌输出时，国内和国外投资额和利润额的比例反映品牌传播国际化的程度。在伴随国际贸易（产品或服务）的品牌国际输出方式中，国外销售和国内销售的比例越高，以及品牌的资本输出和直接输出的比例越高，则体现品牌传播国际化的程度越高。

三、品牌国际化传播的意义

企业实施品牌传播国际化，可以看作是寻求持续性发展的一种方式。许多企业都在尝试国际化经营，在实践中不断积累经验，在国际传播的过程中建立了知名品牌。凯文·凯勒提出，品牌传播国际化具有以下优势：

（1）实现生产与流通的规模经济。从供应方面来看，品牌传播国际化能实现大量生产和大量流通的规模效应，降低成本，提高生产效率。经验曲线告诉人们，随着累计产量的增加，生产制造成本会有所下降，品牌传播国际化能促进产品的生产和销售，带来生产和流通的规模经济。

（2）降低营销成本。实施品牌国际化，可以在包装、广告宣传、促销以及其他营销沟通方面实施统一的活动。如果在各国实施统一的品牌化行为，其经营成本降低的潜力更大。实施全球品牌战略是分散营销成本最有效的手段。如可口可乐、麦当劳、索尼等企业在世界各地采取了统一的广告宣传。可口可乐通过全球化的广告宣传，在20多年里节省了9000万美元的营销成本。

（3）扩大影响范围。全球品牌向世界各地的消费者传达一种信息，即它们的产品或服务是信得过的。品牌产品在全球范围内有忠诚的顾客群。品牌产品能在全球范围内畅销，本身就说明该品牌具有强大的技术能力或专业能力，其产品被广大消费者所欢迎。消费者在世界各地都能选购品牌产品，说明该品牌具有很高的质量，且能给消费者带来便利。

（4）品牌形象的一贯性。由于消费者流动性的增强，消费者能在其他国家看到该品牌的形象。各种不同媒体对不同的消费者进行同一品牌的宣传，能反映该品牌相同的价值和形象，保持品牌的一贯性。消费者不管在哪里，都能选购符合自己个性或偏好的产品或服务。

（5）知识的迅速扩散。品牌国际化能增强组织的竞争能力。在一个国家产生的好构想或建议，能迅速、广泛地被吸取或利用。对企业来说，无论是在研发、生产、制造方面，还是在营销或销售方面，在全球范围内汲取新的知识，不断改进，都能提高企业整体的竞争力。

（6）营销活动的统一性。由于营销者对品牌产品的属性、生产方法、原材料、供应商、市场调查、价格定位等都非常熟悉，并且对该品牌的促销方式也有详细的记录，因此，营销者在品牌国际化传播过程中，能够最大限度地利用资源，迅速在全球展开该品牌的营销活动。

如上所述，品牌国际化具有明显的优势，其最大的优势就是实现规模经济效应，以及促进企业的持续稳定发展。从供给的角度来说，品牌国际化可以为研发、制造、资源分配以及市场营销提供更加经济的规模回报。品牌国际化能够避免过多适应当地环境的调整，从而使得品牌更加快速地进入国外市场。从需求的角度来说，品牌国际化所具备的相对稳定和一致的品牌定位可以使企业从全世界范围内所确立的独立品牌形象中获益。随着全球消费者逐渐形成相似的需求和品位，国际化品牌定位的一致性也会得到加强。

第二节 品牌国际化传播中的影响因素

一、政治因素

自2017年开始,"逆全球化"的单边主义有所抬头,不对等的贸易冲突、经贸和科技竞争政治化在局部地区时有发生。正在走向世界的我国自主品牌面临新挑战。

2014年,习近平总书记明确要求"推动中国制造向中国创造转变、中国速度向中国质量转变、中国产品向中国品牌转变",为品牌强国建设指明了努力方向,提供了根本遵循。2017年国务院《政府工作报告》中又重申打造更多享誉世界的"中国品牌"。2017年5月10日被设定为首个"中国品牌日",标志着创建"国家品牌"正式成为国家发展战略。企业品牌与国家品牌相辅相成、相互促进、相互制约。一方面,国家品牌是企业品牌的集成,没有企业品牌,国家品牌无从谈起;国家品牌的形象是所有企业品牌形象长期共同作用的结果。另一方面,良好的国家品牌形象也会"反哺"企业品牌,对企业品牌起到正能量背书作用。但是,目前我国国家品牌总体形象欠佳的问题十分明显,我国品牌正努力摆脱廉价、低端、仿制的刻板印象。国家品牌的发展、中国品牌国际竞争力的提升对中国经济进入高质量发展新阶段和中国产品走向世界具有重大意义。越来越多的中国企业品牌成功走向世界,其海外接受度、知名度以及品牌形象都在持续快速增长,然而这些还不够。中国国家品牌的形象和国际认可度要有质的改善和提升仍需中国企业众志成城。要彻底改变长期以来国际社会对中国品牌的刻板印象和认知偏见,深化国际公众对于中国国家品牌的理解、信任和认同,还有十分漫长的路要走。

二、经济因素

正如加拿大学者哈米德·伊特玛德(Hamid Etemad)所言,企业的创新能力、管理模式、营销技巧、信息资源获取速度,以及是否有足够的资金支撑都是影响企业品牌国际化建设的重要因素。

(一)企业资源

企业的资本情况、管理经验、营销策略、人力资源等都可以看作企业的资源。资源越丰富,企业进行国际化扩张时的选择能力也就越强。资源储备丰厚的企业,不仅可以在面对完全陌生的新市场时展开充分的市场调研,而且具备一定的试错能力,风险承受能力会大大提升。此外,资金雄厚的企业能够借助海外并购、海外投资等方式夯实国际化的根基。例如，联想于 2005 年斥资 12.5 亿元巨款收购美国 IBM 公司的 PC（Personal Computer，个人电脑）事业部，受益于 IBM 的品牌影响力和全球营销渠道，联想收获了更广泛的品牌认知、更雄厚的客户基础、全球一流的管理团队、更高效的市场运作能力。根据 2020 年 7 月发布的《BrandZ 中国全球化品牌 50 强》报告，联想高居榜单第二，这也是联想连续四年高居榜单前两名。

（二）企业品牌实力

与发达国家品牌相比，发展中国家的品牌无论是在经济技术实力方面还是在国际竞争经验、管理水平方面都处于弱势地位。高成本、低利润、少资金会影响企业品牌推广的力度，束缚企业品牌的传播，进而影响品牌国际化的进度。中国知名家电品牌海尔在国内将其竞争对手远远甩于身后，对于品牌经营与管理都精益求精，但是当其迈入美国市场时，遇到了惠尔浦、通用电气、伊莱克斯等家电巨头的阻击。正如海尔集团首席执行官张瑞敏所言："海尔已经进入了高原市场……但我们要攀登到 8000 多米的珠峰顶上，还有很长的距离。我们要想爬到珠峰顶，就必须有氧气瓶，氧气瓶就是利润，没有利润，我们不可能爬上去。"

案例：
青岛海尔跨国
并购通用家电

（三）激烈的市场竞争

在入驻国际市场时，中国企业的竞争对手来自全球范围。这些竞争对手不仅实力强大、技术领先，并且部分已经率先成为全球性品牌，拥有完整的产销体系以及全球范围内的营销网络和合作企业。由于竞争对手品牌已经拥有了高度的市场认可度和品牌影响力，因此更容易获得消费者青睐。如果中国企业没有独特的创造性产品，推出的品牌产品在欧美发达国家早已存在，那么要想从竞争对手品牌那里分到相当的市场份额，必然会受到它们的反击，要在这种拉锯战中获胜，也必然需要相当长的时间。除此以外，市场价格竞争的白热化也是企业不得不思考的问题。价格战一旦打响，就意味着企业必须以牺牲一定的利润为代价占位国际市场，这样的策略会影响企业可持续化发展。

三、文化因素

根据布伦达·德尔文（Brenda Dervin）意义建构理论四要素模型（见图 8-1）可

知，在某一情境下，由于文化差异和知识体系不同，共同认知缺失，形成了不可逾越的鸿沟，为了继续前进，势必要借助桥梁以实现跨越，从而解决问题。品牌在国际化发展的同时，也要跨越因认知不同而导致的文化鸿沟，但不同国家或地区的鸿沟是各不相同的，这就给品牌国际化传播带来了许多挑战。

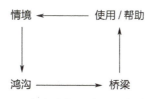

图 8-1　意义建构理论四要素模型

（一）来源国文化与消费者感知

来源国是指消费者所感知的某品牌或产品所属的国家或地区，来源国效应是指品牌或产品的来源国形象对消费者的产品评价、风险感知、购买意愿等相关决策行为带来的影响或偏见。由此可知，消费者对一个国家文化的印象会影响他们对来自该国的品牌或产品的态度。如学者斯廷坎普（Steenkamp）和马丁（Martin）所述，品牌或产品上的文化元素应用有可能会使来源国信息表征化，进而激活东道国消费者头脑中的来源国形象，从而影响东道国消费者对品牌或产品的态度。

案例 8-1

东奥会展现东方之美

2022 年北京冬奥会开幕式中运用雪花、春风、小草等元素表达了简约之美、柔韧之美、东方之美。冬奥会倒计时的短视频又通过"不一样"的主题，表达出文化"不一样"的"各美其美"，还在"没有一对雪花是相同的"现实中揭示"命运共同体"的终极指向。这种将来源国文化与他国文化相联系，表现出兼收并蓄的价值主张，得到了国内外运动员、观众的一致好评。在大型国际赛事上，中国文化的输出，有利于提升国际消费者对中国形象的感知，进而助力中国品牌的国际化发展。如中国国产品牌李宁在国际化过程中对于"中国元素"的运用，就很好地为其在国际市场中建立差异性定位并提升品牌形象。

要点分析：2022 年北京冬奥会开幕式中运用雪花、春风、小草等元素表达了简约之美、柔韧之美、东方之美，表达出"各美其美"和"命运共同体"的终极指向。通过国际大型赛事输出中国文化之美和兼收并蓄的价值观，有利于提升国际消费者对中国形象的感知，进而助力中国品牌的国际化发展。

案例：
李宁的国际化
发展道路

（二）自我参照与价值表达

自我参照准则会影响品牌国际化进程中的跨文化传播效果。所谓自我参照准则（Self Reference Criterion，SRC），是指无意识地将自己的文化价值观、知识、经验等，作为判断和决策的依据。由于不同国家或民族文化群体在长期生活过程中会形成不同的文化原型，促使消费者形成基本的价值观、信仰和生活理念。人类学家爱德华·霍尔（Edward Hall）将文化分为高语境文化和低语境文化。低语境文化国家的消费者更喜欢直接和明确的说话方式，但是来自高语境文化国家的消费者更喜欢用非语言的交流方式来表达自己，如眼神交流、手势和语境背景知识。品牌在国际化过程中若没看到社会文化的差异，则可能陷入前功尽弃的窘境。例如，"石狮子"在中国文化中象征着不可侵犯，大多雕刻得很威严。2003年，丰田"霸道"汽车广告中便出现了两个石狮子和一辆丰田越野车，一只严肃地蹲着，另一只向丰田车敬礼，引起众多中国消费者不满。

（三）民族中心主义与刻板认知

特伦斯·A.希普（Terence A. Shimp）和苏哈希·夏尔马（Subhash Sharma）最早将民族中心主义（Consumer Ethnocentrism）应用到市场营销领域和消费者行为领域中，提出了消费者民族中心主义，并认为它是消费者个人所持有的对于购买外国产品的适宜性和道德性的信念。民族中心主义者认为，国外产品会威胁到本国产品的生存与发展，购买国外产品是不爱国行为的体现。学者王倩文、郑鹏的研究发现，消费者敌意与消费者民族中心主义呈现出正相关性，即消费者对一国的刻板认知会加强其民族中心主义倾向。此外，民族中心主义还表现为对本国文化的优越感与自信心。如某品牌发布的"起筷吃饭"广告视频中，将筷子称为"小棍子状的餐具"，这种不正式、带有略微轻蔑的称呼是对亚洲筷子文化的羞辱，受到了亚洲消费者的抵制。

案例 8-2

可口可乐品牌中的美国文化表达

1927年刚刚进入中国时，"Coca-Cola"有个拗口的中文译名"蝌蝌啃蜡"。独特的口味和古怪的名字，产品销量可想而知。到了20世纪30年代，负责拓展全球业务的可口可乐出口公司在英国登报，以350英镑的奖金征集中文译名。旅英学者蒋彝从《泰晤士报》得知消息后，以译名"可口可乐"应征，被评委一眼看中。"可口可乐"是广告界公认最好的品牌中文译名——它不仅保持了英文的音节，而且体现了品牌核心概念"美味与快乐"；更重要的是，它简单明了，朗朗上口，易于传诵。

可口可乐的出现给中国饮料市场带来了全新的冲击与挑战，目前中国已经成为可口可乐的全球第三大市场，其获得全球性成功的奥秘，很大程度上正是在于它身上强烈的美国印记。

一、流水线式产品：大工业化生产的缩影

可口可乐产品遍布世界200多个国家，占据了全球软饮48%的市场份额。2011年出品的纪录片《终级工厂：可口可乐》（*Ultimate Factories*：*Coca-Cola*）展示了可口可乐高速和批量化生产的工业制造奇观。在可口可乐装瓶厂，机器每分钟可灌入近800瓶，利用专业的"空气输送"皮带来最大限度地提高传送效率。罐装可乐则在一个更为复杂的过程中以惊人的每分钟1700罐的速度生产。2~3℃的填充温度，淋温水12min的时间控制，处处是可见的标准。产销量巨大的可口可乐背后反映出的是第二次工业革命给美国带来的高速发展的生产力。

工业化时代的主题，就是追求更多的产量，创造更大的市场。规模经济要求生产工艺过程和产品的标准化，以泰勒制劳动组织为关键基础的福特制生产线真正释放了电的价值，使人类全面进入现代工业文明，给生产力提升带来了一次根本性的巨大突破。流水线、标准化生产也成为工业文明最大的特点。

1895年，可口可乐公司在芝加哥、达拉斯和洛杉矶等地建立了加工厂，到了1909年，全美已有近400家可口可乐生产厂家。但在1923年以前，可口可乐的生产尚未实现标准化作业，而是数目繁多的区域性灌装商采用不同的方式来灌装饮料，瓶装条件不理想，由此产生的清洁和标准化问题也十分严重。此后，出身于汽车行业的可口可乐时任总裁罗伯特·伍德拉夫（Robert Woodruff），将标准化流水线生产的理念引入可口可乐的生产中。可口可乐相信，始终如一的品质才会使人们产生信任。只有在标准化体系下，才能进一步涉及质量保证的问题。可口可乐公司将浓缩原液送至各地的装瓶厂，再配以一定标准比例的甜味剂、水和二氧化碳进行灌装，流水线上可口可乐以一种几乎全球一致的方式在生产。可口可乐的流水线可谓是高度自动化的现代制造业的典范，是资本主义的工业制成品，在当时代表着先进生产力。标准化作业可以在创造规模经济效益的基础上节约成本，进而使品牌进行全球扩张成为可能。因此，今天我们可以相信，人们在世界任何一个角落喝到的可口可乐味道完全一致。可口可乐作为一种标准化工业产物，以相对低廉的价格满足了大众最原始的口舌之欲，其诞生就是抓住了工业文明时代的生活方式，适应了工业文明的大趋势，是工业文明时代的产物。

二、营销与欲望制造：美国社会消费主义的象征

消费伴随着人类文明的发展，它是关于需求、物品及满足的人类基本生命活动

之一。人类与生俱来的需求，促使人类走向给予他满足的物品。在前工业社会，人类尚处于消费"匮乏"状态。货物是以手工制作的。通常生产是建立在消费者需求的基础上一次完成的。所形成的是一个与生产实际相适应的销售系统。消费由于经济资源的稀缺性，被限制在"基本需求"的范畴之内。当生产能力限制被突破、物品极大丰裕时，人类社会进入了新的发展阶段——消费社会。让·鲍德里亚（Jean Baudrillard）所言的消费社会是一个建立在由消费主导的文化体系上的社会形态。在消费社会中，物品的商业价值开始加强，物品被当作符号来开发——而符号是对消费做了特别规定的唯一层次。在消费社会中，人们的需求跨越了以往的物质需求，向精神需求的满足迈进。消费成为个体进行自我区分的主要形式和身份认同的主要标志。生产企业通过大众媒介与广告公司将消费推崇为一种生活方式，其目的是借由广告引导和培育社会态度与需求，试图控制市场行为，将需求的主动权从消费者转移到自己手中。

可口可乐是美国"广告主义"的代言人，其广告史印证了百年来美国广告的发展历程。美国南北战争结束后，秘方药成为美国广告界的先驱，滋补品和调和物的广告费用数目庞大。1885年，好几家秘方药企业的广告费用都在10万美元以上。第二次工业革命完成以后，以城市生活为特征的全新生存方式展现在美国人面前，由电力引发的动力革命加速了社会运转，泰勒主义和效率方式带来了时间观上的焦虑。严守时刻，是随着工业革命要求更广泛的劳动同步化而来的。大都市崛起，摩天楼矗立，但随之而来的还有人们衰弱的神经和心理问题。最初的可口可乐也和其他秘方药一样，采用的是可以治疗头痛和抑郁症的"神经滋补品"的药品形象定位。作为一种非生活必需品，其销售严重依赖于广告和报纸宣传。1886年，《亚特兰大日报》刊登了可口可乐的第一份广告："可口可乐，美味！清爽！醒脑！提神！这是一种新的、大众化的饮料，含有奇妙的古柯植物和著名的可乐果仁的成分。"铺天盖地而来的广告洪潮，不断强调和深化可口可乐的治疗作用，营造了热销的假象。与此同时，可口可乐在广告中运用一整套象征符号所创造出的一个超现实世界与修辞幻象，激发起人们的情绪和内在动力，地毯式的广告轰炸最终让可口可乐成为大众的生活必需品。可口可乐的广告洪流不局限于报纸广告。1913年，可口可乐使用一亿多件宣传品做广告，毫不夸张地说，只要人们目光所及的地方，都无可避免地出现可口可乐的手写体标识。除了常规的广告牌外，体温计、日历、火柴盒等随处可见的小物上也都印满了可口可乐的广告。通过广告、发放赠饮券等手段鼓励消费，这在提高了可口可乐品牌知名度的同时，让可口可乐渗透到美国人日常生活的方方面面，可口可乐已经不仅是一种软饮料，还是一种社会现象。伴随着时代变化，可口可乐的广告形式逐渐增多，营销模式逐渐完善。一定程度上可以说可口可乐是事件营销的代表。从1928年阿姆斯特丹奥运会开始，几乎每届奥运会上都可以看到可口可乐的身影。可口可乐非常注重自己的品牌宣传。在中国，每逢春节，可口可乐都会做贺岁广告,将中国的本土气息以及团圆亲情的主流价值观展现得淋漓尽致,也赢得了广大消费者的一致好评。可口可乐被视作"唾手可得的欲望满足品",象征着美国工业化的资本主义的最大特征和最大诱惑:物资的极大富足。

资料来源:吴惠.可口可乐品牌跨文化传播研究[D].长沙:湖南师范大学,2019.有修改.

思考题:
1. 品牌国际化传播与国家形象为何联系得如此紧密?
2. 可口可乐的品牌国际化发展给中国企业品牌国际化传播带来什么启示?

第三节 品牌国际化传播模式

在品牌国际化的过程中,由于对全球化和本土化问题处理的方式不同,品牌国际化传播模式主要分为标准化模式和本土化模式两种。

一、标准化模式

所谓标准化模式,是指在所有的营销组合要素中,除了必要的战术调整外,其余要素均实行统一化和标准化,将全球视为一个完全相同的市场,每一个国家或地区都是具有无差异特征的子市场。

在这种模式下,企业通常会向全球市场提供统一的产品、定价、广告宣传等,其具体的表现形式有以下四种。

(一)品牌定位标准化

品牌定位是为市场确定并塑造品牌内外全部形象以进入目标消费者心智并存留特定位置的全过程。在标准化模式下,企业在把品牌引入目标国时,并不会过多考虑目标国的文化特征,也不会进行太多的市场调研,而是将全球统一的品牌定位形象复制到目标国。如雀巢、德芙等(见图8-2),它们在全球的市场定位是统一的,实现了品牌定位的标准化。

图8-2 雀巢、德芙品牌

（二）品牌命名标准化

品牌国际化的同时，品牌命名也随之国际化，一般以全球通用的英文名或阿拉伯数字为主。在品牌国际化传播标准化模式下，企业一般会为了保持信息的连续性而对目标国采取品牌名零翻译的方式，如微软（Microsoft）、苹果（Apple）等（见图8-3），这些品牌的命名在全球市场均一致，不会因为目标市场的变化而改变。

图8-3　微软、苹果品牌

（三）产品生产标准化

对于采取标准化模式的企业来说，标准化生产有助于实现规模经济，降低成本，也有助于全球技术的通用和传播，对于许多高技术产品和专业化产品来说，标准化是其推广基础，也是确保消费者快速做出购买决策的理由。尤其对于跨国大品牌而言，它们的全球目标消费者都渴望得到同等的待遇，享受同样的产品。对于奢侈品品牌如路易威登（LV）、爱马仕（Hermes）等（见图8-4）来说，它们的目标消费者主要是想通过购买该品牌产品寻求身份认同和社会地位彰显。因此对于采用标准化模式的企业来说，产品生产的标准化必不可少。

图8-4　路易威登、爱马仕品牌

（四）品牌营销标准化

在品牌国际化传播的标准化模式中，由于整个产品生产采取标准化、统一化的方式，因此营销也是标准化的。国际化品牌主要通过在世界市场采取统一化的营销战略推广品牌产品，在全球的产品推广过程中，标准化把先进的技术传播到全世界。品牌营销标准化也降低了营销管理的难度，集中了营销资源，统一的营销策略制定能大大提高营销活动的成效。在经济不发达地区，标准化也是当地消费者满足更高消费需要的一种方式。

在另外一种意义上，标准化是资本主义经济全球化的主要特征。然而，在实际的全球营销活动中，标准化营销不断失败。这种把在某一地区获得成功的营销战略，或在某一局部市场制定的营销策略推而广之的营销思想，实际上是片面和缺乏效率的。

总而言之，实行标准化模式的品牌主要是一些高档奢侈品和化妆品，或者是具有独特性的世界性品牌，其生产企业是具有规模化生产能力和强大销售网络的全球企业。采用标准化模式，可使企业在研发、生产以及营销活动中获得一定规模的经济优势，并且有利于构建品牌在国际上的统一形象，促进消费者对品牌的识别和记忆，从而提高品牌在全球的知名度。但是标准化模式忽视了全球需求的区域差异性，难以满足不同市场消费者的不同需求，有时甚至会出现与当地文化、渠道冲突的情况。

二、本土化模式

本土化模式是一种国际化程度较低的品牌国际化传播模式。它主要是指在品牌国际化策略实施的过程中，所有的营销组合要素都要充分考虑目标国的文化传统、语言，根据当地市场情况加以适当调整，并通过分析当地消费者对企业品牌及产品的认识，推广与其他地方不同的品牌或产品。

实施品牌国际化传播本土化模式，需要对目标国市场有充分的了解，能充分利用资源，在实施的过程中，可以从以下四个方面入手。

（一）产品本土化

世界各地市场的消费者对产品的实际需求和潜在需求是不一样的。品牌进入目标国市场以后，需要尽快地使自身产品融入当地的文化生活和习俗中，迅速拉近与消费者之间的心理距离，通过一系列的消费者测试调查研究，确保产品满足消费者的不同需要。例如，肯德基为了适应中国市场，满足中国消费者需求，不仅卖起了粥，还卖起了豆浆、油条，同时根据地区情况，于2021年9月27日起，卖起了武汉的特色食品——热干面。这一举措不仅收获了消费者的一大波好感，促进了商品销售，也表达了对武汉这座城市的态度，完美构建了品牌公关形象。

（二）经营本土化

不同的国家有着截然不同的政治环境和社会环境，品牌进入目标国市场时，要学会转换身份，跟随当地消费者的消费习惯和行为模式，改变原有的经营方式，实现经营模式的转变。只有这样，才能真正实现品牌国际化。例如，美国的沃尔玛为了适应中国市场，在中国内开设的店铺中设置专柜，而国外的沃尔玛店内是没有专柜的。在经营方式上，沃尔玛也根据本地消费者偏好逐渐从最初的购物广场发展为大卖场、社区店等。

（三）促销本土化

品牌进入目标国市场以后，要根据当地的风土人情巧妙地设计促销方案和广告营销策略，主动融合本土化观念，用当地重大的节日、重大的新闻事件等有利的时机进行促销宣传。例如，麦当劳在中国实施本土化模式时，在2020年特意邀请优质偶像作为品牌代言人，并推出全新品牌理念——"因为热爱，尽善而行"。优质偶像与品牌价值的结合，为麦当劳带来了更多年轻消费者的关注，也可以更好地传达麦当劳尽善尽美地提供高标准、高质量服务的理念。除此之外，同年，麦当劳与中国探月工程达成三年战略合作，打造"去月球开画展"活动，以绘画为载体，助力孩子的梦想奔向月球。品牌还邀请艺术家黄海创作系列海报，海报设计使人们能感受到麦当劳满满"因为热爱，尽善而行"的品牌理念。

（四）名称本土化

每个品牌打开国际市场后，都会进入不同的语言环境，因此，品牌首先要将品牌名称转化为用当地语言来表达的品牌，并且翻译要适应当地语言的内涵和寓意，这样才能寻求消费者认同，在目标国市场站稳脚跟，进而逐渐拓展市场。品牌名称的翻译必须兼顾目标市场当地的文化和生活习惯，照顾到当地消费者的审美心理，注意一些民族禁忌。

例如，可口可乐这个品牌名转换得十分巧妙，它被认为是最成功的国外品牌名称转换案例之一。首先，从音译上看，可口可乐的中文名与英文名听上去十分相似。其次，可口可乐的中文名还包含了幸福与愉悦的含义。这四个字向消费者描绘了一种特殊的感觉：可口、爽口的同时还令人心情愉悦。同为汽水品牌的雪碧也是一个十分不错的案例，这个品牌名称中的"雪"字给人十分清凉的感觉，尤其符合产品的销售旺季——夏天，"碧"字形容的颜色与产品的包装颜色相呼应，整个品牌名称给人留下了冰凉解渴的印象，更易于被消费者接受。可口可乐、雪碧中英文名称如图8-5所示。

图8-5　可口可乐、雪碧中英文名称

（五）传播本土化

当强势的跨国品牌进入一个国家或地区时，都会将当地的文化传统科学地融入自身的品牌传播和品牌思想之中，从而拉近与消费者之间的距离，挖掘当地消费者的文化心理，进而使当地的消费者将品牌视为生活的一部分，更好地接纳和信任该品牌。传播本土化主要包括广告本土化、公共关系本土化等方面。

例如，一些奢侈品牌十分喜欢邀请中国超模走秀或者在中国本土地标做相应的公关活动，如蒂芙尼（Tiffany）在北京太庙举办发布盛典和芬迪（FENDI）在长城走秀，以讨好中国消费者完成品牌传播本土化；在春节期间，麦当劳、肯德基餐厅在布置上会以对联、窗花等装饰品来体现浓厚的中国传统特色。

综合来讲，本土化模式有利于跨国公司淡化其母国背景，从而获得东道国当地政府、民众社团和媒体的更多支持；本土化使品牌更容易融入当地的文化，文化隔阂是国际化面临的主要问题，也是国际品牌进入他国市场的阻碍之一，而本土化恰恰避免了外来文化的特质差异；本土化还可以更好地满足当地消费者的需求，可以根据不同市场的状况，从消费者实际出发制定营销战略，以消费者为中心开展营销活动；本土化还有利于充分利用当地的各种资源，发挥整合优势，本土化要求国际企业融入当地市场，从全球资源的角度考虑企业的生产、营销，实现资源的最佳配置，充分发挥全球资源的比较优势，整合企业能力。

不过，本土化模式大大增加了企业研发、生产和宣传成本。针对每个地区都要制定不同的营销策略，也增加了企业管理的难度。

案例：宝洁公司的多品牌营销策略

案例 8-3

金旗奖候选案例：波司登羽绒服整合营销策略

作为专注羽绒服40余年的专业羽绒服品牌，波司登曾因为守旧的设计、低调的传播一度沦为"爸爸妈妈辈"的服装品牌。伴随消费升级、四季化及国际品牌入局羽绒服市场引发的激烈竞争，如何刷新大众对"老"品牌的印象，建立"全球热销的羽绒服专家"认知，成为波司登近些年来发展的关键。

一、波司登发展现状

波司登从2018年起就开始展开一场持续性的海外影响力反哺国内的全球舆论行动：通过登上纽约时装周主场走秀，携手美国、法国、意大利三国知名设计师推出联名款，打造国际追捧的产品爆款，国内外高势能明星带货等一系列联动全球线上线下的整合营销活动传播，以海外名人为引爆原点配合海外KOL（关键意见领袖）及社交媒体升级话题事件，带动海外素人"自来水"关注，并反哺国内明星

KOL"种草"①，最后以"两微一抖"话题平台及各类种草平台进行外围扩散的整合路径，实现"墙内开花墙外香"的效果，提升品牌的全球势能。

数据显示，2018年开始，波司登羽绒服全面涨价，涨幅20%~30%，其中高端产品提价幅度达到30%以上。近几年，波司登在北上广深的各大商场中高调宣传，而绝大部分产品价格早已经在四位数之上，与近年来大火的北面等户外羽绒服品牌价格几乎无差。近三年来，波司登的产品结构也发生了非常大的变化，产品平均单价提升30%~40%，羽绒服的价位段在1500元左右。2018—2019财年，波司登1000元以下的产品销量占比由48%下降至12%，1800元以上的羽绒服产品销量占比由5%提升至24%。2019年，品牌产品平均售价继续提高20%~30%。在2020财年，波司登品牌羽绒服在线销售收入中，单价超过1800元的销售收入占比达到31.8%。在转向高端市场后，其业绩逐步得到改善。2018—2020财年，波司登的营业收入分别增长了16.92%、17.4%、10.88%，净利润正向增长59.44%、22.61%、42.09%。盈利能力的大幅度提升，使得众多券商机构给予了波司登买入评级和较高的评价。

二、发展背景

1. 羽绒服行业背景

羽绒服市场整体向好，呈复苏上升态势：中国服装协会数据显示，2019年中国羽绒服市场规模就已达1209亿元，2020年市场规模更是突破1300亿元，2022年中国羽绒服市场达到了1622亿元。羽绒服市场未来还有很大的开发空间。

行业竞争格局改变，受众更注重品质和时尚感：国外专业羽绒服品牌、四季化羽绒服品牌抢占中国市场份额，同时在消费升级大背景下，受众更关注品质以及时尚感，导致传统羽绒服品牌面临产品力和品牌力的双重压力。

2. 品牌现状分析

40余年品牌专业积淀，畅销全球72个国家：波司登创始于1976年，40余年专注羽绒服研发、设计与制作，连续23年全国销量第一，全球超2亿人次在穿。作为中国羽绒服品牌中的佼佼者，早在1995年波司登便开始驰骋国际，战功显赫，畅销美国、意大利等全球72个国家。随着羽绒服市场端的持续扩容，全球20%的头部品牌占领80%的市场，波司登以专业创新和设计创新，构筑了面向国际的可持续发展动能，羽绒服规模全球领先，头部品牌优势凸显。

品牌老化，年轻的消费主力人群不买账：购买人群"老龄化"，出现"消费错位"。虽然波司登性价比高于竞品，但品牌知名度和购买力远不及竞品，近年来销量不断下滑，薄利多销。如何让消费者重新认识并爱上这个"老品牌"，成为波司登发

---

① "种草"，网络流行语，指专门给别人推荐好货以诱人购买的行为。

展公关传播的诉求。

三、发展策略

1）与高势能明星、KOL合作，实现口碑种草：告别单一明星街拍模式，创新合作形式，借明星时尚、品味形象及效应辐射粉丝群，并通过时尚、科技、电影、娱乐类头部资源扩散，多角度切入，实现场景化传播。

2）打响海外舆论战，反哺国内掀起热销高潮：打造话题事件及活动（纽约时装周、三国设计师联名、高端户外系列荣获"Outside年度装备大奖"等），以海外明星名人为引爆原点，配合KOL及社交媒体升级话题事件，形成海外舆论矩阵。借此辐射国内时尚圈，通过国内明星和KOL带货筑高话题关注度，最后以"两微一抖"等话题平台及各类种草平台进行外围扩散，实现国内外市场的有效整合，提升品牌的全球势能。

3）打通传播渠道，深耕国内外话题平台和种草平台：波司登抓住时下消费者对时尚内容的种草心理，基于国内外社交平台的不同功能，精准打出渠道"组合拳"，微博造热度，微信打深度，小红书、抖音强种草等，发布多元化内容，探索场景式用户交流方式，以内容来影响、激活消费者行为。

4）联合高知名度IP，筑高品牌势能：联合热门IP推出联名款，如迪士尼合作系列、漫威系列、三大设计师联名系列等；2021年波司登首创的"风衣羽绒服"，结合了风衣与羽绒服两个经典品类的风格和优势，迎合不同喜好，深度渗透圈层消费群。

5）线上线下有效整合，实现品效合一：线上线下紧密整合，品牌行为、市场行为和终端行为有效统一，传播内容指向线下销售，线下门店最大化配合呼应线上传播内容，实现传播效果最大化，有效拉动销售增长。

6）数字化转型，高效、精准服务消费者：在运营层面，波司登提前部署供应链数字化，和阿里巴巴签订协议，建立数据中台，可以快速响应市场需求，同时注意原辅材料的及时供应和库存控制。后端生产方面，波司登拥有一流的智能制造工厂，工厂年吞吐量近2000万件。波司登还建成中国服装行业最先进的智能配送中心——波司登智能配送中心（CDC），实现全国所有门店的直接配送。前端销售方面，波司登进一步推动供应链数字化创新，推动线上线下一体化运营，以直播、社群运营、离店销售等崭新模式，不断提高市场占有率，巩固市场领先地位。

7）以一个声音为内在支撑点，统一品牌形象：波司登持续与央视合作推出"广告大片"，期间波司登始终坚持16s短广告，并且使用同一简短、明确的广告语（除了年份外，一字不变），画面产生变化，但传达的内容不变。

40余年来，波司登匠心独具，专注高品质羽绒服研发，创新已是其写在品牌基因里的驱动力。与此同时，波司登不忘初心，积极践行社会责任，引领中国品牌获得世界消费者认可，同时为大国崛起贡献力量。波司登还在品类创新设计、承担社会责任、助力国家科考事业等多方面行动中，为中国品牌发展起到示范性作用。

资料来源：2019金旗奖候选案例：波司登全球整合营销项目. http：//www.17pr.com/news/detail/204507.html.经企业授权. 有修改。

本章小结

本章介绍了品牌国际化传播的定义和品牌国际化传播的衡量标准，进一步说明了品牌国际化的意义。从政治、经济、文化三个角度探讨了品牌国际化传播过程中的影响因素。其中在经济方面，可能会受到企业资源、企业品牌实力、市场竞争等因素的影响。在文化方面，可能会受来源国文化与消费者感知、自我参照与价值表达、民族中心主义与刻板认知等影响。在品牌国际化传播过程中，由于对全球化和本土化问题处理方式不同，品牌国际化传播模式主要分为标准化模式和本土化模式两种：标准化模式中，涉及品牌定位标准化、品牌命名标准化、产品生产标准化、品牌营销标准化；本土化模式中，进一步探讨了产品本土化、经营本土化、促销本土化、名称本土化、传播本土化等内容。

复习思考题

一、名词解释

品牌国际化传播　　来源国效应　　自我参照准则　　民族中心主义

二、简答题

1. 简述品牌国际化传播的意义。
2. 简述布伦达·德尔文意义建构理论四要素模型。
3. 简述品牌国际化传播中的障碍因素。
4. 国际经济合作的主要方式有哪些？

本章测试

第八章习题

第九章
品牌危机与品牌危机管理

本章要点

本章介绍了品牌危机的定义、特征和生命周期,剖析了品牌危机产生的内部、外部原因。本章还介绍了一些危机管理知识,阐述了品牌危机管理的基本原则,按照品牌危机管理的阶段介绍了品牌危机管理策略。

海尔集团总裁张瑞敏当众砸毁冰箱

1985年4月,张瑞敏收到一封用户的投诉信,投诉海尔冰箱的质量问题。于是,张瑞敏到工厂仓库把400多台冰箱全部做了检查,发现有76台冰箱不合格。为此,恼火的张瑞敏很快找到检查部问道:"你们看看这批冰箱怎么处理?"检查部人员认为既然已经这样了,就内部处理给员工算了。以前出现这种情况都是这么办的,当时大多员工家里没有冰箱,即使这些不合格的产品有一些质量上的问题也还是能用的。张瑞敏则认为,如果这样处理的话,就意味着以后允许生产这样的不合格冰箱。张瑞敏让检查部搞一个劣质工作、劣质产品展室。于是,检查部在展室里面摆放上那些劣质零部件和劣质的76台冰箱,通知全厂员工都来参观。员工们参观完以后,张瑞敏把生产这些冰箱的责任者和中层领导留下,问他们怎么办。结果大多数人的意见都是内部处理算了。但是,张瑞敏却坚持:这些冰箱必须就地销毁。他顺手拿了一把大锤,照着一台冰箱,咣咣就砸了过去,然后把大锤交给责任者,让他们继续砸。转眼之间就把76台冰箱全都销毁了。当时,在场的人都流下了眼泪。一台冰箱当时800多元,员工每个月的工资才40多元。从此张瑞敏创造出了"永远战战兢兢,永远如履薄冰"的独具特色的海尔生存理念,给海尔人产生了一种强烈的忧患意识和危机意识,也给消费者吃了定心丸,从而使海尔集团打开了成功之门。

资料来源:金锄头文库,有修改。

思考题:张瑞敏的砸冰箱事件对海尔品牌有怎样深远的影响?

第一节 品牌危机

一、品牌危机的定义及特征

(一)品牌危机的定义

"危机"这个词近来频频出现,如企业危机、公关危机、金融危机、财务危机、人才危机、品牌危机等。品牌危机(Brand Crisis)是指组织内部、外部突发原因对品牌资产造成负面影响，表现为消费者与品牌关系的恶化。品牌危机具体表现为消费者对品牌声誉的评价降低，对企业产品或服务的认可度和信任度下降，企业市场占有率降低，有时还会直接影响企业的生存和发展。

品牌就像人，人有生老病死，品牌也会受到伤害甚至死亡。一些曾叱咤风云的著名品牌如今已风光不再，很多时候是因为当品牌危机降临时它们没有很好地化解。在这个充满变化的社会里，企业及品牌时时会遭遇危机的侵袭，要想不遇到任何危机是不可能的。美国公关专家对一些著名企业的调查结果显示：80%的企业认为，企业发生危机如同税收一样不可避免；14%的企业承认，曾经遭受过重大危机。在我国，本土企业和跨国企业出现品牌危机的事件也不少。因此，对品牌危机的预防和处理也是品牌传播的重要任务。处理危机的能力应当成为优秀企业的一项基本功。国际上越来越多的企业已经意识到危机公关的重要性，例如伦敦证券交易所就要求上市公司必须建立危机公关管理制度并定期提交报告。

（二）品牌危机的特征

品牌危机和其他危机一样有其明确的特征。劳伦斯·巴顿（Laurence Barton）将危机的特征界定为以下三点：一是惊奇；二是对重要价值的高度威胁；三是需要在短时间内做出决定。将该界定与品牌相结合，本书认为品牌危机具有以下三个特征。

1. 突发性

尽管危机的发生都有其诱因，但是危机往往是突然发生的，让企业及品牌始料不及，同时产生巨大的危害。比如，美国止痛药领先品牌泰诺曾遭遇的危机：1982年，泰诺胶囊被人注射氰化钾投毒，致人丧命，这一事件使得泰诺及强生公司的其他产品一夜之间成为"过街老鼠"。

案例：
强生公司成功维护形象的案例

2. 危害性

品牌危机负面影响的根本在于品牌信任度的丧失。这种信任度的丧失不仅限于某个品牌本身，而且会被扩散至更大的范围并持续更长一段时间。从范围来看，当一个品牌出现严重危机的时候，相关企业、品牌和产品都会受到株连，例如以前发生的"假酒""毒火腿"事件都使相关企业、品牌和产品遭受重创。

3. 受关注性

一旦出现危机，品牌就容易成为各类媒体和公众的关注焦点。这不仅因为这些品牌与公众的日常生活息息相关，而且因为媒体的报道转载、公众的口口相传也会加速品牌负面新闻的传播，使得品牌危机成为一时的热门话题，而且往往传播的是负面信息。正因为如此，企业需要清楚地认识到，如果不能很好地处理品牌危机，欲盖弥彰，对出现的问题采取拖延或逃避的态度是极不明智而且危害深远的。

二、品牌危机生命周期

管理学者史蒂文·芬克（Steven Fink）于1986年提出了企业危机生命周期理论，将危机过程分成五个阶段：危机酝酿期、危机爆发期、危机扩散期、危机处理期、危机处理结果和后遗症期。每个阶段都表现出不同的特征。这一理论也可用来描述品牌危机所经过的阶段。

1. 品牌危机酝酿期

一般来说，品牌危机的发生都是从量变到质变的结果，量变是危机的酝酿过程。由于危机是由各因素动态发展的结果，因此对潜藏的危机因素的预警和控制是危机管理的重要内容。然而，有些非企业自身的外部因素很难被企业发觉，这也使得危机变得难以防范。

2. 品牌危机爆发期

突破危机的预警防线，品牌危机便进入爆发期。危机爆发的速度会令企业始料未及。一旦企业惊慌失措，处理不当，品牌形象就会受损严重。

3. 品牌危机扩散期

危机如果不能得到立即有效的遏制，社会舆论越传越多，媒体上将会出现更多的负面报道，公众将产生更多的猜疑，危机将进一步恶化，品牌形象更加受损。

4. 品牌危机处理期

如果品牌危机处理及时，危机的扩散期将大大缩短。在处理期，一个训练有素的危机处理小组，主动、真诚、迅速的工作态度，一系列井井有条的危机处理活动，将使危机得到妥善解决。

5. 品牌危机处理结果与后遗症期

品牌危机经过紧急处理后得到解决，之后的主要工作就应该是品牌关系的维护和提升。但是如果处理不当，品牌危机的残余因素经过"发酵"，可能使危机重新进入新一轮酝酿期。在此阶段，处理得好，危机的生命周期可以压缩得很短；处理不好，危机的生命周期将延长，并不断损害品牌资产，直至品牌死亡。

三、品牌危机产生的原因

从近些年的案例来看,品牌危机已成为中外品牌经营过程中的"常见病",很多中国品牌多次出现危机,雀巢、博士伦、肯德基、高露洁等知名国际品牌也多次陷入危机之中。学界和业界对此进行了大量思考和探讨。根据20世纪70年代以来西方学者对危机管理的研究,在激烈竞争的市场经济条件下,企业面临的危机主要有六种:信息危机、产品危机、价格危机、商誉危机、资产危机和人力资源危机。国内品牌专家雷永军将危机产生的原因归纳为利益驱动型、自然灾害型、陷害型三种。结合这些观点,本书认为品牌危机产生的原因可以从组织内部和外部两个方面来分析。其中,组织内部原因是企业自身原因,而组织外部原因源于企业所处的客观环境。

(一)组织内部原因

1. 战略决策失误

一些品牌危机的产生源于企业内部战略决策的失误,"一着不慎,满盘皆输"。虽然对于事后的成败,学界或是业界都分析得头头是道,但在真正做出战略决策的时刻,要做出准确无误的判断却并非易事。战略决策的内容很广,涉及新产品开发、价格调整、财务管理、兼并收购、销售模式等。尽管这些决策可能是经过深思熟虑后做出的,但决策失误也是无法杜绝的,这些失误会使品牌陷入危机。

案例 9-1

新可乐的失败

1985年,百事可乐一项口味盲测结果让可口可乐很紧张——超过半数的被测试者更喜欢百事可乐的口感。于是,可口可乐潜心研究,推出了全新口味的"新可乐"(New Coke)。为了确保"新可乐"万无一失,可口可乐还进行了20万次消费者口味测试。其结果是"新可乐"的支持率为传统可乐的三倍。"这是我们有史以来最有把握的一次行动。"可口可乐公司董事会主席当时非常自信地预言"新可乐"必将成功。然而,尽管产品更好,且广告攻势铺天盖地,但"新可乐"推出后却遭遇了惨败。仅三个月不到,可口可乐被迫重新推出了其原版配方的经典可乐(Coca-cola Classic),"新可乐"改名为"2号可乐"(Coke Ⅱ),至今仍只占极小的市场份额。"新可乐"无疑是更好的产品,但是企业经营本来就充满了不确定性和风险,虽然"新可乐"是经过严格的消费者口味测试才推出的,但也难免失败的结局。

2. 商业造假

如果说决策失误导致品牌危机还情有可原的话，那么商业造假将品牌推向困境就是企业咎由自取和"玩火自焚"。商业造假可能使品牌获得一时的辉煌，却会将品牌永远地推向地狱。例如美国安然（Enron）公司，它曾是世界500强第七位、营业规模过千亿美元的知名企业，因为虚报盈利、关联交易等行为而成为美国历史上著名商业造假案的主角。让世人仰视的能源巨人，几乎在一瞬间就倒塌了，不仅自身因此而破产，还牵连与其有业务往来的其他公司。

3. 产品和服务问题

产品质量是品牌发展的基石。尽管所有人都知道这一"常识"，但是即便是知名品牌，出现产品质量问题的现象比普通品牌少却也时有发生。消费者对知名品牌有更多期待和信任，因此一旦其出现质量问题，品牌在消费者心目中的形象就会大打折扣。服务质量问题多出现在汽车、家电、装修等行业。一些消费者因对售后服务不满，甚至可能做出不理智的行为。产品和服务质量问题在互联网时代变得非常严重，质量事件通过网络传播，对潜在的购买者产生很大影响。

4. 广告问题

一些企业在进行广告创意时疏忽了当地民族、文化的一些禁忌，或者无意中伤害了当地消费者的感情，致使品牌陷入不利局面。一些企业的广告没有注意自身倡导的价值观，误导了消费者，也会引起消费者的抵制和政府的管理，引发品牌危机。

（二）组织外部原因

1. 外界不实报道

"水可载舟，亦可覆舟"，媒体对品牌的作用就是如此。品牌经营管理方面出现一些问题是再正常不过的事情，但是如果媒体未经核实或片面报道就可能转化成一个危机。例如某品牌的资金周转暂时不畅，或者某品牌暂时面临诉讼，媒体争相报道，引起消费者恐慌，品牌因此陷入严重的品牌危机。即使媒体是据实报道的，消费者也可能会误解。

2. 其他品牌的牵连

品牌的声誉还可能受到其他品牌的负面影响。遭遇"假冒"是很常见的一种情况，假冒品牌不仅影响了原有品牌的销售额，还严重降低了原有品牌的形象，给原有品牌带来危机。

3. 竞争对手的诋毁

出于竞争或者其他原因，品牌有受到他人陷害的可能。在消费者不明真相的情况下，这些陷害就变成了品牌的危机。互联网上，在对某个品牌的负面评价中，可能不乏来自竞争对手的恶意诋毁。

第二节 品牌危机管理

一、品牌危机管理体系

学界从理论层面对危机管理进行了一些思考，约翰·J.伯尼特（John J. Burnett）、罗伯特·赫斯（Robert Heath）等一批学者都提出了相关的理论。

1. PPRR模式和MPRR模式

PPRR模式是危机管理中应用得比较广的理论，它认为危机管理有四个阶段：危机前预防（Prevention）、危机前准备（Preparation）、危机爆发期应对（Response）和危机结束期恢复（Recovery）。后来，美国联邦安全管理委员会对这四个阶段进行了修正——缓和（Mitigation）、准备（Preparation）、反应（Response）、恢复（Recovery），修正后的模式又称MPRR模式。

2. 危机沟通3T原则

英国危机公关专家迈克尔·里杰斯特曾提出著名的危机沟通3T原则：第一，以我为主提供情况（Tell your own tale）；第二，提供全部情况（Tell it all）；第三，尽快提供情况（Tell it fast）。

3. 4R模式

罗伯特·赫斯教授提出了危机管理4R模式。4R是指缩减（Reduction）、预备（Readiness）、反应（Response）、恢复（Recovery）。4R模式涵盖了危机管理的全过程。

二、品牌危机管理基本原则

1. 预防原则

防患于未然，预防原则永远是危机管理最基本和最重要的原则。危机管理的重点应放在危机发生前的预防，预防与控制是成本最低、最简便的方法。为此，建立一套规范、全面的品牌危机管理预警系统是必要的。现实中，危机的发生具有多种前兆，大部分危机都是可以通过预防来化解的。品牌危机的前兆主要表现在产品、服务等存在缺陷，企业高层管理人员大量流失，企业负债过高而长期依赖银行贷款，企业销售额连续下降,企业连续多年亏损等。因此,企业要从危机前兆中认识到存在的威胁,越早认识,越早采取适当的行动,越有可能控制住危机的发展。

2. 制度化原则

群体危机事件发生的具体时间、实际规模、具体态势和影响深度,是难以完全预测的。这种突发事件往往在很短时间内对企业产生恶劣影响,因此,企业内部应该有制度化、系统化的品牌危机管理和灾难恢复方面的业务流程和组织机构,这在危机管理中发挥着重要作用。国际上一些大公司在危机发生时往往能够应付自如,保证组织形象不受破坏,其关键之一就是制度化的危机处理机制,从而在发生危机时可以快速启动相应机制,全面而井然有序地开展工作。

3. 维护诚信形象原则

诚信是任何组织的生命线,没有任何组织和个人会和没有信誉的组织打交道。在危机管理的全过程中,企业要努力减少"不诚信"给企业形象和品牌形象带来的损失,争取公众的谅解和信任。

4. 稳定情绪优先原则

群体危机事件的爆发往往是以群体聚集的形式出现的。群体聚集既有示威的意味,也有凝聚意见的意味,群体聚集对品牌形象的破坏作用是极大的。而这种破坏作用来自各类群体的不良情绪,群体在情绪激动时,是无法处理任何问题的。最好的办法就是先安抚情绪,然后再处理事件本身。危机事件发生后,安抚情绪是第一位的,事件处理是第二位的。安抚群体情绪的最好办法是分而治之。

5. 吃亏原则

企业在处理一些责任归属时,尤其是涉及赔偿金钱的数额等问题时,要尽量满足消费者要求,给予消费者利益,控制事件的影响范围。诸如产品售后服务的责任大小问题,产品损害后双方承担的损失数额,产品更换和零部件更换问题。这一原则对产品销售企业来说,尤为重要。企业要对事件进行评估,即这一事件的公开对企业的美誉度、品牌和产品的信誉度是否有影响,有多大的影响,企业在危机管理中不争对错,应以市场份额为重。

6. 善对媒体原则

新闻事件就是人们想知道但还没有知道、具有报道价值、新近发生的事件。危机事件无疑具有很高的新闻价值,所以媒体会千方百计地搜集有价值的新闻事件,然后及时报道。这就和危机事件的当事企业形成了矛盾,因为危机事件的当事企业并不希望社会公众知道这件事情。现在,信息传播渠道多种多样,信息沟通异常发达,危机事件是瞒不住的。因此,当事企业最好及时和媒体沟通,把最真实、最有说服力的事实公布出来，减少社会公众的疑问，澄清不实消息，这样才能取得主动、赢得社会公众和媒体的同情。

7. 沟通原则

沟通是危机管理的中心内容。与内部员工、股东、媒体、相关组织、消费者、政府部门等利益相关者的沟通是企业不可或缺的工作。良好的沟通能够很好地化解危机带来的负面影响。企业必须树立强烈的沟通意识，及时将事件发生的真相、处理进展传达给公众，以正视听，杜绝谣言、流言，稳定公众情绪，争取社会舆论的支持。

案例：
"埃克森·瓦尔迪兹"号油轮漏油事故

三、品牌危机管理策略

品牌危机管理大体分为以下阶段。

（一）危机预案预演阶段

预案是预先制定好并多次演练过的，公开发布、被内部人员所熟知的。企业不能把预案束之高阁，平时不管不问，危机事件发生了再匆忙拿来应急，那样等于没有预案。预案必须是经过事先演练的，没有经过演练，就没有操作的实践检验，很多遗漏和不足就暴露不出来。只有反复、多次演练，才能找出预案的遗漏和不足，做到熟能生巧，配合得当，企业才能有条不紊地管理危机事件。

案例 9-2

最牛的校长

2008年"5·12"汶川地震中，被称为"最牛的校长"的安县桑枣中学校长叶志平，以"我们学校，学生无一伤亡，老师无一伤亡"的自豪言语而为众人所熟知。这所学校最成功的经验就是狠抓危机发生时学生从教学楼撤离的演练，常年坚持，始终不懈。桑枣中学与汶川大地震伤亡最为惨烈的北川县毗邻。这所在大地震中没被"震倒"的学校，四年来坚持组织学生紧急疏散演练，每学期都坚持，从不间断。即使有人对这种演练有非议，叶志平校长也不理会，一直坚持下来。全体师生对自己在危机发生时的角色非常清楚，对逃生步骤谙熟于胸，每个楼梯拐角、每个楼层都有负责的教师把守和检查。地震发生后，全校2200多名学生、上百名老师，各司其职，从不同教学楼的不同教室中冲到操场，以班级为单位站好，用时1分36秒，无一伤亡。尤其令人震惊的是，此次逃生的过程、模式及结果与演练时一模一样。

资料来源：周朝霞. 公共关系［M］. 北京：机械工业出版社，2019. 有修改。

（二）危机处理阶段

危机发生后，应做到以下几点。

1. 加快响应速度

企业应该在最短的时间内宣布启动预案，领导层要在最短的时间内赶赴现场，召开临时会议，布置有关事宜，强调责任，宣布纪律。各部门紧急行动，以最快的速度开展工作，甚至在没有领导到达现场的时候，各部门就已经开始危机处理工作。主要领导坐镇指挥，协调调度，各分管领导各把一关，相互配合。

2. 确定危机级别

品牌危机管理人员最主要的任务是掌握数据，把握危机的程度，评估危机损失，配合媒体写好危机发生时的第一篇新闻稿件。品牌危机管理人员还应随时监控媒体与舆论发展的情况，并随时根据情况的变化发出自己的声音。看到坏消息，遇到流言蜚语，要在第一时间研究对策，根据不同情况辟谣或解释说明。

3. 加强内部沟通

随着危机事件的发展，统计数据和损失报告等不断提出，危机事件的来龙去脉也比较清楚了，企业这时要做到以下几点：

（1）统一声音说话。用同一个声音说话，统一由一位发言人对外发布信息，其余人员都不得擅自发表意见，这样做的最大好处是能够避免媒体误解，实现与媒体的良好沟通。

（2）统一领导责任。企业领导要迅速查明事件真相，勇于承担责任，做到"有价值的沟通"。

（3）统一主动沟通。企业应主动向社会各界解释来龙去脉，主动传递一些有价值的信息，不要让媒体一无所知。

4. 抢救要不遗余力

发生危机尤其是人命关天的大事时，企业要不遗余力地进行抢救，并宣布抢救的具体措施，抢救的进度和效果要及时告知社会各界。这时，切忌隐瞒事实真相，即使有些真相对企业不利，也要及时通报，因为随着事件的发展和时间的推移，真相是隐瞒不住的。及时通报还能树立真诚、坦荡和态度好的形象。

5. 处理好利益关系

危机发生后，最关心危机事件的除了企业自身之外，还有受害者、媒体、公众、竞争对手等。因此，在危机处理阶段，企业应处理好以下几方面的关系：

（1）受害者。受害者是危机的起源，解决好受害者的问题就可以从源头消除危机。目前，公开道歉、产品召回、赔偿损失都是常见的对受害者问题的处理方式。在处理过程中，企业应当站在受害者的角度，真心诚意地做好善后工作。企业应坚信，真诚是能够得到好的回报的。甚至，一些消费者还会因为问题得以友好解决而对品牌产生更高的满意度和忠诚度。

（2）媒体。追踪热点、报道事实是媒体的天职。一旦发生品牌危机，媒体必将第一时间争相报道。媒体常常充当"放大器"的角色，媒体报道不仅会让更多人知道事件的发生，而且可能引来更多的讨论和猜疑。所以，处理好与媒体的关系是企业处理好危机的重要一环。在"PPA（苯丙醇胺）事件"当中，中美史克公司及时在北京人民大会堂召开新闻发布会，向媒体表示将全部回收市场上的康泰克（含有PPA成分），针对一些不实言论进行了耐心的解释，对"落井下石"的竞争者也不予以还击。这样的姿态，赢得了媒体的理解和公众的同情。

（3）公众。在危机中受损害的消费者只是少数，但关注危机发展和参与危机讨论的公众却是多数。事实上，危机当中的负面信息在传播中容易演变成流言，很多信息会被"添油加醋"从而失真。例如，如果有人说某个品牌的药物有某种副作用，可能经过一段时间的传播演变为有人服用此药死亡的谣言，公众甚至可能发展出"反品牌同盟"。因此，如何保持与公众沟通、化解他们的疑虑，是品牌危机处理的主要任务。在很多危机处理的案例当中，企业都会开设几十条消费者热线来解答公众的疑问。

（4）竞争对手。一旦某品牌发生危机，竞争对手有可能会"落井下石，趁火打劫"。它们会想尽办法抢夺市场，使品牌危机更加严重。所以，企业在进行危机公关时，不能忽视竞争对手。对待来自竞争对手的质疑，企业需要动用更多第三方的力量，让客观、中立的第三方为自己发声。

（5）专业机构和专家。企业可以借助专业机构和专家的力量来获得公众的认同。这些专业机构和专家站在中立的角度，可以针对导致危机的问题做出权威而专业的回答。有时会对企业危机处理效果起到决定性作用。

（6）政府。毋庸置疑，政府在公众心目中是最具权威性的。因此，企业应该积极寻求政府相关部门的帮助。以"非油炸"为卖点的方便面品牌曾提出"油炸方便面不健康"的论调，一时间在我国方便面市场掀起轩然大波。后来，国家质检总局等官方负责人公开发表言论，解除公众对"油炸方便面可能致癌"的疑虑。可以想象，如果为油炸方便面发声是由生产油炸方便面的企业来做的，效果肯定不如政府发声的。

案例 9-3

"5·12"汶川地震：我国成功处理特大危机

2008年"5·12"汶川特大地震发生伊始，党中央和国务院就召开了紧急会议，布置了各项紧急工作，启动了国家抗震救灾指挥部的全部工作，并将级别标定为最高。温家宝总理当天晚上就赶到地震灾区，亲临一线救灾，指挥军队参与救灾，调度得当，为最大限度减少人民生命财产损失赢得了时间。同时，各大媒体第一时间公布了地震的真实情况，全世界在第一时间了解我国发生的大事，赢得了世界的同情和支持；各国纷纷伸出救援之手，大量援助物质和人员从世界各地运往灾区。同时灾区人民实行自救、互救等措施，涌现出许多可歌可泣的动人篇章。地震造成的损失是巨大的，但我国国家和人民的形象没有受到任何损失，而且美誉度得到了极大提高。胡锦涛、温家宝等领导人的形象更加高大，受到中国和全世界人民的极大崇敬。这次抗灾救灾，凝聚了民族力量，展示了社会主义制度的优越性，体现了我国"始终坚持人民至上"的崇高理念。

要点分析：2008年"5·12"汶川特大地震中，我国成功处理此次特大危机，充分体现了我国政府对人民生命财产安全高度负责的精神，国家形象和声誉均得到提升。

资料来源：周朝霞.公共关系[M].北京：机械工业出版社，2019.有修改。

（三）危机善后阶段

企业不仅要利用公共关系化解危机事件，而且要利用公共关系化解危机事件给企业带来的影响。应该说，危机事件过去后，危机事件带来的负面影响却还没有过去，危机对公众的影响还会持续一段时间，公众对危机事件的后续还会关注一段时间。这个阶段，公共关系还要继续发挥作用。

1. 继续发挥媒体的宣传作用

企业应继续给媒体提供有用的信息，让媒体继续报道危机事件的后续消息，继续发挥媒体的宣传作用，传播企业在危机善后事宜方面的善事和负责任的行为，从而提高企业的美誉度。

2. 继续做好损失的挽救工作

继续做好损失的挽救工作，整理现场、抢救有用的物资，尽量做到废物利用。在对全球工业500强企业的董事长和总经理的调查中发现，这些企业被危机困扰的时间平均是八周半，没有应变计划的企业被困扰的时间相较于有应变计划的企业，被困扰的时间长2.5倍。危机后遗症处理的时间平均为八周，没有应变计划的企业处理危机后遗症的时间同样比有应变计划的企业多2.5倍。

3. 迅速恢复企业日常工作

迅速恢复企业日常工作，恢复销售市场。可以这样说，企业恢复正常工作的时间越快，说明企业的沟通、管理和应变能力越强。有人说，要想看一个企业的实力只需要看它如何面对危机。

4. 及时回收问题产品，赔偿受害者

及时回收问题产品，与受害者洽谈赔偿适宜，讲明问题产生的原因，多次真诚道歉。只有真诚的道歉和坦诚才能赢得受害者的谅解，以及公众的认可。

案例9-4

可口可乐的危机管理

以可口可乐的危机管理为例，在人力资源安排上，可口可乐每时每刻都有危机处理小组成员处在值班状态，成员包括各部门人员，如瓶装厂总经理、生产管理人员、对外销售人员、技术监控人员，甚至电话接线员。这是因为，一旦危机事件发生，询问电话就会潮水般涌来，这时训练有素的电话接线员就成了公共关系的第一门户。接线员柔和的声音、冷静的态度和耐心的解释对来电者绝对是一副良好的镇静剂。每年可口可乐的危机处理小组成员都会接受多次培训，培训内容包括模拟记者的采访，模拟事件处理的整个过程。受训人员角色互换，如总经理扮演监控人员、公关人员扮演总经理，这样可以保证从不同的角度为全局提供服务。据介绍，危机发生时可口可乐在很短的时间内就可以联络到总裁，不管他正在进行高级谈判还是在度假。

资料来源：周朝霞.公共关系［M］.北京：机械工业出版社，2019.有修改。

（四）危机总结阶段

危机过去后，企业还要总结这次危机处理的全过程。

1）检查预案是否完备和是否符合全部实际情况。企业要检查预案是否完备和符合全部实际情况，有无需要修改的地方，适时更新预案。

2）总结在处理事件的过程中有无过失。企业要总结自身在处理事件的过程中有无过失，吸取教训、总结经验，不断改进和提高。

3）对企业的知名度、美誉度进行一次调查。对企业的知名度、美誉度进行一次调查，并与危机事件前进行一次对比，看看企业形象是否出现了变化。如果出现变化，分析是在哪些方面出现了变化。

4）对企业内部员工进行一次忠诚度调查。对企业内部员工进行一次忠诚度调查，并与危机事件发生前员工对企业的忠诚度对比，看企业内部凝聚力如何，员工对领导威信和能力的评价是否出现了变化。

这样系统的总结，对处理下一个危机事件无疑是有帮助的。企业还应表彰好人好事，批评处理导致危机事件发生的责任人。

案例 9-5

金旗奖获奖精选案例：2021 礼蓝动保 HTSi 系统中国数据报告发布

一、项目目标

HTSi 家禽健康追踪系统（以下简称 HTSi 系统）是礼蓝动保推出的一套家禽健康数据管理系统，也是礼蓝动保在家禽业的品牌之一，至今已拥有近 30 年的历史。2009 年 HTSi 系统进入中国，紧密关注国家相关政策，通过持续、定期的家禽健康监测为养殖企业提供大数据支持和决策判断参考依据，为中国的家禽业提供最新的洞察和解决方案。2021 年 7 月 2 日，礼蓝动保举办了"数说新禽况，制胜新肠态"的线上直播发布会，这也是礼蓝动保第三次发布 HTSi 家禽健康追踪系统中国数据报告。

二、项目调研

家禽养殖在中国已有千年历史。《2021 年—2026 年中国家禽饲养行业市场前瞻与投资战略规划分析报告》表示，中国家禽业自改革开放以来，家禽饲养量、禽蛋产量已连续多年保持世界第一、禽肉产量世界第二。同时，家禽业也是中国畜牧业的基础，家禽业的发展对于加快建设现代畜牧业、推进农业结构战略性调整有着十分重要的意义。但目前，中国家禽业面临重大变革和挑战。根据农业农村部第 194 号公告，2020 年 1 月 1 日起，退出除中药外的所有促生长类药物饲料添加剂品种，这标志着中国已正式进入饲料"限抗"时代。饲料内限定抗生素是一把"双刃剑"：既有助于减少禽肉中抗生素的残留，从而降低人体的细菌耐药性，更好地保护人类的健康，同时也暴露出诸多家禽健康问题，让家禽面临更为严峻的健康挑战。因此，更好地助力家禽健康、帮助家禽业健康可持续发展是当下的重中之重。

HTSi 系统作为礼蓝动保推出的一套家禽健康数据管理系统，目前已收录全球 60 多个国家、1400 多家大型家禽养殖企业或分公司的数据和 160 万羽剖检的健康鸡只的数据。依据如此海量的数据，可以帮助家禽养殖企业建立大数据养殖模式，更好地让数据指导生产实践，不断提升企业乃至家禽行业的管理水平和生产效率。尤其在饲料"限抗"的当下，HTSi 系统通过分析鸡只各方面的指标，深度剖析饲料"限抗"后鸡只所面临的问题，在此基础上提出保障鸡只健康的解决方案，从而更好地造福中国家禽养殖企业，助力中国家禽业的可持续发展。

三、项目策划

目标：通过 HTSi 系统的大数据，深刻、全面地洞察饲料"限抗"后中国家禽业所面临的问题。同时通过可视化的、线上线下的互动传播来精准触达家禽养殖企业，从而更好地让数据指导生产实践，提升企业乃至行业的管理水平和生产效率，实现中国家禽业的可持续发展。

1. 策略原则

（1）化"零散"为"整体"。礼蓝动保将60多个国家、1400多家大型家禽养殖企业、160万羽剖检的健康鸡只的数据整合，形成了一个大数据平台。通过大数据，为企业的经营决策和判断提供参考依据，助力企业直面饲料"限抗"后家禽所面临的健康问题。

（2）数据可视化。将HTSi系统中的数据结论形成报告，无偿提供给家禽养殖企业，帮助它们深入了解肉鸡所面临的肠道健康、呼吸道健康、免疫力等方面的问题。同时在报告中针对中国家禽业的现状，创新性地提出了抗球虫控制方案、提升鸡只免疫力、构建健康可持续的家禽生产体系等理念，帮助中国家禽养殖企业尽早摆脱"限抗"后肉鸡所面临的健康困扰。

（3）积极与受众互动，加深受众印象，提高受众参与度。在本次活动的诸多环节中，均设计了受众互动内容。如预热时"HTSi知多少"的有奖问答，加深受众对HTSi系统理解的同时充分调动其参与活动的积极性。此外在直播和内容讲解的间隙，也设计了三个有奖问答，以此来调动受众的积极性，提高他们的参与度。

2. 内容创意

（1）数据发布与时俱进，打造健康养殖新理念。除了2020年中国家禽业所面临的肠道健康、呼吸道健康、免疫力等方面的问题外，礼蓝动保在报告中还创新性地提出了球虫控制方案、提升家禽免疫力与打造健康可持续的家禽生产体系这三个理念，为饲料"限抗"后的中国家禽养殖企业提供了重要参考与建议，帮助它们解决"限抗"后所面临的诸多问题。

1）球虫控制方案。在饲料"限抗"全面开启的当下，高效的球虫控制方案对肠道健康的重要意义已在欧洲得以证明。在2021年HTSi系统中国数据报告中，通过分析不同的抗球虫方案对肉鸡球虫病变的影响，表明了高效的球虫控制方案对肠道健康的重要意义，同时中国优秀家禽养殖企业的有益探索也进一步证实了球虫控制方案的重要性。

2）提升家禽免疫力。在饲料"限抗"后，肉鸡在肠道和呼吸道健康方面面临更加严峻的挑战，因此提升家禽免疫力，保障家禽的健康就变得尤为重要。而作为家禽类动物的免疫器官，法氏囊的体积变化规律不容忽视，法氏囊过早萎缩或损伤对肉鸡的影响是确切的，因此礼蓝动保在此也呼吁法氏囊的萎缩及损伤应是中国家禽业关注的重点之一。

3）打造健康可持续的家禽生产体系。饲料"限抗"后，家禽业面临的疾病挑战越来越严峻，如疾病更加复杂、出现了新的变异株等。为应对如此严峻、错综复杂的形势，在2021年HTSi系统中国数据报告中，礼蓝动保首次提出了健康可持续的家禽生产体系这一理念，其中包含持续提升肠道健康水平、不断提高家禽的免疫力水平和积极构筑完备的生物安全体系这三点。①持续提升家禽的肠道健康水平：用最优化的肠道健康综合解决方案"打造"结构完善、菌群平衡、功能完善的肉鸡肠道。②不断提高家禽的免疫力水平：关注种鸡的健康、免疫抑制疾病的净化和鸡只生产过程中的关键影响因素。③积极构筑完备的生物安全体系：构建防止致病性微生物进入和传播的防线，并考虑特定区域内的生物承载能力。

（2）长图设计点睛核心内容。在HTSi直播结束后，礼蓝动保将报告发布的内容归纳成一份长图，其中提炼了报告和直播的重点和精华，可通过多渠道让更多受众能够快速回顾和了解报告的核心内容和重点。

3. 媒介策略

（1）精准触达，重点推送。在直播前安排了媒体对礼蓝动保农场动物市场总监张璇女士的专访，并邀请了行业内的知名媒体进行采访，如畜牧大集网、赛尔传媒、博亚和讯、农民日报、农兜网。通过媒体深度专访及采访稿、深度稿的发布精准地触达行业内的目标群体，从而让更多的家禽养殖企业、中小型养殖户、家禽从业者们了解HTSi系统，了解其最新的研究成果。

（2）广泛传播，扩大影响。在直播时邀请媒体平台进行直播和转播，如博亚和讯参与了媒体的直播，新牧网、饲料行业信息网、农兜网参与了转播。借助业内媒体的广泛影响力进行大范围传播，以此获得更广泛的传播声量。

（3）传播规划。从预热到回顾，打造整体传播链。在活动的前期和后期都进行了传播。

1）预热阶段，通过活动和专访造势。在活动前一周，即2021年6月25日开始，礼蓝动保的家禽相关微信公众号发布了预热链接，同时在预热链接内设计了名为"HTSi知多少"的有奖问答，旨在激发人们了解HTSi系统的欲望，提升活动开始时的热度。2021年7月2日上午，邀请了业内知名媒体对礼蓝动保农场动物市场总监张璇进行专访。

2）活动期间，通过媒体进行直播和转播。2021年7月2日晚7点，活动正式开始。活动期间，在博亚和讯这一业内知名的农牧、家禽类媒体上进行现场直播，并邀请新牧网、农兜网和饲料行业信息网进行实时转播，从而更广泛地触达目标群体，传播礼蓝动保最新的行业洞察和解决方案。

3）活动后期，通过长图回顾内容精华。活动结束后，2021年7月23日，礼蓝动保的家禽相关微信公众号发布了礼蓝动保2021年中国家禽健康追踪数据报告的回顾长图，帮助回顾直播中所讲解的要点，加深人们的记忆。

四、项目执行

（1）准备阶段。2021年5月—7月，进行报告的撰写，以及报告发布的传播策划。

（2）预热阶段。2021年6月25日微信推文预热，在礼蓝动保家禽相关微信公众号上发布了HTSi2021年度数据报告预热及闯关答题的推文。

2021年7月2日媒体专访预热，邀请畜牧大集网、赛尔传媒、博亚和讯、农民日报、农兜网进行媒体专访，采访礼蓝动保农场动物市场总监张璇女士。

（3）正式发布。2021年7月2日晚7点，在博亚和讯的波米直播间举行现场直播，邀请了礼蓝动保中国饲料家禽技术经理宋政向观众讲解饲料"限抗"后家禽所面临的健康问题，以及健康可持续的家禽生产体系这一理念。

（4）持续传播。2021年7月23日，发布礼蓝动保2021年中国家禽健康追踪数据报告长图。

（5）控制与管理。本次公关项目由礼蓝动保市场部发起，礼蓝动保市场部与北京曼观公共关系顾问有限公司联合负责项目的统筹与管理，包括文案撰写、细节把控与落地、媒体邀请、与礼蓝动保各相关部门的沟通与合作，同时把控内容品质和传播效果。

五、项目亮点

1. 数据思维，用数据"点亮"行业发展

在大数据时代，让数据"说话"、用数据指导行业实践是重中之重。在礼蓝动保的HTSi系统中已收录60多个国家、1400多家大型家禽养殖企业或分公司的数据，同时礼蓝动保还会额外对健康的鸡只进行剖检，并将数据录入HTSi系统中。目前在HTSi系统中总计已收录160万羽健康鸡只的数据。以如此海量的数据为基础，可以为中国家禽业提供十分具体和透彻的分析结果。通过分析，HTSi系统不仅可以发现饲料"限抗"后，中国家禽业所面临的诸多问题，还可以就这些问题提出具体的解决方案和创新的养殖理念。礼蓝动保还将大数据的洞察做成数据报告，并无偿提供给家禽业的从业者，以此来为中国家禽业和更多家禽养殖企业、中小型养殖户谋求福利。

2. 用传播助力全活动周期

在预热阶段和活动后期都进行了有力的传播。在预热阶段，通过长图预热、"HTSi知多少"有奖问答和礼蓝动保农场动物市场总监张璇的专访吸引人们参与直播，让大众和媒体对HTSi的基本知识、HTSi报告发布的意义、最新的洞察和理念、礼蓝动保的企业战略等信息能有较详细的了解和认识，以此来传播更有深度、更具传播价值的信息。而预热后的长图回顾则能让人们更好地理解直播的内容，以此来加深人们的印象，从而为更多的中国家禽业从业者提供价值。

3. 设立互动环节，加深受众的理解和积极性

在项目的执行过程中，设计了诸多与受众互动的环节，如在直播前就发布了"HTSi知多少"的有奖问答，邀请受众回答问题，以此使他们了解HTSi的基础知识和今年HTSi报告发布的亮点；同时在直播中设计了二维码答题和问答环节，通过解

答受众在生产养殖上的困惑使他们能够更好地面对饲料"限抗"后的种种问题。

资料来源：由北京曼观公共关系顾问有限公司提供，经中国公共关系网 17PR 授权。

本章小结

　　品牌危机在品牌建设和管理过程中是不可避免的。品牌危机具有突发性、危害性和受关注性等特征。品牌危机产生的原因有内部原因和外部原因；管理的基本原则有预防原则、制度化原则、维护诚信形象原则、稳定情绪优先原则、吃亏原则、善对媒体原则、沟通原则等，遵循以上原则可以使危机处理少走弯路。品牌危机管理策略应贯彻在危机管理的全过程中：在危机预案预演阶段，主要应防止危机的发生，品牌危机预案应该预先制定好并多次演练过，以便在危机发生后第一时间从容应对，把损失降到最低；在危机处理阶段，要加快响应速度、确定危机级别、加强内部沟通，抢救要不遗余力，处理好利益关系；在危机善后阶段，要继续发挥媒体的宣传作用，继续做好损失的挽救工作，迅速恢复企业日常工作，及时回收问题产品，赔偿受害者；在危机总结阶段，要检查预案是否完备和是否符合全部实际情况，总结在处理事件的过程中有无过失，对企业的知名度、美誉度进行一次调查，对企业内部员工进行一次忠诚度调查。

复习思考题

一、名词解释

品牌危机　　PPRR 模式

二、简答题

1．简述品牌危机管理的过程。

2．简述品牌危机管理的原则。

3．品牌危机有哪些处理策略？请分阶段说明。

4．在品牌产品召回中应注意什么？

5．品牌危机沟通应注意什么？

本章测试

第九章习题

第十章
品牌传播效果评估与品牌价值评估

本章要点

品牌传播效果评估是品牌传播不可分割的一部分。品牌传播者必须尽可能地了解消费者和潜在消费者的需求和欲望,并采取相应的策略开展有效沟通。在品牌传播活动实施之后,品牌传播者需要从认知、情感、行为三个层面衡量传播效果,具体包括品牌知晓、品牌态度、品牌接受、品牌偏好、品牌购买、重复购买、品牌满意、品牌忠诚。目前,国际品牌价值评估主要有六大体系,各大体系的建立机构每年均会利用自身标准,从地区、行业等维度发布品牌价值排行榜。

雅迪 G5 上市及品牌传播

长期以来，两轮电动车被大众认为仅适用于低端使用场景（买菜、接送孩子、送外卖等），绝大多数人对两轮电动车的刻板印象是较笨重且功能单一等，无法激发他们的购买欲望。2014 年之前，我国两轮电动车市场陷入"红海竞争"，各品牌为了争夺市场份额不断下调产品价格，低端产能过剩，不利于行业健康有序发展。

针对这种现象，2015 年雅迪提出"高端战略"定位，在设计、科技、品质、制造等方面不断精益，不断推出简易、轻便、时尚、智能的产品，在消费者心目中烙下了高端品牌烙印。2018 年，为了进一步深化品牌高端形象，打造明星爆款车型，制定行业高品质标准，雅迪分阶段、有步骤地实现品牌、产品大量曝光，与大众自发互动，加深大众对"高端电动车"的品牌认知。

1. 传播内容

（1）雅迪与《天天向上》。雅迪联手《天天向上》节目发布雅迪 G5 和官宣品牌形象大使范·迪塞尔（Vin Diesel），外围包装"超级娱乐发布会"话题，勾起大众好奇心。发布会期间，通过新浪网、凤凰网、搜狐网等头部门户网站、客户端等全平台进行事件曝光，占领焦点图、飘红文字链等位置。电动自行车行业、广告营销、潮流、娱乐各领域"大 V"站台发声，输出《看〈天天向上〉演绎娱乐营销 4.0 的正确打开方式，领跑"用户时代"》《成年，是从失去最后一个玩具开始》《没有速度，哪来激情 | 那些潮人们的坐骑》《不要再乱花钱了！这些才是 2019 年的流行趋势，超超超超好看！！！》等多篇超过 10 万次阅读量的文章。打造"#18 岁走遍全球 77 国 #""# 天天兄弟的大玩具 #"两大热门微博话题，最高冲至微博汽车榜第一位，在榜时间长达 26 小时，话题阅读量突破 5500 万次。

（2）雅迪与范·迪塞尔。打造"# 速 9 片场视频外泄 #""# 速 9 国产电动车 #"两大热门微博话题，在榜总时长突破 54 小时，阅读量突破 5000 万次。制作范·迪塞尔《速度与激情》混剪视频，加深普通网络用户认知，视频总曝光率达到 300 万次，借助明星效应使事件持续发酵。

（3）雅迪与《青春的花路》。通过雅迪官方微博和《青春的花路》节目粉丝互动，并加入独家花絮解锁玩法，推进品牌形象年轻化。针对节目中偶像与雅迪 G5 的互动情节，包装同款话题，外围吸引粉丝"种草"。打造微博话题"# 费启鸣一秒锁定范丞丞 #"，在内容上深度延展，在粉丝的关注下该话题冲上微博总榜，阅读量超 6000 万次，实现品牌、产品的深度曝光。

2. 传播效果

（1）受众反应。认知转变：通过雅迪 G5 新品上市和品牌形象大使推广传播活动,改变了众多消费者对电动车产品的认知,科技化、智能化的雅迪G5让消费者意识到,电动车不仅是一款代步工具,而且是可以寄托热爱与情怀的大玩具。

品牌认可:本次传播,激发了大量雅迪老用户在网络上的自发扩散,雅迪电动车品质好、耐用度高、服务到位等优势被二次发酵传播。

(2)市场反应。通过雅迪G5新品上市和品牌形象大使推广传播活动,雅迪在行业中进一步确立了"更高端"的企业战略定位。

在雅迪G5新品上市和品牌形象大使推广传播活动期间,雅迪在线下掀起新国标热销潮,多地门店打破了往年的热销纪录,甚至在2019年劳动节期间创下销量较去年同比增长24.6%的成绩。

资料来源:雅迪G5上市及品牌推广传播[EB/OL].(2019-11-19)[2023-04-03].https://www.17pr.com/news/detail/204661.html. 经2019年金旗奖金奖得主雅迪科技集团有限公司授权.有修改。

第一节 品牌传播效果评估

传播者希望通过品牌传播使目标受众产生认知、情感和行为反应,即通过品牌传播,向其传达一种信息来促使其认知和情感发生变化,最后导致行为的改变(采取购买行为)。在消费者反应阶段方面有许多研究,其中有四种最著名的反应层次模式:①AIDA模式,即注意——兴趣——欲望——行为;②影响层次模式,即知晓——认识——喜爱——偏好——确信——购买;③创新采用模式,即知晓——兴趣——评价——试验——采用;④信息沟通模式,即显露——接受——认知反应——态度——意向——行为。消费者对品牌传播的反应包括品牌知晓、品牌态度、品牌偏好、品牌购买、重复购买、品牌满意、品牌忠诚。消费者对品牌传播的反应从传播者角度看就是品牌传播的效果。企业对品牌传播效果的测定和掌握:一方面可以据此判断传播活动进展情况,另一方面可以据此采取纠正措施,即根据消费者反应对不足之处采取相应行为予以更改。

一、品牌知晓

品牌知晓是一切后续工作的基础。品牌知晓既是品牌传播目标,又是沟通绩效。品牌知晓主要是指目标受众对品牌名字的识别达到能够回忆或意识到某一特定品牌是某一特定产品类别中的一个成员的程度。例如,农夫山泉是饮料,也是矿泉水。

如果消费者不知道品牌，就永远不可能采取购买行为。品牌传播的第一目标，就是建立品牌知晓。品牌知晓的具体目标可描述为"在一年内使 70% 的目标消费者知道本品牌"。

品牌知晓度（Brand Awareness）是指知晓某品牌人数与该品牌传播活动区域总人数的比率。计算公式为

$$品牌知晓度 = \frac{知晓某品牌人数}{该品牌传播活动区域总人数} \times 100\%$$

测定品牌知晓的常用方法包括品牌识别法、品牌回忆法、品牌联想法。

（1）品牌识别法。品牌识别法是指评估品牌传播活动前后目标消费者对该品牌的知晓水平。例如，"潘婷"经过三个月的品牌传播活动以后，目标消费者对这一品牌的知晓水平提高了 40%，这就表明品牌传播活动达到了预期目标，传播效果良好。

（2）品牌回忆法。品牌回忆法是指评估目标消费者对品牌的记忆程度。例如，询问某一市场目标消费者（比如学生），知道哪些学习机品牌，回答者也许会列出小霸王、裕兴、步步高等，然后计算所有回答者中能回忆出步步高的人数占比。例如，200 人中有 120 人列出了步步高，则可推断整个目标市场对步步高品牌的知晓水平为 $\frac{120}{200} \times 100\% = 60\%$。

（3）品牌联想法。品牌联想法是指利用目标消费者的联想，调查其对品牌的提示联想和非提示联想程度。一般可以采用问卷调查法、联想法等。例如，调查 40 位同学，采用问卷调查法，请每位同学在看到娃哈哈品牌名称后，在白纸上写下大脑中浮现出来的 3 个内容。结果是 AD 钙奶频数为 22，卡通图案频数为 15，饮料频数为 11。结果表明这 3 类信息节点，与娃哈哈品牌呈现强品牌联想。

理论：
盖洛普－鲁滨逊事后效果测验

网易严选的品牌传播

传播效果的第一层面是认知层面，即网易严选的品牌是否有认知度和关注度，受众是否了解网易严选的产品和品牌特点。

针对消费者对网易严选的认知调查，在问卷设置了以下相关问题：您是否听说过网易旗下电商品牌，如网易考拉、网易味央？您是否听说过网易严选？您是通过

什么渠道知道网易严选的？

有超过75%的受访者表示听过网易旗下的电商品牌，有68%的受访者表示听说过网易严选。在这其中，有34%的受访者是通过网易邮箱、网易云音乐等产品知道网易严选的，有23%的受访者是通过媒体广告，20%的受访者是通过朋友介绍，有7%的受访者通过媒介报道，有7%的受访者通过微信微博，有3.5%是通过应用市场推介，剩下的分别通过网易考拉、电梯海报、网易严选公司员工的渠道得知，没有人通过线下门店渠道。这说明在品牌认知层面，网易严选的品牌传播还有很大的上升空间，值得注意的是，网易严选与网易旗下其他产品的品牌联想度较高，其中来自网易邮箱的流量转化率最高。

资料来源：吴颖卓.网易严选品牌传播研究[D].湘潭：湘潭大学，2019.有修改。

二、品牌态度

品牌态度（Brand Attitude）分为理性品牌态度和情感品牌态度。这两种态度的形成与品牌传播策略、消费者购买心理和行为是密切相关的。在品牌传播中，消费者消费心理和行为可分为理性诉求和情感诉求两类。

如果消费者根据推理形成的结果来表述对品牌的总体认知，这种推理是自觉的、有意识的，而且能使消费者清楚地表达认知结果。例如某品牌电视机图像清晰，这种品牌态度就是理性的。如果消费者是以情感为基础，形成对品牌总体上积极的或消极的认知。例如，消费者以品牌与一个有魅力的名人有联系为基础而不是以推理为基础，这种品牌态度就是情感的。

1. 理性品牌态度

（1）多重属性指数法。理性品牌态度可采用多重属性指数法来评估，其计算公式为

$$A=\sum B_i W_i$$

式中，A 为品牌态度指数；B_i 为属性 i 的信念强度；W_i 为属性 i 的权重。

B_i 可以通过询问受访者"你认为该品牌有属性 i 的可能性有多大"这一问题，并以语意差异尺度请受访者进行描述。该方法可测出品牌传播之后，消费者对某一品牌某种属性的信念强度（相信程度）是否发生了变化。W_i 可通过请受访者对属性的重要性进行排序来测定。由品牌各属性权重和信念强度可计算出品牌态度指数。如果一次传播后品牌态度指数明显高于传播前，则说明品牌传播对某种品牌态度的形成产生了一定的影响力。

案例 10-2

消费者对某品牌重型卡车的品牌态度

假设通过 6 个月的品牌传播活动，消费者对某品牌重型卡车的品牌态度数据见表 10-1。

表 10-1 消费者对某品牌重型卡车的品牌态度数据

产品属性 i	权重 W_i	信念强度 B_i	
		传播活动前	传播活动后
安全	5	2	4
节省燃料	4	1	3
驾驶方便	3	1	4
耐用	2	2	5
空间	1	1	3

注：1 代表非常不同意，2 代表比较不同意，3 代表有一点不同意，4 代表中立，5 代表有一点同意，6 代表比较同意，7 代表非常同意。

根据表 10-1 可计算出品牌态度指数：

A（传播前）$= \sum B_i W_i = 2 \times 5 + 1 \times 4 + 1 \times 3 + 2 \times 2 + 1 \times 1 = 22$

A'（传播后）$= \sum B_i W_i = 4 \times 5 + 3 \times 4 + 4 \times 3 + 5 \times 2 + 3 \times 1 = 57$

A'（传播后）$-A$（传播前）$=57-22=35$，品牌传播后品牌态度指数明显高于传播前，说明传播活动对品牌态度的形成有重大影响，品牌传播效果好。

资料来源：余明阳，朱纪达，肖俊崧．品牌传播学 [M]．上海：上海交通大学出版社，2016：274. 有修改。

（2）思维诱导法。思维诱导法是理性品牌态度的另一种评估方法。这种方法是把品牌呈现在受访者面前，或者用语言、图形向受访者描述，要求其评价品牌的优点和缺点。调查时，可与竞争品牌比较，让受访者有参照物。品牌态度的分数是根据肯定想法减去否定想法的差值计算而来的。品牌传播效果就可以根据传播后目标消费者产生品牌积极态度的程度来判断。

案例 10-3

腾讯视频"五四"青年节营销

结合"五四"青年节，腾讯视频在站内、微博等渠道进行传播，充分拉动年轻用户节日情绪感知，增强品牌好感度，利用代言人权益调动粉丝势能，实现腾讯视频 VIP 转化。

1."我们正年轻",关注正当时

发布态度短片,借势"五四"青年节,通过代言人和消费者沟通,体现品牌年轻化,帮助腾讯视频品牌提升影响力。

2."我们正年轻",行动正当时

联合《中国青年报》共同发起"我们正年轻"视频创作分享活动,10所重点高校官微同步跟进,引发在《中国青年报》及腾讯视频系各账号转发,触达大众群体。

3."我们正年轻",参与正当时

和公益积分活动捆绑,提升活动参与量,同时品牌实现公益积分参与与转化。

传播期间全网共打造了七个话题词,主话题"#我们正年轻,不负好时光#"话题阅读量1.3亿次,讨论量超107万次,远超热搜榜单相关话题热度。明星侧相关外围话题阅读总量超1.5亿次,讨论量超10万次;联合Doki产品强势撬动粉圈势能,相关话题代言人权益释放,助力腾讯视频VIP转化;联合八家年轻品牌发布"我们正年轻"主题海报及相关活动,覆盖698万名年轻用户,提升品牌影响力;多维度创意内容破圈,传递"我们正年轻"品牌态度;站内外广告投放明星代言人海报,为整体活动助力。

要点分析:"五四"青年节当天,腾讯视频联合《中国青年报》,以"敢闯""敢拼""敢热爱"为主题整合站内符合节日特性的18部青春电影,展现18种不同的人生态度,并通过一支混剪视频,将青春的热血与感动以更加直观的方式呈现给公众。每一位年轻人直面生活的积极态度,都是一道微光;每一部电影带来的感动,都是一盏烛火。腾讯视频希望借助电影的力量,用这些微光与烛火聚成的火焰,鼓励更多年轻人积极面对生活。

资料来源:如何与Z世代对话?围观腾讯视频青年节营销亮点 [EB/OL].(2021-05-08)[2023-04-03].https://www.163.com/dy/article/G9G13DKR0511DQRH.html. 有修改。

2.情感品牌态度

情感品牌态度是由微妙的情感因素作用所形成或改变的。这种态度的形成或改变不同于消费者对品牌的理性态度,如基于品牌利益、价格、属性、特色等的思考得到的态度,而是由情感因素发挥作用的。例如,目标消费者很可能因为自己喜欢某品牌的代言人而形成对品牌的积极态度;飞人乔丹使人们形成了对耐克鞋的积极态度。情感品牌态度的测定可采用语意差异尺度和投射技术两种方法。

(1)语意差异尺度。语意差异尺度是把消费者对品牌的看法和态度用有关形容词进行描述，如富有吸引力、好、漂亮、特别、令人愉快、令人喜欢等，然后测定消费者在品牌传播前后所描述语意的变化程度（见表 10-2）。

表 10-2　品牌态度语意差异尺度示例

程度最高	语意差异尺度					程度最低
	5	4	3	2	1	
最好		√				最坏
非常特别			√			一点也不特别
非常吸引人				√		一点也不吸引人
非常喜欢		√				一点也不喜欢
非常令人愉快			√			一点也不令人愉快

在品牌传播前后，可分别对目标消费者进行调查，测定品牌传播前后他们对有关品牌描述的语意差异程度的变化，据此可以判断品牌传播效果。

（2）投射技术。在采用投射技术测定情感品牌态度时可具体采用：

1）间接问题法。向受访者询问诸如"当你看到某品牌时，你想到了什么？""你认为购买某品牌的人怎么样？"等，用受访者的回答来判断其对品牌的态度。

2）语句完成法。提出一些不完整的句子，由受访者完成。

3）绘图法。出示一幅图或者请受访者画图，请受访者描绘有关该图的故事，例如 McCain-Erickson 的研究人员在研究为什么女性总是购买罐装蟑螂灭虫剂时采用了投射技术，在研究中要受访者画出蟑螂图，写出有关蟑螂图的故事。研究结果发现受访者认为蟑螂象征着遗弃她们的男人，让她们感到贫穷和无助，她们购买罐装灭虫剂，以表达心中的敌意。

三、品牌偏好

品牌偏好（Brand Preference）是指目标消费者对某一品牌的喜欢程度超过对同一产品类型中的竞争品牌的喜欢程度。品牌传播的目标受众知晓品牌，并可能喜欢这一品牌，但是对该品牌的喜欢程度并不比其他品牌的高，即对这一品牌没有偏好。在这种情况下，品牌传播要做的事就是要建立目标受众的品牌偏好。品牌传播可以通过传达品牌的竞争性特点来形成品牌偏好。

品牌偏好可以作为品牌传播目标，通过建立品牌偏好则可以为品牌购买打下基础。同时，品牌偏好可以作为品牌传播效果的评价指标。品牌偏好度是指品牌传播

前后目标消费者对某品牌的偏好度的比率,计算公式为

$$品牌偏好度 = \frac{品牌传播活动之前的品牌偏好度}{该品牌传播活动之后的品牌偏好度} \times 100\%$$

品牌平均偏好度的计算公式为

$$品牌平均偏好度 = \frac{\sum 每个受访者的品牌偏好度}{受访者人数}$$

品牌偏好可用排队法测量。这种方法要求受访者根据对某种产品类型中各种品牌的喜欢程度对品牌进行排序,根据品牌的相对位置来判断受访者对某一特定品牌的喜欢程度。

四、品牌购买

品牌购买行为的产生,要经过一系列的过程,它包括品牌购买态度的形成,购买意向的产生,最后形成购买行为。因此,品牌购买态度、品牌购买意向和品牌购买行为都是品牌传播的目标,也是品牌传播效果的衡量指标。

(1)品牌购买态度。品牌购买态度不是指消费者对品牌本身和品牌属性的态度,而是对品牌购买和使用的态度。品牌购买的反应过程包括:品牌知晓——品牌态度——品牌接受——品牌偏好——品牌购买态度——品牌购买意向——品牌购买行为。

品牌购买态度与品牌购买意向有区别。品牌购买态度是指消费者对购买某一特定品牌的看法和感觉(是赞成还是不赞成),而品牌购买意向是指消费者在可预见的未来,计划购买某一特定品牌的可能程度。品牌购买态度可用语意差异尺度法来测定,即在购买某一特定品牌的态度上意义相反的两个词语,比如明智和愚蠢之间,列上一些标度,由受访者选择代表他意愿的方向和程度的某一点,见表10-3。

表10-3 品牌购买态度测定

	5(非常)	4(比较)	3(一般)	2(比较)	1(非常)	
明智						愚蠢
好						坏
令人高兴						令人生厌

在品牌传播活动实施前后,分别测定消费者购买态度的语意尺度,然后进行比较,就可以判断传播活动对购买态度的影响。

（2）品牌购买意向。品牌购买意向判断消费者在一定条件下购买某一特定品牌的可能性程度。品牌购买意向有两种测定方法：一是消费者在对特定产品类型有需要时，对某品牌的购买意向测定；二是购买计划测定。

1）购买意向测定，可以询问潜在消费者以下问题：当你在超市购买某类产品时，你购买品牌Z的可能性有多大？对于这个问题的回答，消费者可以在语意差异尺度上进行选择，如5（非常可能）、4（可能）、3（一般/说不清楚）、2（不大可能）、1（绝对不可能）。

在品牌传播活动实施前后，可分别对消费者进行访问，将消费者的语意差异尺度比较就可以判断品牌传播对消费者购买意向的影响。

2）购买计划测定，应直接要求受访者回答他们是否打算在下一次购买某品牌。同样，消费者的反应也可以用语意差异尺度来记录，然后比较品牌传播前后反应尺度的变化，据此来判断品牌传播的效果。

（3）品牌购买行为。品牌购买意向虽然明确清晰，但也不一定会转化为购买行为。在购买意向转化为实际购买行为之前，可能受到两种因素的作用：第一种是别人的态度，第二种是意外的情况。有人对100位声称年内要购买某品牌家用电器的消费者进行追踪研究以后发现，只有44位消费者实际购买了该类产品，而真正购买该品牌产品的消费者只有30位。因此，除非购买意向全部转化为购买行为，否则还有必要对品牌购买行为进行测定。即品牌购买行为既可以作为品牌传播目标，又可以作为品牌传播效果的评价指标。

五、重复购买

当消费者试用某品牌或第一次购买之后，如果对品牌使用效果感到满意，就会采取重复购买行为。重复购买涉及品牌满意和品牌忠诚。虽然孤立地看，重复购买行为与品牌忠诚之间并没有恒常系数，但至少在某种程度上说，消费者的这种行为部分反映了其满意度以及忠诚度。

重复购买可以用两种方法进行测定：再购买的测定和购买百分数的测定。

（1）再购买。再购买是通过确定某品牌的消费者在下一次产品购买中继续购买同一品牌的占比。例如，A品牌牙膏消费者样本为200人，这200人中有50人准备继续购买A品牌牙膏，则重复购买率为$\frac{50}{200} \times 100\% = 25\%$。如果品牌传播者认为这个重复购买率太低，就要采取一定措施，即实施传播活动来提升重复购买率。事实上，再购买是测定消费者使用某品牌之后，重复购买意向的比值。

（2）购买百分数。直接用某种产品的消费者中购买某品牌的占比来测定重复购买率。例如，对一组消费者购买果冻的情况进行调查（假设的结果），消费者在一定时期购买的果冻中，喜之郎为60%，"亲亲"为20%，蜡笔小新为10%，其他为10%。显然，喜之郎的重复购买率最高。蜡笔小新为提高重复购买率，开展品牌传播如广告、现场促销等活动，蜡笔小新的重复购买率被提高为15%，则此次品牌传播效果为（15%–10%）/10%=50%。

案例 10-4

良品铺子会员重复购买率提升 20%

如何获得新顾客、提升消费者重复购买率、强化和消费者之间的互动，依旧是困扰企业的"顽疾"。良品铺子从两个维度不断提高获客能力：一是从线上到线下全渠道的数字化改造，二是诸如融合支付宝、天猫超市、本地生活等实现跨端融合。以会员管理为例，品牌可以将自有门店会员，与淘宝端会员、支付宝会员、本地生活会员等打通，实现线上线下一体化会员运营，实现跨端会员营销、权益分发和人货匹配。在这个过程中，消费者成了真正的核心，线上和线下、不同端可以发挥其不同的优势，来共同服务好每一个消费者；与此同时，消费者对品牌的认知、兴趣、购买、忠诚也在最为便利的环境中完成了。

2019年，良品铺子把深圳100多家门店全面接入轻店的体系，根据营销节奏来做线上和线下会员的触达和运营，基于阿里巴巴的技术进行全域数据分析。良品铺子在深圳市场的提升十分明显，订单履约率从60%提升到90%，会员重复购买率提升20%，2019年"双11"期间，拉新效果提升了40%。

资料来源：良品铺子会员复购率提升20%获阿里ONE全域营销奖[EB/OL].（2019-12-24）[2023-04-03].https://fj.99.com/a/20191224/012923.htm.

六、品牌满意

消费者在购买某品牌之后，就会在产品的使用和消费中体验到某种程度的满意和不满意。品牌满意就是指消费者使用产品之后拥有的关于品牌的积极和消极的感觉。

品牌满意是品牌忠诚的基础，消费者只有在使用过某品牌的产品后，产生满意的心理感受，才可能继续购买，才可能对该品牌产生忠诚和依赖。购买品牌产品之后，消费者要把对产品的体验和对产品的期望进行对照来评价品牌。如果他们认为体验与期望相当，他们就会感到基本满意。如果体验低于期望，他们就会不满意；期望与体验之间差距越大，他们的不满意感就越强。不满意会影响消费者的重复购买行为，甚至会把对产品的评价或感受分享给他人，从而影响他人的购买行为。

品牌满意也可通过语意差异尺度法进行测定。把满意从完全满意到完全不满意分为七个尺度,分别是完全满意(7)、很满意(6)、比较满意(5)、一般(4)、不太满意(3)、不满意(2)、完全不满意(1),对受访者分别进行访问并记录结果。然而,这样得出的结果还不足以概括品牌满意度全貌。在测定消费者整体品牌满意度的时候,要用到综合分析的方法,也就是首先区分样本不同属性的消费者,分别掌握不同属性消费者的满意度,其次以各属性消费者在全体消费者中的占比为权重,进行加权平均,最后得出消费者的整体品牌满意度。其计算公式如下:

整体品牌满意度 = 属性1的占比 × 属性1消费者的品牌满意度 + 属性2的占比 × 属性2消费者的品牌满意度 + ⋯ + 属性n的占比 × 属性n消费者的品牌满意度

因此,把握消费者的各属性(如使用率、性别、年龄等)、各属性消费者的占比及其品牌满意度是综合分析消费者整体品牌满意度的必要条件。

案例 10-5

瑞幸咖啡的消费者满意度影响因素

瑞幸咖啡公司成立于2018年3月,是中国新零售专业咖啡运营商。它自成立以来,就以"从咖啡开始,让瑞幸成为人们生活的一部分"为愿景,利用互联网和大数据技术的新零售模式,致力于为消费者提供高品质、高性价比、高便利性的产品。本研究结合咖啡行业影响消费者满意度的因素和瑞幸咖啡的实际市场背景及经营情况,从以下几个方面进行满意度分析。

1. 消费者对瑞幸咖啡产品质量的感知,主要包括产品的原材料、产品的口感、产品的口感稳定性、产品的包装以及产品的分量等。

2. 消费者对瑞幸咖啡服务质量的感知,主要包括推出新产品的速度、服务人员专业性、排队时间、外卖服务、促销活动频率、促销活动、价格等。

3. 消费者对瑞幸咖啡门店形象的感知,主要包括饮品种类、门店地理位置、店内装修、店内外等候气氛和环境、店内卫生环境等。

资料来源:艾洁.瑞幸咖啡顾客满意度探析[D].武昌:武昌工学院,2020.有修改。

七、品牌忠诚

按照戴维·A.阿克品牌忠诚度金字塔理论,品牌忠诚度可分为五类:价格敏感的顾客(或摇摆不定者),习惯性顾客,满意的顾客,品牌的朋友,忠诚的顾客。

品牌忠诚度一般体现为重复购买的意图和行为。作为一种认知现象,品牌忠诚度常常被认为是一种购买和重复购买某品牌的内心承诺；作为一种消费现象，品牌忠诚可以简单地概括为重复购买行为。

品牌忠诚度的计算公式为

$$品牌忠诚度 = \frac{最常使用某品牌的被访者人数}{过去某年度、某月使用过该品牌的人数} \times 100\%$$

除了委托市场调查机构调查外，各销售终端的客户资料也是了解品牌忠诚度的重要途径。品牌忠诚是影响市场份额的重要因素，建立品牌忠诚是品牌传播的重要目标之一。品牌忠诚度的测定可以采用多变量法。这种方法是对受访者提出一组问题，根据其回答情况来判断品牌忠诚度。传播活动前后分别测定的品牌忠诚度之间的差异就是品牌传播效果。

案例 10-6

Flipkart 的客户忠诚计划

印度最大的电商公司 Flipkart 推出新的客户忠诚计划——Flipkart Plus，来挑战亚马逊 Prime 会员计划。亚马逊 Prime 会员计划在印度富人中尤其受欢迎，而他们正是印度电商市场的主力消费群体。数据显示，在印度，Prime 会员贡献了亚马逊印度市场 30% 的订单量，而 Flipkart 的客户忠诚计划就是为了减弱 Prime 会员在印度日益巩固的主导地位。如果 Flipkart Plus 能够流行起来，它将帮助 Flipkart 在印度电商市场赶超亚马逊。

Flipkart Plus 是一项免费会员计划，会员每次在 Flipkart 购买商品，都会获得相应的积分或 Flipkart 硬币。"你买的东西越多，得到的积分也就越多。"Flipkart Plus 会员除了在 Flipkart 上购物会获得好处外，在 Hotstar（印度在线视频平台）、Zomato（食品订购发现平台）、Makemytrip（旅行网站）和 Café Coffee Day（咖啡馆）等平台消费也将获得折扣、免费送货等好处。例如，某一客户攒到了足够的 Flipkart 硬币就可以将其兑换为免费订阅一年的 Hotstar 会员。Flipkart 还表示，将继续增加更多的互联网和消费者品牌合作伙伴，为会员提供更多福利。

此前，Flipkart 曾试图推出客户忠诚计划，但以失败告终，这是该公司的第二次尝试。Flipkart 广告营销主管和 Flipkart Plus 负责人 Shoumyan Biswas 在一次采访中表示："这次的客户忠诚计划与之前不同，我们吸取了之前的教训，并做出了改变。我们不仅在平台内为会员提供好处，在平台之外也提供好处，而且去掉了缴纳会员费这一环节。"

资料来源：Flipkart 较劲亚马逊 Prime，推新客户忠诚度计划 [EB/OL].（2018-08-02）[2023-04-03]. https://www.cifnews.com/article/36922. 有修改。

第二节 品牌价值评估

目前国际品牌价值评估主要有六大体系,主要分布于美国和英国等地,均由营利机构建立,它们通过向企业提供评级服务、战略咨询、财务建议、税务咨询、品牌建设等业务而获利。这些机构的运营时间大部分长于 20 年,数据来源广泛,评价体系完备,评价类型多样,增值服务细分。国际品牌价值评估体系从股东、供应商、顾客、竞争者等利益相关者的视角,针对产品、形象、文化、财务、法律、知识产权和行业标准展开评估。各大体系的建立机构每年都会利用自身标准发布排行榜,从地区、行业等维度评估品牌价值。

与国际品牌价值评估体系相比,我国自主品牌价值评估体系目前还处于探索阶段。国际品牌价值评估体系虽然也存在一些不足,但有一点是值得借鉴的,就是品牌价值评估要符合品牌的内在规律,品牌价值评估标准和体系的设计要符合品牌价值属性,品牌价值评估要服务于企业品牌价值管理目的。

一、英特品牌咨询公司

英特品牌咨询公司(Interbrand)创办于 1974 年,是世界上规模最大的综合性品牌咨询公司之一,在全球 28 个国家和地区设有 42 个办事处。该公司提供的服务包括品牌宣传、品牌战略制定、品牌资产估值、品牌命名与品牌设计、品牌价值研究、品牌管理,以及品牌保护等。其客户群体覆盖全球财富 100 强中超过半数的公司。作为全球广告、营销和传播巨头宏盟集团(Omnicom Group)的成员企业,英特品牌咨询公司从属于恒美广告(DDB),并与天联(BBDO)、迈腾(TBWA)两大广告营销公司保持紧密的合作。目前,其旗下拥有三家子公司,分别是医疗品牌服务公司(Interbrand Health)、零售品牌服务公司(Interbrand Design Forum)和致力于为零售机构提供品牌视觉设计服务的工作室(HMKM)。

英特品牌咨询公司运用研究、分析和创意,深入了解和获取与品牌、客户及市场相关的未满足的需求和机遇,以此为商业创造价值;通过清晰地定义品牌目的为未来建造有战略性和创意性的根基,为商业企业识别、区分忠诚客户并创造价值;利用对产品、服务、行为、沟通与环境的创造和整合,创造独特并具有整体性的体验,把人和品牌通过有意义的方法联结起来;通过战略计划、技术平台及内部参与,把品牌体验带到市场,以增强内部市场营销和品牌管理能力。自 2001 年起,英特品牌咨询公司进入我国,并推出反映我国品牌现状的品牌评估研究报告。

(一)评价内容

英特品牌咨询公司认为"品牌评价可以为企业的品牌表现提供通用语言。品牌强度因素所涵盖的责任可以被分配给不同职能部门,为横跨企业组织的品牌创造联系和责任意识"。英特品牌咨询公司主张企业应重视品牌评价,以便带给财务、品牌管理、战略与案例发展以积极影响。

英特品牌咨询公司认为,品牌是代表一家企业的一系列产品或服务的感知信息和印象信息,品牌也代表了一家企业对所交付的产品或服务的承诺。品牌可以让消费者较容易地识别一家企业所提供的任何东西,品牌的发展要通过具有一致性关键信息的广告传播、亲朋推介、消费者与企业及其代表的互动、消费者生活中使用产品或服务的体验等方式在长时间内实现。英特品牌咨询公司对品牌价值的描述就是贴现后的品牌未来收益净现值(Net Present Value of Brand Earning)。

(二)评价方法

英特品牌咨询公司以未来收益为基础评价品牌资产。该方法将企业的市场占有率、产品销售量以及利润状况作为基础信息,结合专家分析判断的品牌强度,计算出品牌价值。其计算公式为

$$E=IG$$

式中,E 为品牌价值;I 为品牌给企业带来的年平均利润;G 为品牌强度。在这个计算公式中,G 起着关键作用。

英特品牌咨询公司对品牌强度的研究涉及七个测量指标,即领导力、稳定力、市场力、国际力、趋势力、支持力和保护力。英特品牌咨询公司对每个指标都规定了不同的权重(见表10-4)。

表10-4 英特品牌咨询公司品牌测量指标及权重

测量指标及其属性		指标的含义	权重
领导力 (Leadership)	1. 市场占有率 2. 品牌知名度 3. 品牌定位 4. 竞争者状况	领导力是指品牌影响市场、占有市场份额,并成为主导市场力量的能力。它反映品牌在同行业中所处的竞争地位	25%
稳定力 (Stability)	1. 品牌寿命 2. 连续性 3. 一致性 4. 品牌识别 5. 风险	稳定力是指品牌建立在消费者忠诚和历史基础上的长期生存能力。它反映品牌在市场上生存能力的大小	15%

（续）

测量指标及其属性		指标的含义	权重
市场力 （Market）	1. 市场类型 2. 市场特性 3. 市场容量 4. 市场动态性 5. 进入壁垒	市场力是指品牌交易的环境，如增长前景、变动性、进入壁垒等。它反映品牌目标市场状况	10%
国际力 （Internationality）	1. 地理扩散 2. 国际定位 3. 相对市场占有率 4. 品牌声誉 5. 品牌雄心	国际力是指品牌超越地理和文化障碍的国际化能力。它反映品牌蕴意的文化包容性	25%
趋势力 （Trend）	1. 长期市场占有率 2. 预计品牌表现 3. 品牌计划敏感性 4. 竞争者行动	趋势力是指品牌正在发展的方向和品牌保持时代感及与消费者保持一致的能力。它反映品牌在多大程度上与社会发展趋势相一致	10%
支持力 （Support）	1. 信息的一致性 2. 开支的一致性 3. 高于或低于基准水平 4. 品牌特许	支持力是指营销宣传活动的数量和频率。它反映品牌与社会公众，特别是与目标市场群体沟通的有效程度。获得持续投资和重点支持的品牌通常更具有价值	10%
保护力 （Protection）	1. 商标注册与可注册性 2. 普通法律保护 3. 争议或诉讼	保护力是指品牌所有者的合法权利。它反映品牌的合法性与受保护的程度	5%

（三）评价步骤

估值有三个关键部分：一是品牌化产品或服务的财务分析；二是消费者采购决策中的品牌因素；三是品牌强度。英特品牌咨询公司的评价步骤如下：

1）评价品牌带给企业的经济利润等财务收益。在这里，经济利润＝品牌税后运营利润－用于实现品牌收益和利润的资本。

2）评价购买决定中品牌所占的比重与其他因素所占的比重的比例（如购买决定因素包含价格、便利性或产品特性等），利用品牌作用指数（RBI）将其量化为百分比。在评价过程中，计算该百分比的方法主要有三种：第一手资料研究、品牌在行业中的历史角色定位、专家评审小组评审。

3）品牌强度用来评价品牌创造客户忠诚及由此产生的未来可持续的需求和利润。品牌强度分析基于英特品牌咨询公司所评定的10个可以影响品牌成长的因素。品牌强度分析可以呈现一个品牌的优势和劣势。

4）通过对比同行业世界顶级品牌的表现，评价某特定品牌的表现。

5）计算未来品牌收益的净现值，按照品牌贴现率进行贴现，所得数值即品牌价值。

（四）评价优缺点

英特品牌咨询公司是基于品牌未来收益对品牌进行评价的，对处于成熟且稳定市场的品牌而言，这一品牌评价方法相对有效。

但是如果经济发展波动较大，对未来若干年的销售额和利润的预测就存在较大的不确定性，从而影响其评价结果的可靠性。另外，英特品牌咨询公司评定品牌强度的七个测量指标是否涵盖所有反映品牌价值的重要方面，各个指标的权重是否恰当，以及其权重是否适合本行业，都是在评价特定品牌时不可回避的问题。

案例：
2020年英特品牌咨询公司全球最佳品牌榜单

案例 10-7

基于英特品牌咨询公司模型的安踏品牌价值评估

1991年安踏体育用品有限公司（以下简称安踏）最初创立于福建省晋江市，并于2007年在香港证券交易所上市，主营业务有设计、生产、批发和零售体育运动器材、运动服饰鞋帽、健身设备等。最初，安踏主要定位于低端和中端产品，产品性价比高，市场布局也主要是在二线、三线的城市。后来，电子商务繁荣和技术革新推动了安踏品牌的宣传和销售渠道的开拓。近年来，安踏开拓中高端产品市场，收购了斐乐、始祖鸟等海外体育品牌，打造不同层次客户群的产品种类和丰富完善、差异多元化的产品体系。

截至2018年年底，安踏的主营业务收入达241.2亿元，净利润达41亿元，归属普通股东净利润为41亿元。在我国体育用品企业中，安踏最近五年持续盈利、稳定发展，已超越李宁，成为国内体育品牌的"领头人"。本次计算将安踏作为品牌评估对象，试用英特品牌咨询公司模型评估其品牌价值。

1.品牌收益的计算

品牌收益是指无形资产获得的利润中，归属于品牌的那一部分，即由品牌所带来的利润。对体育用品行业进行分析可知，运动服饰鞋帽企业最近五年的平均行业毛利率为33.5%，所得税税率为15%。无形资产税后收益 f_n = 某一年的营业利润 ×

（企业的毛利率-行业的毛利率）×（1-所得税税率），根据此公式进行品牌收益的计算。

2. 品牌作用乘数的计算

运用层次分析法计算品牌作用乘数。目标层是企业获得的超额收益，决策层是影响企业超额收益的因素（即销售价格、销售数量和成本费用），行为层是指企业的专利技术、客户关系、企业品牌等无形资产。因为品牌作用乘数本质上和收益分成率相同，在无形资产评估准则中，一般认为无形资产收益分成率小于30%。

3. 品牌强度的计算

在计算品牌强度时，需构建一个品牌强度指标体系。安踏的品牌强度的测量因素及评价指标见表10-5。

表10-5 安踏的品牌强度的测量因素及评价指标

因素	评价指标	权重	得分
品牌市场力	整体分析体育用品行业	10%	
品牌领导力	品牌所占的市场份额	25%	
品牌稳定力	企业的资产总额	15%	
品牌营销力	销售收入年增长率	25%	
品牌趋势力	营业利润年增长率	10%	
品牌支持力	品牌宣传支出及政府补助	10%	
品牌保护力	该品牌注册的商标数量	5%	

整体看来，全民运动的热潮使得消费者对于体育用品的需求不断增加，体育用品行业未来发展前景可观。目前在我国本土体育品牌中，安踏处于行业领先地位。

值得注意的是，体育品牌的产品技术发展日新月异，而缺乏差异性与核心竞争力的品牌随时面临被超越的风险。与李宁、特步、361°等相比，安踏与这些国内本土优秀体育品牌的客户群和市场定位较为相似，且价格策略和产品特点也比较趋同，客户群和市场份额的划分并不明显。

作为国际奥委会的官方体育服装供应商之一，在国际化品牌战略的实施上，安踏在2007年之后才开始布局海外市场，起步时间较晚，而李宁自2001年便展开国际化的发展路线。在竞争同样激烈的海外市场，安踏还需要面对众多国际体育品牌，如耐克、阿迪达斯、彪马等，其在品牌国际地位、品牌知名度、企业文化和研发投入等各方面均面临挑战。安踏的品牌发展之路还任重道远。

资料来源：金晨.基于Interbrand模型的体育品牌价值评估研究[D].南昌：江西财经大学，2020.有修改。

二、英国品牌金融咨询公司

英国品牌金融咨询公司（Brand Finance）作为全球独立第三方品牌咨询和价值评估机构，致力于构建市场营销与金融之间的桥梁，帮助企业客户对无形资产进行估价，提供以企业增值为目标的品牌战略咨询服务，为市场营销人员与金融人员建立合作纽带，驱动企业业务可持续增长。其业务范围涉及品牌战略咨询、市场研究、品牌视觉识别管理、财务金融、税务、知识产权、法务等领域。其总部位于英国伦敦的金融城中心。该公司通过提供品牌估值、分析、战略及交易等服务，帮助企业客户进一步了解其业务和无形资产的价值。

（一）评价内容

英国品牌金融咨询公司认为，整个企业的品牌价值是由其所统辖的数个品牌化业务构成的；品牌化业务的价值是从属于子品牌的单个品牌化业务所带来的价值；品牌贡献是品牌业务所创造的总体经济收益。最终品牌价值是品牌化业务内商标的价值，以及相关的营销IP和所附加的商誉。

英国品牌金融咨询公司在全球设有近30家办事处和子公司，分布于五大洲各主要经济体，以确保其服务品质，确保长期可持续地对所在国家和地区有精准的把握。英国品牌金融咨询公司每年都会为全球约10000个横跨不同地域与行业的品牌进行价值估算，并且在媒体上发布品牌排名，以提升这些品牌的公众感知度，挖掘金融场景的使用需求，使之成为有价值、需要被妥善管理和投资的业务资产。2017年，英国品牌金融咨询公司在北京正式设立了全资子公司——品金品牌咨询服务有限公司，并自2018年开始将每年发布的《中国最有价值品牌100强》扩大为《中国最具价值品牌500强》。

现在，英国品牌金融咨询公司提供四大业务：营销、估值、税务和战略。其中，营销业务是基于品牌驱动力的分析将品牌和企业表现联系起来。估值业务是对企业品牌和其他无形资产进行稽核和价值评估。税务业务是帮助品牌拥有者理解不同税务的影响。战略业务则是在ISO标准的框架内，通过对品牌各维度的表现进行定量与定性的诊断，给出咨询报告。

（二）评价方法

特许费率法是英国品牌金融咨询公司在品牌价值排行榜中计算品牌价值的方法，该方法包括估计由品牌所带来的未来预期销售收益和计算特许费率。特许费率是按品牌使用来收费的，即假设品牌在未被使用者拥有的情况下使用者所要支付的款项。换一个角度而言，企业拥有该品牌，实际上就是节省下这笔费用，这也是品牌价值所在。特许费率法通常被税务机构和法庭所青睐，因为品牌价值是参考有记录的第三方交易而计算得出的。该计算可以通过公开可用的财务信息来完成。同时，该方法符合国际评价标准机构和国际品牌估值的标准 ISO 10668 的要求，可有效确定公正合理的品牌市场价值。

（三）评价步骤

英国品牌金融咨询公司的评价步骤如下：

1）在 1~100 分范围内基于一系列属性，诸如情感联结、财务绩效、可持续性指数及其他指标来计算品牌强度。该得分即品牌强度指数（BSI）。

2）确定各品牌行业的特许费率范围。这一步通过审核来自英国品牌金融咨询公司的许可协议数据库及其他在线数据库中的可比较许可协议来完成。

3）计算特许费率。将品牌强度指数与特许费率范围相结合，得出特许费率。例如，如果某一品牌行业的特许费率范围为 1%~5%，同时一个品牌的品牌强度指数是 80，那么其在该行业里使用品牌的适当的特许费率为 4.2%。

4）通过估计母公司中某个特定品牌带来的收益来确定品牌特定收益。

5）通过历史收益、预期资产分析和经济成长率来确定预期品牌特定收益。

6）将特许费率与预期收益相结合，计算品牌收益。

7）税后贴现的品牌收益即净现值，也就是品牌价值。

英国品牌金融咨询公司的方法论所衍生出的最大特色是品牌评级，这一评级类似于信用评级。品牌评级由品牌强度指数推导而来，品牌强度指数可体现某品牌对比其竞争对手的品牌投入、资产累计和未来潜力，并由 D 到 AAA 进行评级。

针对消费者、供应商、员工、投资方和融资方五个群体，英国品牌金融咨询公司分析品牌所带来的广度、感知属性及印象概述，并准确捕捉这些内容给五个群体的行为带来的影响。对于消费者，品牌健康影响企业利润的增长。对于供应商和员工来说，品牌显而易见地可以降低成本并带来高利润。对于投资方和融资方来说，强大品牌所带来的利益可以从更低的融资成本中窥知一二。

英国品牌金融咨询公司最核心的评价标准为品牌强度，品牌强度由三部分构成，分别是现有表现、顾客评价和未来预期。其中，现有表现由利润、销售额、市场占有率、定价来支持；顾客评价包括知名度、联想度和美誉度；未来预期可以用重复购买、竞争者策略等指标衡量。

（四）评价优缺点

英国品牌金融咨询公司的评价基准是以"权利金节省法"为核心的评价模式，非常具有创造性，并且从各项指数分解来看，尤其是其使用贴现现金流量来导出净现值这一点，使其评价方法论所带来的评价结果具有很强的客观性。但是一些基于免费经济模式的互联网企业，即使拥有非常高的知名度和庞大的用户群体，其盈利能力在可预见的时间内也可能是非常差的，这一品牌评价方法就难以衡量这类企业的品牌价值。

案例：
2019年度中国
最有价值品牌
500强

三、明略行市场咨询公司

明略行市场咨询公司（Kantar Millward Brown）是一家世界领先的市场研究公司，该公司是世界传播业巨头 WPP 集团旗下从事市场洞悉、信息和咨询的分支机构。利用以综合研究为导向的定性和定量分析解决方案，明略行市场咨询公司帮助企业客户深入了解广告效果、战略传播、媒体及品牌资产价值，实现品牌成长。

（一）评价内容

明略行市场咨询公司认为，品牌代表着嵌入当代文化和现代人类意识中远多于产品或服务的独特认知，是一种符号化的存在。所有品牌的价值是所有可预期的未来收益的总和并贴现至净现值之后的价值。

明略行市场咨询公司在 51 个国家和地区设有超过 78 个办事处，为 15000 多个品牌服务。该公司最具代表性的研究工具便是专注于品牌评价的工具——BrandZ。BrandZ 不仅是一种评价工具，更是全球最大的品牌资产数据库之一。明略行市场咨询公司自 1998 年开始就开发设计 BrandZ，并持续更新其内容。每年，BrandZ 数据库搜集约 400 个研究领域，采访超过 15000 人，受访者包括职业人士和普通消费者，每个受访者都被要求在他们实际购买的产品或服务分类中依据竞争环境来评价品牌。这种信息搜集方法可以从了解该产品或服务分类的人们中获取非常有价值的观点，他们可以综合判断那些对自身意义重大的品牌属性。

BrandZ 的数据库收录了超过 6 万个品牌、超过 200 个分类的数据，包含快速消费品、零售品牌、电商品牌、娱乐业、制造业、服务业以及 B2B 品牌。根据 BrandZ 的数据库和品牌评价方法论，明略行市场咨询公司每年都会进行全球及国别品牌排名，并面向全球发布。

（二）评价方法

明略行市场咨询公司利用 BrandZ 评价品牌的方法类似于财务分析师和会计师评

价企业的方法，可以称为"经济用途法"。品牌价值基于品牌的内在价值，由其驱动需求的能力而创造出来。考虑到金融市场的振荡性，在一些案例里品牌价值与当下市场资本总额具有高度关联性，反映出其真实的价值而非当下市场的振荡。

（三）评价步骤

1. 计算品牌财务价值

计算品牌财务价值分为两个部分，即检视公司品牌结构和计算品牌倍数。

（1）检视公司品牌结构。有一些企业只有一个品牌，所有收入都源自该品牌；而有一些企业拥有诸多品牌，那么就将企业收益的总值分配到多个品牌中。具体分配方法基于对年报和其他数据源的分析，由这些分析得出的分配比例被定义为"贡献率"，然后将企业收益乘以贡献率得出品牌收益，即某一特定品牌所获得的收益。例如，假设某个品牌的贡献率为50%，那么其所在公司的一半收益来源于该品牌。

（2）计算品牌倍数。为了预测品牌未来的盈利能力，BrandZ在其计算公式中加入其他计算元素。这个计算元素对目前收益进行倍数估价以预测品牌未来收益，被称为品牌倍数。计算品牌倍数的方法与金融分析师计算股票市场价值的方法类似，BrandZ根据彭博（Bloomberg）财经资料所提供的信息来确定品牌倍数的数值，然后将品牌收益乘以品牌倍数得出品牌的财务价值。

2. 计算品牌贡献

完成第一步品牌财务价值的计算之后，可以了解到品牌在企业总收益中所占比重，但由此计算出的数据还不是BrandZ所主张的品牌价值的核心。为了更精确地掌握品牌价值的核心，BrandZ设法除去某些可能影响品牌化业务的理性因素，如产品的价格、购买的便利性、品牌的可得性和品牌的地域分布等，并且试图对品牌的独特性、品牌创造需求的能力、品牌培养忠诚度的能力、品牌脱颖而出的能力等进行评价。以上品牌的相关作用因素，被BrandZ统称为品牌贡献（以百分比来呈现）。

3. 计算品牌价值

BrandZ品牌评价程序的最后一步，是将品牌的财务价值乘以品牌贡献，确定合适的风险率并作为计算品牌价值的品牌倍数（也可以称为相乘系数），然后三者相乘得出品牌价值（即财务价值 × 品牌贡献 × 品牌倍数）。

需要注意的是，在最后这个步骤里，BrandZ把品牌收益的增长潜力考虑在内，并使用财务预测和消费者数据进行综合分析（消费者数据主要依据BrandZ数据库中关于消费者与品牌绑定的层级系数，简单来说，就是得到更多与品牌绑定的消费者意味着品牌将拥有更多的忠诚客户）。一般而言，BrandZ参照职业分析师群体所使用的方法得出品牌倍数。该指标还将品牌特定增长机会和阻力考虑在内。对每个品牌成长性的品牌动能（Brand Momentum）度量标准就是基于这一评价的。该品牌动能指标显示为一个 1~10（最高）范围内的指数，被 BrandZ 视作代表品牌未来风险或贴现率，BrandZ 将其纳入最后折回净现值的考量因素。

明略行市场咨询公司利用 BrandZ 进行分析的所有指标都并非静态的，而是由其分析师根据其庞大的数据库和每年不断变化的市场估值、财报、市场振幅指数来进行动态分析及设定指标或系数。在其计算品牌贡献的过程中，消费者对品牌的忠诚度利用层级金字塔（Brand Dynamicw^{TM} Loyalty Pyramid）来计算，主要参考因素有存在感、相关性、性能、优势和纽带。

（四）评价优缺点

BrandZ 的评价体系是唯一通过大量访查数据从而将消费者的意见纳入品牌评价考量的体系，这使该品牌评价的最终结果具备相对全面的特征，在公众传播中具有更强的说服力。尽管 BrandZ 有十分富有逻辑性的方法论以及相对庞大的数据库支撑，但其品牌贡献和品牌倍数的计算过程在很大程度上依赖内部分析师团队的分析。这种方法使 BrandZ 品牌评价的主观经验因素比例相对较高。公众一旦注意到其包含相对较高比例的主观经验因素，就可能会对其品牌评价的公信力产生怀疑。

案例：
2020 年 BrandZ
最具价值全球品牌
100 强

四、世界品牌实验室

世界品牌实验室（World Brand Lab）着力于品牌估值、品牌战略、品牌保护，并有来自哈佛大学、耶鲁大学、麻省理工学院、牛津大学、剑桥大学等世界一流学府的专业顾问，其研究成果在多家企业并购无形资产评估的过程中被作为重要依据。诺贝尔经济学奖得主、"欧元之父"罗伯特·蒙代尔（Robert Mundell）教授曾担任该机构主席。世界品牌实验室集国际化、专业化于一身，总部位于美国纽约，全资附属于全球领先的战略咨询公司——世界经理人集团（icxo.com）。

（一）评价内容

无形资产作为企业的重要组成部分是重要的战略资产和金融资产，企业家在管理和打造品牌方面承担着越来越多的责任。世界品牌实验室倡导互联网时代的企业需要新的品牌解决方案，消费者（用户）也需要新的体验。

自 2003 年开始，世界品牌实验室就对世界 60 个国家的 8 万多个主流品牌进行跟踪研究。世界品牌实验室从 2004 年开始发布《世界品牌 500 强排行榜》，从 2006 年开始发布《亚洲品牌 500 强排行榜》和《中国 500 最具价值品牌排行榜》。

（二）评价方法

经过多年研究与品牌测评，世界品牌实验室自 2019 年开始采用调整后的收益现值法对品牌价值进行测评。收益现值法基于经济适用法（Economic Use Method），综合了消费者研究、竞争分析以及对企业未来收入的预测。世界品牌实验室还将国际上通用的品牌价值评估方法纳入其参考的依据，对比不同评估模型的特点，与当下经济背景和竞争环境相结合，并测评、分析影响品牌的各个指标。这种计算方法不仅顾及企业品牌自身的经营状况（包括营业收入、增长率等），还考虑到了企业通过品牌得来的收益（品牌附加值指数以及品牌强度系数）。

（三）评价步骤

1）进行数据收集研究和市场分析研究，做出相关市场假设。

2）由品牌附加值（BVA）工具箱分析得到品牌附加指数（BI），剔除与品牌因素无关的收益额。品牌附加值反映品牌对购买决策的重要性。例如，在奢侈品行业，品牌对购买决策影响很高，而在制造业则相对较低。此处品牌附加值比率由专业品牌评审团对过去五年专利、版权或品牌相关收益进行汇总和分析后，结合行业特征与品牌联想度、品牌忠诚度和品牌认知度等因素综合得出。

3）相关财务预测分析，基于历史收益增长率，以及当年在内的企业前三年营业收益，预测五年营业收益。若企业成立不足三年，则适当调整。

4）计算品牌加权平均资本成本，以影响企业品牌的各个项目为基础，这些项目包括普通股、优先股、公司债及其他长期负债各自的资金成本或要求回报率，对其进行权重加权，最终得出品牌折现率。

5）根据八大维度计算品牌强度系数。

6）将品牌强度系数与折现后的收益相乘，计算公式为

$$BV = E \times BI \times S$$

式中，BV 为品牌价值；E 为调整后的业务收益额；BI 为品牌附加指数；S 为品牌强度系数。业务收益额是以现在为基期的前三年和未来两年的收益的加权平均数，而收益是通过经济附加值法求得的；品牌附加指数是通过世界品牌实验室开发的品牌附加值工具箱测算出的；品牌强度系数是通过行业性质、外部支持、品牌认知度、品牌忠诚度、领导地位、品牌管理、扩张能力和品牌创新等八项指标确定的。

（四）评价优缺点

世界品牌实验室适用于持续经营的企业，原因是它可以对企业的财务状况进行多个年份的预测。但是由于其使用的企业样本是由企业自身申报而成的，因此评价结果不能完全包括所有企业，而且还存在低估成长期品牌的价值和高估衰退期品牌的价值的问题。

案例：
世界品牌实验室
2020年中国500
最具价值品牌

五、未来品牌咨询公司

未来品牌咨询公司（Future Brand）成立于1999年，是一家全球性品牌设计与咨询公司，总部位于英国伦敦，并在全球25个城市运营。未来品牌咨询公司致力于关注实际生活中的实时消费者趋势、产品或服务的创新。作为一家专业的品牌设计与咨询公司，未来品牌咨询公司擅长品牌LOGO及视觉识别系统设计、视觉设计、品牌感知研究与评价。其服务的主要客户有宝洁（P&G）、微软（Microsoft）、英特尔（Intel）、雀巢（Nestle）、MasterCard、联合利华（Unilever）、百事可乐（Pepsi-Cola）等。

（一）评价内容

作为一家致力于品牌设计与咨询而非品牌财务表现评价的公司，未来品牌咨询公司对品牌的理解涵盖视觉、性格、消费者体验、数字、创新、雇员体验、产品与服务等众多领域，并认为这些元素是现代商业品牌的核心组成部分。同时，未来品牌咨询公司主张重视面向消费者业务的品牌在联结性经济中的地位，提出面向消费者业务的品牌在未来联结性经济模式中将具有明显的典范性，而且它们会走在品牌联结性体验改善的前列。

未来品牌咨询公司从属于世界著名的市场营销集团——埃培智（IPG）。在埃培智体系内，未来品牌咨询公司从属于广告创意及制作公司麦肯·埃里克森（McCann Erickson），其与埃培智集团旗下的健康世界（Healthcare Worldwide）和麦肯世界（McCann Worldwide）等营销传播公司保持紧密的合作关系。

（二）评价方法

未来品牌咨询公司的评价方法以品牌感知度排名为重点。品牌感知度排名以六个维度下属的18个指标为基础进行构建。通过向全球范围内一定层次的人群进行问卷调查（集中于 18 个指标），然后将问卷调查结果进行定量分析，即可得出综合评分。未来品牌咨询公司由此还制作了品牌感知度雷达（见图 10-1）。可以根据品牌感知度雷达直观地看出一个品牌在哪些方面有优势，在哪些方面存在不足。

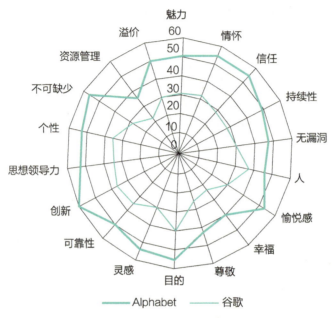

图 10-1　品牌感知度雷达

通过将品牌感知度雷达重叠对比，可以看出品牌感知度的趋势，为品牌自我改进提供直观的战略依据。此外，根据平均目的得分（Average Purpose Score）和平均体验得分（Average Experience Score），未来品牌咨询公司将 100 个品牌划分为五大类：普通品牌（Corporate Brand）、最受欢迎的品牌（Most Admired Brand）、注重体验的品牌（Experience Brand）、注重目的的品牌（Purpose Brand）以及未来品牌（Future Brand）。其中，未来品牌是指在目的性和体验性上保持绝佳平衡的公司，这些公司可以被视为"最未来"的公司。

（三）评价步骤

未来品牌咨询公司品牌感知度排名的方法论非常直观，主要通过单选题形式的问卷调查收集数据，然后进行定量分析及数据排序，从而得出品牌感知度雷达。

雷达指标即 18 个指标，它们是问卷调查的子主题。由于其品牌感知体系与算法无关，所以这 18 个指标并不存在百分比或者分解。这 18 个指标包括魅力（Personality）、情怀（Story）、信任（Trust）、持续性（Consistency）、无漏洞（Seamlessness）、人（People）、愉悦感（Pleasure）、幸福（Wellbeing）、尊敬（Respect）、目的（Purpose）、灵感（Inspiration）、可靠性（Authenticity）、创新

（Innovation）、思想领导力（Thought Leadership）、个性（Individuality）、不可缺少（Indispensability）、资源管理（Resource Management）、溢价（Price Premium）。

（四）评价优缺点

未来品牌咨询公司品牌感知度排名的核心关注点是消费者对品牌各个维度的印象，该排名体系为各企业追踪自己的业务运营和品牌建设情况提供了最直观的依据，为其实际业务调整指明了方向。但是此排名体系难以用于B2B品牌的评价：B2B品牌产品或服务的专业性门槛相对较高，绝大部分普通消费者对B2B品牌的印象也只是泛泛而谈的；调查问卷采集的数据无法完全、真实反映B2B品牌给企业级客户的最真实体验。

六、声誉研究所

声誉研究所（Reputation Institute）是一家以声誉研究为基础的世界级咨询和顾问公司，由宾夕法尼亚大学沃顿商学院的查尔斯·福伯恩（Charles Fombrun）教授和荷兰伊拉斯姆斯大学鹿特丹管理学院的塞斯·范·瑞尔（Cees Van Riel）教授于1997年共同创立。声誉研究所帮助许多世界一流企业通过更为自信的商业决策来开发和保护声誉资本，分析风险和可持续议题，提升竞争优势。

声誉研究所描绘了15个大型经济体的企业声誉地图，识别企业声誉风险和机会，指导企业营销和交流战略，从而提升业绩。多年来，声誉研究所一直致力于建立测量企业声誉的"黄金准则"。

目前，声誉研究所注重把可靠的时间、可落地的方案和有效的投资投入公司运营，从而更加深入地分析企业运营状态。声誉研究所网站提供咨询建议服务、资讯中心以及声誉理知识等内容。其业务分为学术、研究、咨询三类。

（一）评价内容

声誉研究所认为，从竞争的角度看，品牌一般仅面对消费市场，是营销传播的主导工具之一，其核心价值在于强化消费者认同，为企业创造产品溢价。品牌对与消费者以外的利益相关方的作用极为有限。随着信息对称性的日益提升，品牌对消费者的作用逐渐弱化，竞争会回归到品质的较量。

从传播的角度看，品牌突出企业诉求，却不体现其他利益相关方的诉求，更难以确立双向沟通。因此，营销传播不仅要依靠品牌，还要通过公关、推广、赞助等其他手段来强化对消费市场的影响力。

从声誉的角度看，品牌的价值、作用可以通过声誉来体现。声誉研究所将声誉定义为保证以下行为的情感纽带：消费者购买产品和服务；消费者识别企业；员工工作认同；投资者支持；政策制定者颁布经营政策；员工传递企业战略。

（二）评价方法

声誉研究所主要通过四项感性认知描绘企业声誉，分别是好感、信任、欣赏、尊重。企业有七大维度提升声誉，分别是产品和服务、创新、领导力、职场、企业治理、企业公民、业绩。

针对七大维度，声誉研究所设计了不同的提升声誉的具体措施，并证明了这些措施确实提升了企业声誉。相关理论模型包括声誉测评模型、企业声誉景气度模型、国家声誉景气度模型、城市声誉景气度模型、企业社会责任声誉指数模型、企业声誉风险指数模型，评价方法为定量及定性研究。

（三）评价步骤

作为声誉研究所最为知名的声誉管理工具，声誉测评模型用于分析企业和机构的声誉。据此所发布的《全球企业声誉测评百强榜》，是世界上规模最大、体系最完备的企业声誉研究成果之一。

声誉研究所品牌评价步骤如下：

1）从声誉情报数据库中挑选出符合条件的企业。声誉研究所调查了来自40个国家、25个行业、超过7000家企业的15组以上的利益相关方，并建立了自己庞大的声誉数据库。以《全球企业声誉测评百强榜》为例，最终进入排行榜的企业品牌必须满足以下条件：全球营收超过20亿美元，在被测量的所有经济体中全球平均熟悉度阈值高于20%，达到合格声誉评分且高于中位数，等等。

2）对全球15个最大经济体的近10万名受访者进行在线调查和数据收集。

3）综合分析声誉得分，形成最终排名。为了建立排名，声誉研究所分析了数千家符合以上标准的企业声誉数据。这些企业的声誉得分表明，声誉得分与业务成果之间存在着强烈的正相关关系。

（四）评价优缺点

声誉研究所的品牌评价方法的优点是覆盖范围广，以海量问卷调查为基础，突出了对品牌声誉的评价，有利于企业进行自身品牌定位的再认知，及时调整品牌策略。该评价方法还考虑了品牌的盈利能力，涉及品牌实际意义上的价值。但是，排名企业基本很少涉及中小型公司和新兴产业中的公司。一些公司在创新、社会责任等指标方面的突出表现，使其拥有很高的声誉，但是由于其规模较小或财务绩效一般而不能入选。

案例 10-8

金旗奖获奖精选案例:"安踏青年"
——安踏集团社交媒体运营自主 IP 打造

1. 项目概述

在社交媒体平台通过打造企业品牌自有 IP——"安踏青年",聚焦主话题"#原来你是这样的安踏#"讲述企业故事,提升公众对安踏集团的感知度和美誉度,借力社交媒体平台更广泛触达受众,加大安踏集团企业品牌形象在公众,特别是在年轻群体中的传播力度和声量,强化安踏集团的"创新感"和"责任感",与集团旗下各品牌官方账号联动,各有聚焦并形成合力,通过多维度内容组合,内外部联动尝试破圈,实现多轮扩散传播。

安踏集团作为一家创立于 1991 年,2007 年在中国香港上市的中国企业,全年营收连续 10 年位列中国体育用品企业首位,已经拥有较高知名度,但在年轻群体中的辨识度和认同感仍需进一步提升。以"Z 世代"为代表的年轻群体,展现出显著的"兴趣消费"特点,他们更愿意为能与自己产生"价值观共鸣"的产品和品牌买单。因此,安踏集团需要在社交媒体平台通过年轻群体兴趣标签更加精准地进行圈层传播,讲述公司故事,从而打开年轻群体市场,树立更加鲜明的企业形象。

2. 项目策划

(1) 项目策略及洞察。抖音平台已成长为日活跃用户数量(DAU)超 7 亿人的现象级短视频平台,App 使用时长超 30min 的用户占比已提高至 35%。对于企业来说,这一平台是在社交媒体,特别是短视频领域破圈的重要渠道。

为什么要在抖音平台打造自己的 IP,做自己的关键意见领袖(KOL)?因为这样的做法有助于树立更加鲜明清晰的企业形象,更直接地触达消费者,并通过企业的"内容优势"服务消费者。

企业的抖音账号运营,最初考验的就是账号定位,如果不能够输出价值,单纯地把抖音作为企业品牌公关宣传的一个阵地,那么用户就会像 20 年前看电视时看到广告就换台一样,刷到企业账号立马滑走。所以,"安踏青年"这个企业蓝 V 账号的定位,一开始就是强调它的第三方 IP 属性。

(2) 运营策略。打造安踏集团企业品牌 IP——"安踏青年",聚焦主话题"#原来你是这样的安踏",多维度内容组合,内外部联动,形成内容闭环,实现多轮扩散传播。

其实,企业自主 IP 的打造其核心总结就是一句话:服务屏幕前的目标受众。短视频不是短的视频,而是在最短时间内为消费者传递价值的视频。最后再通过流量运营为账号不断深化行业标签,便能够形成快速引爆。

账号 IP 感可以理解为一个账号对于企业品牌的"折叠",让人们可以快速理解账号要传递的内容,同时形成内容获取的一致性。例如,视频的内容如果是口播就一直口播,讲故事就一直讲故事,同时账号风格也要尽可能地人格化,而不是一个品牌的名称冷冰冰地放在那里。

如果短视频不传递价值,那和商业电视广告(TVC)有什么区别?这里的价值基本分三类,为受众提供"情感价值""知识价值"和"标签价值"。

情感价值:无论是远在山村的安踏志愿者还是坐镇厦门等全球多地营运中心的业务团队,挖掘他们身上关于梦想、关于担当的令人感动的故事。主要题材为环境、社会和公司治理(ESG)项目。

知识价值:让人们通过"安踏青年"获得关于运动、关于成长的启迪知识。分享安踏集团 30 周年发展历程中的成长故事,同时介绍奥运比赛服背后的产品知识故事。

标签价值:通过"安踏青年"身上的标签与受众产生共鸣。借助 30 周年、奥运、公益等项目塑造安踏集团内部一个个鲜明的"安踏青年"形象。

短视频是抖音平台最有趣的一部分,通过正确的流量运营,60 分的视频可以变成 90 分,而 90 分的视频如果不运营就可能变成 0 分。例如一个讲球鞋的账号发布一条球鞋类的内容,被一群对球鞋感兴趣的观众看到,那么这条视频就大概率会"火"。在这个过程中要人为干涉的内容包括:账号的精准定位,持续不断地输出符合定位的垂直内容,通过内容吸引精准粉丝,最后通过流量工具来进行特定人群的精准投放。持续半年,这个账号就会形成精准的生态体系。然后就是不断地内容选题挖掘了。

(3)传播规划。打造《超 A 科研所》《奥运装备揭秘》《冬奥冷知识》等专题栏目。

3. 项目执行

除了定期按需回顾盘点,并推出固定栏目之外,突出快速反应和动态管理。

快速反应即做到重大消息随时发布,2021 年 7 月 21 日河南等地发生洪灾,团队以极快的速度发布了捐款信息(仅仅一张海报配背景音乐),便多次登上了热搜,被许多媒体、普通用户争相转载,彰显了安踏集团在特殊时刻的社会担当。在自有短视频阵地上快速反应,让安踏集团一次又一次实现千万级播放的传播效果。

(1)运营现状

1)初步实现:打造受人尊敬的企业形象,通过抖音突出展现了安踏集团的企业社会担当,强化了集团整体的口碑。

2)直面消费者:将集团的新产品、新技术及其背后的故事与消费者进行直接沟通,效果显著。

3）IP 建设初见成效："安踏青年"的 IP 形象深入人心，每周都会有大量粉丝在抖音上与"安踏青年"分享自己的安踏故事。

（2）未来方向

1）代入感：需要进一步强化与受众的互动，增强代入感。例如发起鞋底吸能极限挑战等。

2）增强价值属性：需要分享更多有价值、有意思的体育故事和知识，增强粉丝关注账号的动力。

3）增强故事感染力：以更加真实的人物为主角，以写实的拍摄手法，呈现最为动人的安踏故事。

4. 项目结果

"安踏青年"九大里程碑：

1）"#原来你是这样的安踏"自主运营话题累计播放量破亿次。

2）"安踏青年"IP 被《国际公关》杂志收录为案例。

3）项目期内总播放量超 1 亿次（10483.4 万次）。

4）单条最高播放量 836.5 万次。

5）北京冬奥期间登上抖音热榜超 10 次。

6）100 万播放量视频超 70 条。

7）账号总获赞 373.3 万次。

8）单条最高赞 30 万次。

9）打造地标"982 创动空间"入围娱乐场所人气榜 TOP10。

资料来源：安踏青年：安踏集团抖音自主 IP 打造 [EB/OL].（2022-10-27）[2023-05-24]. https://www.17pr.com/index.php?page=news/detail&articleID=205943&categoryID=7&sign=65a8939e5a6691ca0febd26757c423a7. 有修改。

思考题：

1. 安踏集团社交媒体运营自主 IP 打造的品牌传播目标是什么？
2. 这场企业公关传播活动有哪些特色？
3. 请你从情感价值、知识价值和标签价值三个方面对活动传播效果进行评价。

本章小结

国际品牌价值评估体系基于成熟的市场经济和全球性品牌数据，形成了包括品牌评价体系、品牌排行榜、品牌专业服务在内的完整的品牌服务体系。不同品牌价值评估体系在背景、目的、立场、标准、品牌价值观等方面都存在差异，这使得各大国际品牌评估体系的诉求不同、侧重点不同，评价结果也不同。从根本上看，品牌价值观决定品牌评价标准的设计。无论用哪种评价标准和方法，都无法形成一个被业界或社会公认的"完美标准"。但是有一个事实不容忽略，即绝大部分进入全球品牌榜单的品牌，本身就具有全球领先、高识别度、拥有行业定价权、企业生命周期长等特征，可见品牌行业影响力、品牌定价权和长期收益价值是全球各大品牌的共同属性。

复习思考题

一、名词解释

品牌忠诚度　　品牌购买意向　　品牌知晓　　品牌偏好

二、简答题

1. 如何测定情感品牌态度？
2. 品牌购买态度和品牌购买意向有何区别？
3. 什么样的品牌适合采用英特品牌咨询公司的评价方法？
4. 试描述"特许费率法"。
5. 明略行市场咨询公司利用 BrandZ 评价品牌的方法有什么特点？
6. 世界品牌实验室的评价方法主要优缺点有哪些？

本章测试

第十章习题

参考文献

[1] 罗子明. 品牌传播研究 [M]. 北京：企业管理出版社，2015.

[2] 王颖聪. 品牌价值管理 [M]. 北京：化学工业出版社，2017.

[3] 阿克. 管理品牌资产 [M]. 奚卫华，董春海，译. 北京：机械工业出版社，2006.

[4] 张明立，任淑霞. 品牌管理 [M]. 2版. 北京：清华大学出版社，2014.

[5] 瑞夫斯. 实效的广告：达彼思广告公司经营哲学 USP [M]. 张冰梅，译. 呼和浩特：内蒙古人民出版社，2000.

[6] KELLER K L. Conceptualizing, Measuring, Managing Customer-Based Brand Equity [J]. Journal of Marketing, 1993, 57（1）：1-22.

[7] 卢泰宏，黄胜兵，罗纪宁. 论品牌资产的定义 [J]. 中山大学学报（社会科学版），2000（4）：17-22.

[8] 凯勒. 战略品牌管理 [M]. 李乃和，译. 北京：中国人民大学出版社，2003.

[9] 艾克，乔瑟米赛勒. 品牌领导：管理品牌资产塑造强势品牌 [M]. 曾晶，译. 北京：新华出版社，2001.

[10] 邓肯，莫里亚蒂. 品牌至尊：利用整合营销创造终极价值 [M]. 廖宜怡，译. 北京：华夏出版社，1999.

[11] 余明阳，杨芳平. 品牌学教程 [M]. 2版. 上海：复旦大学出版社，2009.

[12] 宋秩铭. 奥美的观点：Ⅰ [M]. 北京：企业管理出版社，2000.

[13] 徐莉莉，骆小欢. 品牌战略 [M]. 杭州：浙江大学出版社，2007.

[14] 何佳讯. 战略品牌管理：企业与顾客协同战略 [M]. 北京：中国人民大学出版社，2021.

[15] 朱立编. 品牌管理 [M]. 3版. 北京：高等教育出版社，2020.

[16] 里斯，特劳特. 定位 [M]. 王恩冕，于少蔚，译. 北京：中国财政经济出版社，2002.

[17] 许晓勇，吕建红，陈毅文. 品牌形象的消费行为学研究 [J]. 心理学进展，2003（11）：464.

[18] 奥格威. 品牌经营法则 [M]. 沈云骢，汤宗勋，译. 呼和浩特：内蒙古人民出版社，1999.

[19] 科特勒. 营销管理：第10版 [M]. 梅汝和，梅清豪，周安柱，译. 北京：中国人民大学出版社，2001：486.

[20] 余明阳，朱纪达，肖俊崧. 品牌传播学 [M]. 2版. 上海：上海交通大学出版社，2016.

[21] 江明华，曹鸿星. 品牌形象模型的比较研究 [J]. 北京大学学报，2003，3（2）：113.

[22] 周星桔. 小微品牌传播策略研究：以饮料品牌元气森林为例 [J]. 出版广角，2020（20）：59-61.

[23] 王卓慧.国产美妆品牌的崛起:"完美日记"营销策略分析[J].传媒论坛,2020,3(4):143;148.

[24] 王嫣然.初创企业如何后来居上:基于哈罗单车的营销策略分析[J].中国集体经济,2019(13):43-45.

[25] 杨晶晶,焦振铎.基于形象修复理论的华为危机公关话语修辞分析:以美国打压华为系列事件为例[J].新闻研究导刊,2019,10(19):23-24;78.

[26] 许思雨,左凌霞,高敏.从花西子爆火的现象具体分析了它的营销策略[EB/OL].(2020-11-29)[2021-04-11].https://baijiahao.baidu.com/s?id=16846809291769294446&wfr=spider&for=pc.

[27] 王鑫.浅析设计管理在中国李宁中的运用[J].西部皮革,2019,41(21):84-85.

[28] 何岑成,胡文婷.苹果公司用户沟通之道[J].经营与管理,2012(2):33-35.

[29] 李振兴,周应梅.大白兔冰淇淋来了,跨界转型寻求年轻化[J].中国食品,2019(12):114-115.

[30] 所罗门.消费者行为:第5版[M].张硕阳,尤丹蓉,译.北京:经济科学出版社,2003.

[31] 俞以平,陶勇.消费者行为学[M].大连:东北财经大学出版社,2017.

[32] 周欣悦.消费者行为学[M].北京:机械工业出版社,2019.

[33] 林斯特龙.感官品牌:隐藏在购买背后的感官秘密[M].赵萌萌,译.北京:中国财政经济出版社,2016.

[34] 霍特,布劳依斯,范迪.感官营销[M].朱国玮,译.上海:格致出版社,2014.

[35] 王雁.普通心理学[M].北京:人民教育出版社,2002.

[36] 谢毅,彭泗清.品牌信任和品牌情绪对口碑传播的影响:态度和态度不确定性的作用[J].管理评论,2014,26(2):80-91.

[37] 何佳讯.中国文化背景下品牌情绪的结构及对中外品牌资产的影响效用[J].管理世界,2008(6):95-108.

[38] 朱红红,孙日瑶.快乐品牌的经济学分析[J].财经科学,2009(2):49-56.

[39] 李爱梅,李伏岭.悲伤消费效应研究综述[J].外国经济与管理,35(9):44-51.

[40] 叶敏,张波.消费者行为学[M].北京:北京邮电大学出版社,2007:318.

[41] 马艳丽.冲突的在线评论对消费态度的影响[J].经济问题,2014(3):37-40.

[42] 章志光.社会心理学[M].北京:人民教育出版社,1996.

[43] 陈伟强.基于奢侈品态度的消费决策研究[D].上海:东华大学,2007.

[44] 高孟立.消费者行为学[M].西安:西安电子科技大学出版社,2016.

[45] 邵培仁.传播学[M].2版.北京:高等教育出版社,2007.

[46] 王海忠.高级品牌管理[M].北京:清华大学出版社,2014.

[47] 杜国清,陈怡.品牌传播理论与实务[M].北京:中国传媒大学出版社,2018.

[48] 张国良.传播学原理[M].2版.上海:复旦大学出版社,2014.

[49] 张翠玲.品牌传播[M].北京:清华大学出版社,2016.

[50] 江帆.广告媒介策略[M].杭州:浙江大学出版社,2004.

［51］科特勒，凯勒.科特勒营销思维［M］.汪涛，译.北京：中国人民大学出版社，2015.
［52］科特勒.市场营销原理［M］.楼尊，译.北京：中国人民大学出版社，2010.
［53］霍尔.负责任的企业家：开创事业的新哲学［M］.王志毅，黄华侨，译.桂林：广西师范大学出版社，2003.
［54］库尔茨，斯图恩.创新始者熊彼特［M］.纪达夫，陈文娟，张霜，译.南京：南京大学出版社，2017.
［55］马克斯韦尔.领导力21法则［M］.萧欣忠，林静仪，译.北京：新华出版社，2010.
［56］熊彼特.经济发展理论［M］.叶华，译.南昌：江西教育出版社，2014.
［57］舒咏平.品牌聚合传播［M］.武汉：武汉大学出版社，2008.
［58］苏勇，陈小平.品牌通鉴［M］.上海：上海人民出版社，2003.
［59］陆雄文，梁晓雅.中国民营企业家的社会责任观［J］.经济管理，2009（8）：64-68.
［60］吕红.中西方道德观的比较［J］.郑州航空工业管理学院学报（社会科学版），2007（2）：70-72.
［61］马明鲜，陈春花.品牌信任、品牌可信度与品牌忠诚关系的实证研究［J］.经济管理，2006（11）：55-58.
［62］庞隽，郭贤达，彭泗清.广告策略对消费者—品牌关系的影响：一项基于消费者品牌喜爱度的研究［J］.营销科学学报，2007（3）：59-73.
［63］苏勇，张明.试论品牌国际化的内涵及其标准［J］.市场营销导刊，2005（6）：52-54.
［64］宋永高.中国品牌国际化：出口模式与海外投资模式比较［J］.经济师，2003（4）：46-47.
［65］赵寰.中国企业品牌国际化传播研究［D］.武汉：武汉大学，2013.
［66］韦福祥.品牌国际化：模式选择与度量［J］.天津商学院学报，2001（1）：27-30.
［67］KELLER K L.Strategic Brand Management［M］.Upper Saddle River，NJ：Prentice Hall，1998：553-556.
［68］吴令.华为企业品牌国际传播策略研究［D］.重庆：四川外国语大学，2018.
［69］张晶晶.对逆全球化经济背景下中国品牌国际化传播困境之思考［J］.营销界，2020（52）：14-17.
［70］王倩文，郑鹏.消费者敌意和消费者民族中心主义对旅游意愿的影响［J］.资源开发与市场，2021，37（2）：215-220.
［71］孙宁，鲁修红.基于高低语境文化的跨文化争议广告研究［J］.新闻传播，2021（11）：66-68.
［72］吴惠.可口可乐品牌跨文化传播研究［D］.长沙：湖南师范大学，2019.
［73］纪秋颖，陈春慧.品牌国际化现状和发展模式［J］.中外企业家，2007（2）：78-82.
［74］朱立.国际品牌的本土化营销战略［J］.经济问题探索，2003（5）：80-82.
［75］张正松.跨国公司行销中国的利器：品牌本土化［J］.企业天地，2003（6）：38-39.
［76］周楠.跨国品牌本土化的发展研究［J］.产业创新研究，2019（9）：59-60.
［77］李彦亮.品牌国际化的文化思考［J］.贵州社会科学，2006（2）：36-39；168.
［78］周朝霞.公共关系［M］.北京：机械工业出版社，2020.

［79］王知津.品牌危机中的竞争情报［J］.情报理论与实践，2006（3）：266.

［80］赵世刚.品牌危机的成因及其对策研究［D］.成都：四川大学，2007.

［81］李敬强.基于心理契约的品牌危机管理［D］.青岛：青岛大学，2008.

［82］李蔚，王良锦.论中国企业的品牌安全管理［J］.商业经济与管理，2000（12）：40.

［83］卢冰.企业品牌危机管理研究［D］.厦门：厦门大学，2002：18.

［84］朱梅.品牌绩效影响因素和评价方法研究［D］.上海：东华大学，2007.

［85］万后芬，周建设.品牌管理［M］.北京：清华大学出版社，2006.

［86］佘廉.企业预警管理理论［M］.石家庄：河北科学技术出版社，1999.

［87］卡波尼格罗.危机顾问：有效预防／控制与管理企业危机［M］.杭建平，译.北京：中国三峡出版社，2001.

［88］艾洁."瑞幸咖啡"顾客满意度探析［D］.武汉：武昌工学院，2020.

［89］金晨.基于Interbrand模型的体育品牌价值评估研究［D］.南昌：江西财经大学，2020.

［90］兵法先生.如何与Z世代对话？围观腾讯视频青年节营销亮点［EB/OL］.（2021-05-08）［2023-04-11］.https://www.163.com/dy/article/G9G13DKR0511DQRH.html.